乡村产业振兴案例精选系列

全国休闲旅游
典型案例 彩图版

农业农村部乡村产业发展司　组编

中国农业出版社

农村读物出版社

北 京

图书在版编目（CIP）数据

全国休闲旅游典型案例：彩图版 / 农业农村部乡村
产业发展司组编 . —北京：中国农业出版社，2023.2
（乡村产业振兴案例精选系列）
ISBN 978 - 7 - 109 - 28601 - 6

Ⅰ. ①全⋯　Ⅱ. ①农⋯　Ⅲ. ①乡村旅游－休闲旅游－
旅游业发展－案例－中国　Ⅳ. ①F592.3

中国版本图书馆 CIP 数据核字（2021）第 150255 号

中国农业出版社出版
地址：北京市朝阳区麦子店街 18 号楼
邮编：100125
责任编辑：杨桂华　廖　宁
版式设计：书雅文化　责任校对：周丽芳
印刷：中农印务有限公司
版次：2023 年 2 月第 1 版
印次：2023 年 2 月北京第 1 次印刷
发行：新华书店北京发行所
开本：700mm×1000mm　1/16
印张：23.25
字数：418 千字
定价：98.00 元

丛 书 编 委 会

本书编委会

主编　安　岩　荣振环

参编　黄庆红　贺　帅　段明月　崔浩格　黄知才

　　　刘晓倩　王嵘嵘　曹　璐　尹艳杰　邓岩磊

　　　武　霞　马琛琛　张　昕　吴乾锋　黄国桂

序

　　民族要复兴，乡村必振兴。产业振兴是乡村振兴的重中之重。当前，全面推进乡村振兴和农业农村现代化，其根本是汇聚更多资源要素，拓展农业多种功能，提升乡村多元价值，壮大县域乡村富民产业。国务院印发《关于促进乡村产业振兴的指导意见》，农业农村部印发《全国乡村产业发展规划（2020—2025 年）》，需要进一步统一思想认识、推进措施落实。只有聚集更多力量、更多资源、更多主体支持乡村产业振兴，只有乡村产业主体队伍、参与队伍、支持队伍等壮大了，行动起来了，乡村产业振兴才有基础、才有希望。

　　乡村产业根植于县域，以农业农村资源为依托，以农民为主体，以农村一二三产业融合发展为路径，地域特色鲜明、创新创业活跃、业态类型丰富、利益联结紧密，是提升农业、繁荣农村、富裕农民的产业。当前，一批彰显地域特色、体现乡村气息、承载乡村价值、适应现代需要的乡村产业，正在广阔天地中不断成长、蓄势待发。

　　近年来，全国农村一二三产业融合水平稳步提升，农产品加工业持续发展，乡村特色产业加快发展，乡村休闲旅游业蓬勃发展，农村创业创新持续推进。促进乡村产业振兴，基层干部和广大经营者迫切需要相关知识启发思维、开阔视野、提升水平，"新时代乡村产业振兴干部读物系列""乡村产业振兴案例精选系列"便应运而生。丛书由农业农村部乡村产业发展司组织全国相关专家学者编写，以乡村产业振兴各级相关部门领导干部为主要读者对象，从乡村产业振兴总论、现代种养业、农产品加工流通业、乡土特色产业、乡村休闲旅游业、乡村服务业等方面介绍了基本知识和理论、以往好的经验做法，同时收集了种养典型案例、脱贫典型案例、乡村产业融合典型案例、农业品牌典型案例、乡村产业园区典型案例、休闲旅游典型案例、农村电商典型案例、乡村产业抱团发展典型案例等，为今后工作提供了新思路、新方法、新案例，是一套集理论性、知识性和指导性于一体的经典之作。

从书针对目前乡村产业振兴面临的时代需求、发展需求和社会需求，层层递进、逐步升华、全面覆盖，为读者提供了贴近社会发展、实用直观的知识体系。丛书紧扣中央"三农"工作部署，组织编写专家和编辑人员深入生产一线调研考察，力求切实解决实际问题，为读者答疑解惑，并从传统农业向规模化、特色化、品牌化方向转变展开编写，更全面、精准地满足当今乡村产业发展的新需求。

发展壮大乡村富民产业，是一项功在当代、利在千秋、使命光荣的历史任务。我们要认真学习贯彻习近平总书记关于"三农"工作重要论述，贯彻落实党中央、国务院的决策部署，锐意进取，攻坚克难，培育壮大乡村产业，为全面推进乡村振兴和加快农业农村现代化奠定坚实基础。

前言

中国著名的社会学家费孝通在他的《乡土中国》一书中，开篇就说："从基层上看去，中国的社会是乡土性的。"文中还说："从土里长出过光荣的历史，自然也会受到土的束缚，现在很有些飞不上天的样子"。中国乡村的现状一直如此，因此，"三农"问题也历来是国家发展战略的重中之重。从乡村振兴战略的总体发展目标来看，一切都围绕着解决"三农"问题，通过农村各项改革推动农业、农村的发展，解决农民问题。

休闲农业与乡村旅游因其庞大的乡村用地覆盖率，强劲的农业产业拉动力以及强关联的农民致富拉动力，在乡村振兴的大潮下，从原来的无人关注、自娱自乐到现在的滚滚红沙、跑马圈地，成为万众瞩目的行业！

于是，越来越多的非农业人群投身到农业领域，开始打造田园诗意的生活方式。越来越多的城里人开始在农场寻觅能够让自己带着家人休憩游玩度假的新空间。一场"新乡村运动"已经吹响了号角。这是一种新的上山下乡运动，让大都市所有怀着乡村梦想的人深入乡村。他们回归田野，立足农业，推进产业融合，再造乡村。他们将都市文明植入乡村记忆，塑造了一种扎根农业、基于乡村、提升乡村的"理想乡村生活"。

作者一年要走访超过300个农庄和乡村，并且深知农业和乡村从业者的情怀、坚守和辛苦，也看到很多新农人坐拥土地却无方利用。农业农村部乡村产业发展司组织编写了"乡村产业振兴案例精选系列"丛书，本书是其中的一本。本书总结国内多个休闲农业与乡村旅游的知名标杆案例，并介绍了部分国外休闲旅游案例，从盈利模式出发，深入挖掘休闲农业与乡村旅游的核心密码，希望通过项目启迪，给行业经营者和决策制定者以启发。

本书分为两个篇章，就乡村旅游和休闲农业两个体系展开全面阐述。乡村旅游篇依据乡村发展的核心资源不同分为文化依托型、生态依托型、休闲度假型、产业主导型和乡村民宿型五种类型，休闲农业篇依据主题特色的不同分为亲子科普类、产业主导类、文化创意类和田园综合类四种类型，每种类型包括多个案例，每个案例首先介绍基本情况和发展经历，接着着重介绍这些案例的特色及如何通过自身的特色设置相应的特色项目，接下来介绍这些案例的盈利情况，最后总结点评。通过案例的全面介绍，读者可以清楚地知道这些案例的整体发展情况，尤其是如何通过主题化和特色化实现盈利，再通过点评启发读者领悟休闲农业和乡村旅游的盈利之道。特别说明，本书所引案例及涉及品牌只为内容说明要求，未对其经营及产品质量进行考察，对此不持任何观点，仅供参考。

本书的适用人群主要是已经或者有志于从事休闲农业和乡村旅游的经营者，同时也适用于农林经济管理、旅游管理及其相关专业的高校教师、学生、科研工作者，农业部门的工作人员、决策人员及管理人员等参考阅读。本书借鉴了国内外众多研究学者与科研机构的成果，在此深表感谢！

乡村振兴是一场建国运动。我们每一个人都身处其中。乡村发展之路漫长而艰难，真诚希望每一位乡村工作者要树立学习意识，与志同道合者结伴前行，我们愿与每一个坚持乡村梦想者同行!

　　由于水平所限,书中疏漏之处在所难免,敬请同行专家和
读者批评指正。

编　者

2022 年 12 月

目录

第一章　乡村旅游篇

党的十九大提出了乡村振兴战略，提出按照"产业兴旺、生态宜居、乡风文明、治理有效、生活富裕"五个总要求建立健全城乡融合发展体制机制和政策体系，加快推进农业农村现代化。这是中央对"三农"工作的总方针、总纲领。但是，如何实现这一目标？我们认为，乡村旅游是实现乡村振兴的重要抓手和重要突破口。这是源于乡村旅游天然具有连接城乡要素资源的特质，是产业融合的重要形态，对促进乡村产业的发展、生态环境的改善、乡土文化的传承、乡村治理水平的提高和农民收入的增长都发挥着重要作用。

我国的乡村旅游起源于 20 世纪 80 年代的"农家乐"，成都市郫都区农科村"徐家大院"的诞生，拉开了我国乡村旅游的序幕。之后随着我国休假制度的调整，"假日经济"开始崛起，大批城里人涌入乡村，乡村观光旅游一时成为热点。进入 21 世纪以来，伴随着经济结构调整和消费升级，乡村旅游逐步朝着规范化、纵深化的方向发展，主题乡村旅游、乡村度假受到消费者的青睐。"美丽乡村""乡村振兴"等系列政策的颁布加速了乡村旅游的发展，我国的乡村旅游面临难得的历史发展契机。

我国幅员辽阔，村庄数量众多，目前拥有行政村约 70 万个，自然村在 250 万个以上，发展乡村旅游的村庄也不在少数。但是每个地区、每个村庄都拥有不同的自然禀赋、资源条件和产业基础，因此发展乡村旅游需要结合自身条件，选择合适的发展模式和发展路径。

本章选取了 23 个国内外乡村旅游的典型案例，根据资源禀赋和乡村特色，将其划分为文化依托型、生态依托型、休闲度假型、产业主导型、乡村民宿型五大类型。其中，文化依托型选取了明月村、幸福公社、灵山小镇·拈花湾、河北村民俗文化体验园、袁家村、庚村、白川乡合掌村、梨花洞壁画村、大力水手村 9 个案例；生态依托型选取了鲁家村、西巷青蛙村、桃米生态村、美山町 4 个案例；休闲度假型选取了不老村、乌村、中郝峪村、郝堂村 4 个案例；产业主导型选取了金匚罗村、东医宝鉴村 2 个案例；乡村民宿型选取了法国山居、课间民宿、芝麻谷、卓也小屋 4 个案例。总体来说，基本涵盖了乡村旅游的主要类型。

乡村旅游没有固定的模式，他人的经验也没有办法完全复制，但依然有一些普遍的规律可循。同时，透过这些案例分析，依然能从其资源挖掘、主题定位、景观营造、产品打造、机制设计等方面得到借鉴和启示。

第一节　文化依托型

在社会发展突飞猛进的今天，人们也紧随时代发展的快节奏变化不断加快步伐；不知不觉间，离乡土乡情、民俗文化、自然休闲渐行渐远。一些活着的乡村，不断因势利导，为人们提供了一处领略前人智慧、感受文化底蕴、品味乡风民情、享受自然恬淡生活的空间。在这样的背景下，文化依托型乡村旅游应运而生。

文化依托型乡村旅游就是依托当地独特的文化属性，诸如民族文化、民俗文化、建筑文化、历史文化等，提取其中核心的文化要素，设置文化体验项目，发展该项目文化体验类主题产品，构建特色乡村品牌，以吸引消费者。

然而现阶段文化依托型乡村旅游在发展中，依然存在"文化浮于表面""互动体验性弱""文化产品开发不够"等问题。书中案例基于其自身特点，从不同角度出发，在不同方面着力，打造各自特色项目，为此类型乡村旅游发展提供模式参考。

明月村，依托当地制陶技艺和优越的资源条件把生活过成了诗；幸福公社，独辟蹊径，是社群文化的践行者；灵山小镇·拈花湾，命名自"佛祖拈花"，以禅修文化著称；河北村民俗文化体验园，主打民俗文化，参与感与互动性强；袁家村，以民俗旅游为切入口，逐步发展成乡村旅游集群；庚村，以乡村文创为基底，融合现代与传统；白川乡合掌村，独特的茅草屋建筑，成为引流的核心吸引物；梨花洞壁画村以创意壁画，博人眼球；大力水手村，将"大力水手"IP强势植入乡村，形成乡村核心竞争力。

千村千面，别具特色，这一切皆因围绕乡村文化这一根基。

一、河北村民俗文化体验园——民俗文化大课堂

河北村民俗文化体验园位于北京市顺义区，通过挖掘、传承和全面

展示传统民俗文化，使传统民俗文化更具特色、更有品位、更多受众，促进了传统民俗文化的发展与休闲农业的有机结合，以民俗节庆、观光采摘、传统教育、党建教育、亲子研学、体验拓展等多样化的形式服务于社会、服务于大众，让游客忆起心中的乡愁，也赋予了乡村振兴更多的内涵。

1. 基本情况

（1）乡村概况。河北村位于顺义城区东侧，距顺义城区 4 公里，全村现有农户 664 户，人口 1 418 人。几年来，通过村领导班子的共同努力和村民的积极配合，大力发展休闲农业与乡村旅游，河北村荣获"先进农业标准生产化基地"称号，被评为"北京市生态村"。河北村在经济发展过程中，不断优化村域产业结构，从单纯的一产为主，逐渐向二三产业转移，传统农业已被现代高效农业和休闲农业所替代，有效地安排了农民就业，提高了农民收入。

河北民俗文化体验园是河北村的村办企业，由村委会负责管理，园区特聘一支专业训练团队负责研学接待。同时，深挖老北京传统文化，不断推出各种节庆活动，河北村民俗文化体验园的解说团队极富特色，其中包括经历本村变迁的往届及当届村党支部、村委会工作人员，中青年教师和大学生村官，还特别聘请了清华大学等国内著名高校研究民俗文化的专家学者进行指导。针对青少年拓展项目及水上项目，民俗文化体验园成立了专业的安全保障团队，聘请了受过专业紧急救助训练并拥有专业工作经历的拓展培训师和应急救生员。此外，园区还聘请了司法工作人员、村里擅长农耕劳作的农民、手工匠人及养殖场的专业饲养员。同时，新一届的村委会领导班子，紧抓市场营销，不断推出各种节庆活动，深挖老北京传统文化，经常举行盛大的民俗文化庆典，现场不仅有民间杂技和老北京铜人等表演，还融入了民俗绝活：传统非物质文化遗产糖画、年画等，游客络绎不绝，流连忘返。

（2）发展历程。

2012年	2012年，河北村投资2 000万元，建设河北村民俗文化体验园
2014年	园区占地2 000亩①，是一所集传统教育、体验拓展、休闲娱乐为主的田园体验式游览场所，2014年6月1日投入运营
2019年	河北村民俗文化体验园获得国家级AAA级景区、北京市红色旅游景区、北京市中小学社会大课堂资源单位、顺义区学生社会大课堂基地等荣誉

经过5年的不懈努力，河北村民俗文化体验园相继获得了国家级AAA级景区、北京市红色旅游景区、北京市中小学社会大课堂资源单位、顺义区学生社会大课堂基地等荣誉。

2. **乡村特色**　河北村民俗文化体验园，以民俗文化的传承为出发点，设计民俗文化体验项目，推出各色节庆活动，创建专业解说团队，通过八大功能板块的打造，为青少年团体创建了民俗文化研学体验活的课堂。八大功能区如下。

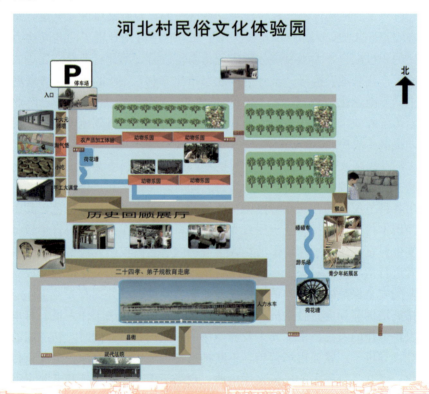

---

① 亩为非法定计量单位。1亩＝1/15公顷。

（1）**特色餐饮区**。以老北京传统"三八席"为主，八个凉菜、传统八大碗、八个热菜，还原老北京传统婚宴。

（2）**传统农产品加工体验区**。包括传统香油制作、粗粮加工、盐卤豆腐坊、传统小吃制作等。

（3）**小动物养殖区**。有豪猪、四角羊、狍子、猴子、孔雀、鸵鸟、獭兔和其他动物。

（4）**村史博物馆**。基本上还原了过去农户生产、生活所需的用品，生产队办公、耕种所需所用的物品，包括老物件的收藏展示，反映了社会的变迁与发展。村史馆藏有老照片、老物件等 3 000 多件，分为乐善好施、峥嵘岁月、党建引领、移风易俗、前程似锦五个部分，第一部分乐善好施展示的是村落由来；峥嵘岁月、党建引领、移风易俗三个部分为主体部分，分别还原的是中华人民共和国成立初期河北村普通农家小院的农耕生活，改革开放以来农村生产生活的变迁，北方农村婚丧嫁娶、宴请酒席等风俗变迁；最后前程似锦部分展示的是河北村未来的远景规划。展示的物件有耕犁、锄头、鼓风机、藤条筐、小推车等农业器具，还有大喇叭、广播台、粮票、旧报纸、自行车、小黑白电视机等生活器具。

（5）**非遗文化体验馆**。丰富多彩的传统技艺项目在这里进行展示，可以让游客现场体验，项目有版画、面塑、葫芦烙画、剪纸、脸谱制作、风筝制作等。

（6）**青少年拓展区域**。青少年拓展健身基地为青少年提供户外健身场所，使青少年在走进大自然的同时，还可以通过户外拓展训练增强体质、不断超越自我、加强团队合作精神。

（7）**司法教育基地**。司法教育基地利用广播、标语、展板等多种形式进行司法教育，园区中设立巡回法庭和模拟法庭，游客可以直观的感受法庭严明公正的气氛，还修建了老县衙，使游客能够亲身感受古时县衙的威严。

（8）**水果采摘园**。果园三季有果、四季常绿，包含有机樱桃、草莓、杏、桃、葡萄等采摘林，供游客采摘。

3. 经营情况　河北村民俗文化体验园主要赢利来源集中于 7 个板块：

（1）园区门票。费用为 60 元/人。

（2）特色餐饮。费用为 50～80 元/人。

（3）研学活动。含营养午餐、手工制作体验课程，费用为 85～120 元/人。河北村建设的青少年研学板块，成为北京市中小学社会大课堂资源单位、顺义区学生社会大课堂基地。

（4）园区节日活动。园区开展丰富多彩的民俗节庆活动，如花灯节、风筝节、民俗文化节、冰雪节、采摘节等。费用为 30～60 元/人。

（5）儿童游乐园。按游乐项目收费，每项为 20～40 元/人。

（6）**手作体验**。每项费用为 30～60 元/人。

（7）**水果采摘**。按照采摘数量收费，每次 50～200 元。

4. 案例点评

（1）**项目借鉴**。河北村民俗文化体验园的成功不是一蹴而就的，2010 年，当时的村书记牵头筹备村史馆，以村史馆为主体，逐渐配套建设民俗体验区。经过领导班子不懈努力，如今河北村民俗文化体验园设施完备、项目齐全，集颜值和活力于一身，实现了乡村产业融合，带活了乡村旅游，已成为乡村振兴的新引擎。

河北村民俗文化体验园立足自身资源，深入挖掘传统民俗文化，制定长期发展战略，坚持不懈努力实施。围绕乡村振兴主题，运用现代管理要素和服务手段，改造提升传统农业，大力发展休闲农业与乡村旅游，逐步实现了乡村美、村民富、市民乐。这一成功案例总结下来就是：两个坚持，三个突出。坚持让河北村的休闲农业与乡村旅游经营有效益、有奔头；坚持让河北村留住人、成为安居乐业的美丽家园，让村民不用外出就能就业，实现收入的持续增长。突出特色化，立足当地资源、区位优势，打造特色突出、主题鲜明的休闲旅游产品；突出差异化，因地制宜、深挖传统文化，让消费者感受与众不同的景观和体验；突出多样化，设计针对不同消费需求的产品，满足消费者个性化需求，实现休闲旅游产品异彩纷呈。

（2）**待改进项**。河北村民俗文化体验园园内景观打造和项目设置略显陈旧，缺乏创意创新，休闲农业要以创新为发展的永动力，只有紧跟时代发展多模式推进，多业态打造，不断迭代创新，项目才能保证持久鲜活的生命力。

二、灵山小镇·拈花湾——心灵度假目的地

拈花湾靠山面湖，与灵山大佛依山相邻，打造了一脉相承的佛禅文化，体验型的商业休闲，主题式的度假配套、丰富的主题活动，构建了一个集自然、人文、生活方式相融合的旅游度假目的地，追求一种身、心、灵独特体验的人文关怀，从而开创了"禅意心灵度假"的休闲旅游新模式。

1. **基本情况**　"拈花湾"的命名既源于"佛祖拈花"，又源于"迦叶微笑"的典故。灵山小镇·拈花湾位于江苏省无锡市滨湖区马山国家风景名胜区，距离灵山宗教佛文化圣地景区仅5公里，所在地块形状宛如五叶莲花。该项目由灵山文化旅游集团自2010年开始打造，历时5年精心建造，于2015年11月14日开园迎客。客源市场以灵山圣境景区分流游客和长三角经济圈游客为主，与灵山梵宫形成双核吸引。

基于拈花湾开发之前灵山景区佛文化打造及对未来休闲度假的前瞻，拈花湾开发建设以宗教文化为基础，以太湖自然山水风光为资源特色，融入度假体验，定位以禅意为主题的心灵度假小镇，致力于打造"心灵度假"休闲度假新模式，开拓周末休闲度假游、禅修宗教文化游。

　　项目由无锡灵山文化旅游集团投资运营，投资规模达 48.74 亿元；规划总面积 1 600 亩，建设用地 1 300 亩，建筑面积 35 万平方米，景观面积 55 万平方米，水域面积 300 亩，建筑密度 0.23，容积率 0.45。

　　（1）规划布局。以佛祖拈花手掌为原型，构建"五谷、一街、一港、

"一堂"，形成外居住、内商业功能布局。其中"五谷"即云门谷、竹溪谷、银杏谷、禅心谷、鹿鸣谷，形似佛祖的五根手指，主体功能为涵盖会议、酒店、旅游地产；"一街"即香月花街（禅意主题商街），位于手掌心，是拈花湾的核心商业街区；"一港"即优游渔港，位于手掌底，生态湿地；"一堂"即胥山大禅堂，位于手掌底，也是拈花湾的大型禅修体验场所。

（2）**功能分区**。拈花湾功能定位为灵山景区休闲养生度假功能区。通过三条主要交通道路和水系的组织，规划了主题商业街区、生态湿地区、度假物业区、论坛会议中心区、高端禅修精品酒店五大功能区。

2. **乡村特色** 拈花湾抓住我国从观光旅游时代转向休闲度假时代的契机，针对新中产阶级开发出直击心灵与美感爆棚的精神体验产品，整合自然、人文资源，形成了一站式禅意生活心灵度假目的地。

（1）**佛禅文化显性化**。拈花湾一步一景，精致的景观无不彰显出佛禅文化。小到茅草屋顶、竹篱笆、苔藓等随处最不起眼的细节，大到商业街区、度假住宿、禅修酒店等美轮美奂的宏伟建筑，皆传达了佛禅文化。在建造探索过程中，不断筛选最自然禅意的展现效果，不仅使外在景观一脉相承，内在的建造流程也不断标准化，佛禅文化也在此落地生根。

（2）**体验型商业休闲**。精品购物——惠山泥人馆、紫砂博物馆、一叶花道馆等；一笑堂禅食餐饮；文化休闲——7D影院、禅乐馆；特色住宿——无尘、半窗疏影等客栈；湿地生态观光，丰富的主题业态，为游客

提供了多元选择。游客游览体验的时间延长为商家带来更多机遇。

（3）主题式度假配套。拈花湾内集聚了君来波罗蜜多酒店、会议活动中心、高端禅修精品酒店、高端企业禅修拓展培训基地，丰富的主题度假配套满足不同游客释放压力、放空心灵的需求。同时衍生出的旅游地产得以快速回笼资金。

（4）**主题活动**。夜间演艺秀，全龄层的特色活动，运用现代数字多媒体技术（水幕电影和全息投影技术）及舞台表演艺术。水幕电影、拈花塔亮塔仪式、一苇渡江表演、花开五叶水上表演。全客群禅修活动，欢喜抄经、兰若听经、云水坐忘、溪山经行等，让人们切身体会禅文化，加深对"禅"的领悟。全时段节庆活动，拈花大巡游、每月禅意主题节庆，不定时、不定期的每天举行各式免费活动，并且在小剧场循环播放电影。亲子互动体验，举办暑期亲子活动，如萌宝趣味闯关、魔力泡泡秀、彩塑泥玩、带娃学做茶艺师等。

3. 经营情况

（1）**运营模式**。景区采取封闭运营，统一管理方式，利用"旅游＋地产"的综合盈利模式来实现短期现金回流（出售公寓别墅、引入专业平台）与长期持有物业运营收益相结合。引入文旅商业板块的顶级资源，提升土地价值、物业价值、旅游消费，公司的盈利项目摆脱传统门票收入，使观光游变为度假游，大大增加游客量和留宿率，开业至今住宿业态入住率达60%左右。

（2）**年接待量**。2016年景区游客量达到148.7万人次，2017年景区游客量达到174.1万人次。

（3）**年营业收入**。2016年营业收入7.26亿元，2017年营业收入3.92亿元。

（4）**收入构成**。2016年收入构成：度假地产销售5亿元，景区门票

7 600 万元，酒店及其他旅游经营性收入 1.5 亿元，总比约等于 7∶1∶2。2017 年收入构成：度假地产销售 0.96 亿元，景区门票 1.1 亿元，酒店收入 1.86 亿元，总比约等于 3∶3∶4。

灵山小镇·拈花湾盈利收入主要来源于旅游地产、物业管理、景区经营性收入，详见表。

灵山小镇·拈花湾盈利项目

板 块	盈利项目	收 益
旅游地产	产权式公寓酒店	1.55 万元/平方米
	独栋别墅	1.35 万元/平方米
物业管理	商业物业管理费	基期年 8 元/平方米·月 第二年 10 元/平方米·月
	商业物业租赁/经营	—
景区经营性收入	门票收入	120 元/人
	酒店/会议/客栈/项目体验	客栈 经济型：220～300 元/间·夜 小资型：600～1 000 元/间·夜 精品型：1 200～2 000 元/间·夜
	商品销售	—
	服务收入（观光车、导游服务）	—

4. 案例点评 拈花湾景区的建设把握了人们对美好生活的需求，以观光产品为基础，大力开发休闲度假产品，引入开放式运营模式，拉长了游客的游览时间，提高了留宿率，增加了消费强度，成为旅游度假目的地。

（1）宗教禅主题文化与休闲度假的极致打造。以"景区＋度假"双核驱动互补为目标，以灵山圣境景区巨量客流人群为依托，通过休闲业态植入、建筑设计、景观小品、色彩搭配、装饰材料等方面精心设计，深度挖掘禅文化，以故事为营销突破点，实现传统观光型景区向度假目的地转型。

（2）文脉相承下 IP 品牌的沉浸式开发。拈花湾与灵山景区除功能上的互补外，还围绕禅意生活方式，开发禅意品牌，衍生出系列产品、活动、景观，丰富了禅文化主题内涵，产品设计保持了主题和文化上内在的统一和延续，深入打造沉浸式内容物，实现生活方式和休闲度假有机结合。

（3）以体验为核心的创意活动营销。不定期、不定时围绕拈花湾主题特色举办各类体验活动，如禅行、禅修、亲子活动等；同时利用新媒体，如公众号、抖音、快手、微博、广告等不断发酵景区流量话题，以此吸引客流。多样的体验活动、消费项目，进一步拉长了游客逗留时间，带来了巨大潜在消费机会。

（4）开放式运营模式提升景区前期盈利水平。拈花湾采取开放式的运营模式，酒店及客栈由灵山集团自营、工艺品及旅游购物与经营户联营、餐饮为租赁模式；出售公寓别墅等度假物业回笼前期投入资金。由于所售房型中 40～70 平方米占绝大部分，采取分时度假模式，与线上平台合作，引入途家、携程等获得租金收益与业主分成，使资金得以迅速回笼增值。

（5）招商前置与统一管理提升了景区规范化发展。因景区现有的品牌效应，前期酒店管理公司的选择和商铺引入的招商运营工作，可在业态策划落位阶段开始。由于商业物业自持，酒店和客栈自营，并提供物业管家服务，保证服务整体性。对出租商铺在位置分布、装修风格、产品价格、业态内容等都有严格的管理限制，大大提升了景区规范化程度。

（6）夜间活动体验解决"留客难""入住率低"等问题。开发夜间活动产品能够让游客在休闲中释放压力，享受景区不同的乐趣，创造留客机会。拈花湾除了白天游园体验外，还利用山水禅境和景观建筑为载体，借现代数字多媒体技术（全息投影、水幕电影）和舞台表演艺术，创构了观演融合、文旅一体、深度体验的全新模式，如禅修表演、一苇渡江、亮塔仪式、花开五叶表演等，生动演绎了拈花湾夜间 IP 品牌活动。

（7）游线设计与空间功能相辅相成。以香月花街为主轴，以佛为主线，游线节点呈轴线分布，主要游览节点位于中心位置，沿主要路线每 5 分钟路程布设一处节点，实现主题的体验节奏。

三、庾村——复古与创意交织的乡村旅游景区

庾村位于莫干山脚下，是一个乡村旅游景区，因独特的民国风情、文化创意街区和民宿集群而知名。这里有民国风情街、庾村广场、庾村1932 文创园、文化创意馆群、民宿与酒店、休闲度假等板块，其中，庾村 1932 文创园是庾村的标志性景点。庾村的魅力在于以文创的手法对乡村进行改造，唤醒沉睡的乡村资源，让乡村焕发新的生机和活力。

1. **基本情况**

（1）*乡村概况*。莫干山庾村景区位于浙江省德清县莫干山镇境内，距离莫干山风景区 1.5 公里，整个景区占地约 3.0 平方公里，东至孙凉坞、沿三莫线，西接莫干山景区，北含郡安里，南接劳岭村，由民国风情街、庾村广场、庾村 1932 文创园、文化创意馆群、民宿与酒店、休闲度假等几个板块构成。

（2）*发展历程*。2011 年之前，庾村两边都是高低不一的老房子。2011 年开始，进行民国风的改造。2011 年秋天，乡村建设践行者朱胜萱来到庾村，创建了"庾村 1932 文创园"。再后来，莫干山民宿联盟在庾村发展成立，不少民宿和精品酒店应运而生。随着业态的完善，庾村逐渐形成一个旅游景区。2018 年，庾村被评为国家 AAAA 级旅游景区。

2. **乡村特色**　庾村的主要特色体现在对传统文化的尊重与挖掘，并用创意化的手法对乡村建筑进行改造，以市场需求为出发点对业态重新进行布局，让传统乡村文化焕发出了新的光彩。

（1）*民国风情街*。莫干山民国风情小镇位于莫干山脚下的庾村集镇，在镇中心庾村黄郢东路有一条 200 多米长的街道——民国风情街。老式照相馆、布鞋店、小资的咖啡馆、特色茶餐厅，在梧桐树的映衬下增添几许

民国的情调。2014年燎原村就启动了历史文化村落保护与利用工程，通过对民国时期庚村集镇的原始风貌、建筑文化的挖掘，依照"修旧如旧"的原则，在燎原村打造了民国风情街。

（2）庚村1932文创园。庚村1932文创园是由清境（上海）旅游投资管理有限公司投资兴建的一座文化创意园。这个文创园包含了文化展示、艺术公园、乡村教育培训、餐饮配套、艺术酒店等业态，吸引了来自四面八方的游客、商家、文化工作者。这里曾是民国时期著名政治人物黄郛隐居并尝试乡村改造的故地。文创园的11座建筑，大多是当年黄郛在此兴办蚕种场时遗留下的废旧厂房。

SHARE·飨餐厅是一座自行车主题餐厅。由我国台湾设计师王胜弘操刀，融合民国建筑、工业气息和乡村元素，以"原生态材料＋超前设计"的手法，用自行车各部件作为装饰元素，独树一帜。

古井花园的桑茧花园利用当地材料和乡土植物，在原有地形基础上打造的生态自然景观。

萱草书屋，这间乡村书屋的书籍全部来自热心人士的捐助，有爱与热情。人们在这里分享知识与收获，分享城市与乡村的一切。

茧咖啡位于自行车主题餐厅的旁边，在醇正的咖啡里品尝时间的流浪，体验不曾遇见的生活。

　　茧舍是 8 位设计师共同设计的文艺波普风格青年旅舍，13 间客房风格各异。民国时期的蚕种室，变成了现在的客栈。

　　窑烧面包坊，一间面包小屋，户外柴窑，用本地新鲜作物搭配天然酵母，烤出的面包焦香微脆、木头清香。随季节变化创新精品，是纯正的乡村美味。

　　蚕宝宝乐园，莫干山首个自然生态全手作乐园，选用老旧工厂的材料，由当地木匠纯手工打造而成。孩子们在这里可亲身体验奇幻之旅。

　　（3）**文化创意馆群**。近两年，庾村重点打造了云鹤山房茶书馆、乡村振兴VR馆、民革莫干山之家等十几个文化馆群，推动旅游项目与地域文化的融合创新。

　　云鹤山房茶书馆是一家集茶、书、展于一体的文化体验空间，主要经营云鹤茶、茶器、书本以及自主开发的文创产品。不定期举办各种沙龙形式的文化交流会，如新书签售会、创意文化展览等。云鹤山房致力于推广莫干山茶事，为客人提供舒适的现代茶体验环境，感受茶文化的魅力。

　　乡村振兴 VR 馆，在这里游客可以通过 VR 技术看到莫干山镇的乡村振兴成果，感受到虚拟世界里的真实感。这个馆的主题是美丽大花园——新莫干山时代，在习近平总书记乡村振兴战略和新时代"三农"工作指导下，莫干山镇稳步推进乡村振兴战略落地，奋力走出具有莫干山特色的乡村振兴之路，从文化振兴、生态振兴、产业振兴、人才振兴、组织振兴五个方面展示了莫干山镇的乡村振兴成果。

　　民革莫干山之家，主要是为了让大家通过学习民革的历史，更多地了解多党合作的宗旨和重要意义，更加坚定中国共产党的领导。在民革莫干山之家，大家出谋划策，通过议政研讨，碰撞出智慧的火花助力乡村振

兴；在民革莫干山之家，大家宾至如归，通过交流联谊，不断增强党员的身份认同和组织归属。

　　海峡两岸交流展示馆，整个展馆以时间为主线，讲述德清、台湾两地交流的历史、现在与将来，通过一张张老照片穿越历史，回眸莫干山旧影。展馆分三大展区：同承祖脉、同根同源，与时俱进、交流共融，互惠互存、共赢未来。

　　莫干山民宿学院成立于2016年，是国内首个民宿学院。依托借宿这个专业的民宿服务平台，邀请来一批批爆款民宿主人，资深的住宿行业运营者，得奖无数的建筑师、设计师、跨界领军人物等共同授课，为对这个行业的知识需求者，提供行业内最优质的教育资源。

　　莫干山民国图书馆于 2016 年开馆，民国风情的建筑风格，收录有600 余种 20 000 余期民国报刊，10 000 册与民国政治、经济、历史文化等相关的书籍，在这样一座风格别样的年代图书馆内，了解民国时期的历史文化犹如身临其境。

（4）**特色民宿与酒店**。在短短几年时间里，庾村就发展了近百家民宿。郡安里等一批著名洋家乐的加入，大乐之野等精品民宿的崛起，这种既保留了乡村风貌，又能体验当地风俗民情，实现人与自然融合的休闲度假方式，赢得了长三角地区乃至境外高端客户的青睐。

大乐之野是莫干山最受欢迎的民宿之一。大乐之野庾村店即"小镇姑娘"，由一栋百年老宅改建而来。这个宅子是民国时期黄郛小学的教师宿舍。它保留了夯土墙，将整个墙体刷白，周正的落地门窗里透出暖黄的灯光，让人有家的归属感；原先的古树野花也一并保留，自然又不造作，有一种日常与平凡的力量。人在其中能感受到静谧和温暖。大乐之野庾村店共有 15 间客房，其中主楼有 12 间，另外为一幢含 3 间客房、小花园及客厅的独栋别墅 LITTLEHOUSE。房间价格为 980～1 680 元/夜，LITTLEHOUSE 独栋小别墅包栋价格为 5 040 元/夜起。

通过招商选资，成功引进了郡安里度假酒店，是莫干山度假旅游的扛鼎之作、中国度假旅游的高端典范。酒店的主楼建筑由迪拜帆船酒店设计建设的核心成员设计师设计，以"青山、云雾、瀑布"为灵感，打造成了莫干山地区的"明珠"。酒店拥有各类客房 260 套、25 000 平方米户外草坪、桃源小馆中餐厅、云顶西餐厅、麦面馆、全球首个 DISCOVERY 探索极限乐园、IPONY 骑域国际青少年骑士院、依兰 SPA。

（5）**特色节庆活动**。莫干山镇有许多节庆活动都放在庾村进行，如赏花节、茶王赛、国际竹海马拉松、年俗文化节等，这些节庆活动弘扬了传统文化，也为庾村带来了人气，使得一个集度假、休闲、运动、文化体验为主的旅游风景区正在逐步形成。

3. **经营情况** 目前，庾村的主要收入来源是二产和三产。其中，经济作物以竹林、茶园、瓜果生产为主。第二产业以竹制品加工、茶叶加工为主，形成具有一定规模的竹制品加工业、茶叶加工业等特色产业。2007年后，以旅游业为主的第三产业收入也逐渐上升，包括民宿、酒店、餐饮、教育培训、休闲体验项目等收入。其中，庾村1932文创园是庾村最火爆的项目，年均客流量约35万人次。

4. **案例点评** 庾村是一个典型的以文创为特色的主题村落，它以文创的手法，活化了乡村资源和传统文化，让一个老村焕发出新的生机。

庾村是莫干山的小镇中心，也是莫干山的旅游集散中心。依托莫干山优质的自然资源、区位条件和深厚的文化底蕴，庾村以民国文化为切入口，打造了民国风情街。随后，引入台湾文创团队，提出文化"市集"的概念，将空间、场所、舞台、市场、作坊等元素及其职能进行聚集，以此作为城乡互动的空间节点、物资集散的商业节点以及邻里关系的社区节点，并凸显当地文化价值。之后又通过政策引导，开发民宿等新兴业态和休闲度假业态，完善相关配套设施，由此构建了一个以三产为主导的乡村产业生态，打造了一个AAAA级的乡村旅游景区。

在众多的产业业态中，庾村1932文创园无疑是最大的亮点。这个文创园是由老的庾村蚕种场改造而成，场地始建于民国时期，近百年来陆续建造的十几幢房子随着地形散布后留出许多空地。设计团队用当地盛昌的竹子在场地上搭出竹棚，结合地形关系整理场地，并按照蚕场建筑的特征用空间的方式加以改造。改造后的庾村文化市集有咖啡厅，有自行车主题餐厅，有充满艺术气息和设计感的青年旅舍，还有造型独特的窑烤面包坊……应该说，这是传统与现代的一次完美融合，以艺术再造的形式，实现了乡村的复兴。

文创是发展乡村旅游的重要手段，也是实现乡村振兴的催化剂。但文创绝不是文艺创作者和创客们的自嗨，而是依托乡村资源，以消费需求为导向的乡村产业的重构，它既要尊重历史，也要顺应潮流；更重要的是，要让游客停留下来，为乡村创造价值。在这一点上，庾村做到了。

当然，在内容体系的打造方面，庾村仍然有提升的空间，比如项目的体验性和互动性仍有待增强，文创产品仍有待进一步开发，尤其是可供游客带走的伴手礼值得好好开发。未来，IP化、故事化、场景化仍是庾村的努力方向。

四、明月村——国际"陶宝村"

　　明月村位于四川省成都市。该村以陶艺文化为核心，通过陶艺文化的展示、情景布置、体验、娱乐、销售等方式，将一个普通的小乡村改造成散发陶艺魅力的文化乡村，吸引扎染、书画等其他民间手工艺者进驻，成为一个名副其实的"匠人村"。

1. 基本情况

　　（1）乡村概况。明月村位于四川省成都市蒲江县甘溪镇，属大五面山浅丘地带，地处蒲江、邛崃、名山3个（市）县交汇处，属浅丘地区。全村总面积6.78平方公里，辖15个村民小组，共723户，2 218人，劳动力1 361人，耕地面积3 470.41亩，人均耕地面积1.7亩。

　　明月村森林覆盖率46.2％，自然生态条件良好，主导产业以传统的茶叶和雷竹为主，其中有7 000亩生态雷竹、2 000亩茶园和1 000亩松林。

　　明月村虽是一个传统的乡村，却坐拥中国陶瓷史上以生产古雅深沉品性产品而著称的邛窑遗址4口，现有民间陶艺手工艺人50余位，制陶技艺和资源条件优越，同时乡村的乡风民俗具有川西特征。

　　明月村获评过全国文明村、国家食物营养教育示范基地、2018中国十大最美乡村、全国百佳乡村旅游目的地、中国乡村旅游创客示范基地、四川百强名村、四川省"文明村"、四川省"四好村"、四川省乡村旅游创客示范基地、四川省文化产业示范园区等称号。

（2）发展历程。

市规划局及当地政府坚持规划优先，以文化创意产业为核心的发展思路，开始谋划明月村未来。以明月窑为核心的"明月国际陶艺村项目"于2014年6月正式启动，项目计划以"筑巢引凤"的形式引进文创项目和艺术设施，在竹海茶山之间打造若干个"乡村公共文化客厅"

明月村全年迎来游客15万人次，实现从"市级贫困村"到农民人均纯收入超1.8万元的跨越，成为远近闻名的创业示范园区、双创聚居区

2008年　　　2014年　　　2015年　　　2016年

位于成都最西边的偏僻小镇甘溪明月村，是典型的纯农业贫困村

3月，明月村成立了旅游合作社，并首年度引入文创项目27家

2. 文化特色　明月村以明月老窑的修复为始，挖掘古窑文化，现已经有了"蜀山窑""火痕工坊""明月窑"等多个陶艺品牌，进一步开发特色资源，发展特色产业，打造"竹海·茶山·明月窑"乡村名片。明月村的陶艺文化特色主要表现在以下几个方面：

（1）还原明月窑旧址。四川省目前唯一"活着的邛窑"始创于东晋，成熟于南朝，盛于唐，衰于宋，主要分布在四川省境内。以青釉、青釉褐斑、青釉褐绿斑和彩绘瓷为主，其烧制工艺完整的保存了唐代技艺，是我国著名民间瓷窑之一。明月村在原旧址基础上还原了明月窑的原貌。

（2）建立火痕柴烧古法工坊。柴烧起源于中国古代，这种烧制方法利用木材作为烧窑最主要的燃料。上等松木燃烧所产生的灰烬和火焰直接窜入窑内，形成独有的松烟，烟富含碳素，加上窑内的落灰自然依附在坯体之上，形成温泽光润、层次丰富的天然灰釉，依附在器物上。作为传统柴烧的守护者，廖天浪决定将工坊落在明月村的一处静谧茶田之上。工坊将持续用古法技艺打造文创美器，为传播明月村生活美学贡献力量。

（3）创作蜀山窑系列作品。中国工美行业艺术大师李清带着文创企业"蜀山窑"落户蒲江县明月村，在此设立蜀山窑陶艺博物馆与蜀山窑明月工坊。李清老师以当地的松、竹、茶为灵感创作了"明月杯"，"明月杯"的器形非常简单，杯上一深一浅两抹蓝色如在明月村仰头可见的如黛青山。李清老师潜心研究陶艺文化并创作题材多样、内容丰富的艺术陶瓷，茶文化与道家文化融合的蜀山道器佳作频出，也让秘制窑烧鸡香飘海内外。

（4）组织各种陶艺文化活动。这类活动分为两种，一种是公益活动。依托明月书馆，由公益组织每年开设 12 期明月讲堂、24 期明月画室、15 期明月夜校等常态公益文化活动，为村民免费提供书法、绘画、文创、生态农业等培训。第二种是节庆活动。明月村已成功举办雷竹笋品鉴活动、中韩 2016 茶山竹海明月跑文化交流活动、明月国际艺术村 2015 陶艺节、北京遇上明月村 2016—2017 跨年文创展、月是故乡明 2017 明月村中秋诗歌晚会、明月村 2019 雷竹春笋艺术月等活动。

　　明月村以陶艺文化为切入点，吸引了来自北京、上海、成都等地的100余位艺术家、创客入村创作、创业和生活，他们中有陶艺家、画家、作家、诗人、美食家、摄影师、建筑师……截至2018年，明月村已经落地40余个文创类项目，涉及国有土地流转187亩，基本形成四大项目组团，一条旅游环线。

　　比如"远远的阳光房"，本是宁远开创的服装品牌，放下话筒的她租下村民的房屋，改造为草木染工坊。这里提供草木染体验，也展示售卖草木染类文创产品。院子很美，也是个适合拍照的地方。

　　明月村的明月食堂也充满了文艺范。一位"80后"摄影师偶然来村里拍摄一场"还乡"主题摄影片，便爱上了明月村，从北京"还乡"与朋友一起开了文艺的明月食堂。明月食堂外部为原生态的农舍，内部是现代化具有艺术气息的装修。朴实的物件搭配有设计感的东西，散发着一种小清新的气质，更有合伙人邓大厨为游客提供邓家祖传秘制卤牛肉。

　　位于明月村南入口，是一座别致的建筑，因表面大量使用鹅卵石，村民称"石头房子"，共有7个房间，分别是明月国际陶艺村接待中心、服务中心、展厅、明月村旅游专业合作社、明月村新媒体、明月书馆、甘溪镇综合文化站。"石头房子"不仅是明月村的门户和社区文化中心，也成为明月村社会组织参与乡村建设实践的大本营，宣传乡村党建和乡

村实践经验。

3. 经营情况 明月村农户在原有收入渠道之外，还可通过四种途径增收：第一，通过租赁闲置院落，可获得每年 2 500～8 000 元的房屋租金收入。第二，成为文创项目员工，可获得 1 500～3 000 元/月的薪酬，实现就地解决就业 100 余人。第三，每年乡村旅游专业合作社入股社员按照入股比例进行分红。第四，自营餐饮、住宿、传统手工艺等项目获得收益。

明月村成立明月乡村旅游专业合作社，由村集体、村民、政府产业扶持资金入股总额按 1∶1∶1 等比配备入股资金（政府产业扶持资金不参与分红，3 年后转股退出），统筹明月村范围内的旅游项目建设、运营和乡村旅游发展，以旅游合作社为主体，指导农户开展特色餐饮、家庭旅馆等创业业态，让当地农民参与乡村旅游项目，成功引导周边 10 余户农户开设餐饮等旅游业态，建设家庭旅舍 50 余间。同时，村民通过出租闲置院落，或成为文创项目员工，或自营餐饮、民宿、传统手工艺等项目获取收益。依托当地制陶技艺和优越的资源条件，截至 2018 年，明月村已成功创作陶艺制品 10 300 余件、生态布艺制品 650 余件、书画作品 300 余件，实现销售 400 余万元。合作社还助力农产品研发、包装、推广，实现农民增收。并相继推出明月酿、明月手工茶、明月村雷竹笋等农产品品牌，帮助推向市场，扩大产品销路。2018 年，全村接待游客 23 万人次，旅游收入 3 000 万元，其中，明月乡村旅游专业合作社实现收入 100 余万元，带动股民增收 500 余万元，引入政府投入 1 亿元，吸引社会资本 2 亿元。

4. 案例点评 明月村作为乡村旅游的典范，有一些成功的做法可供借鉴：一是明月村注重在地文化的挖掘，围绕乡村的独特资源——陶做文章，明确以"国际陶艺村"为乡村的主题定位，打造乡村超级品牌。二是明月村强调文化与创新的结合，既响应现代审美需求，又紧抓地域文化特色，开发出"明月酿""明月杯"等特色创意产品。三是明月村注重创新人才的引入和培养，吸引艺术家、工艺家等新村民入驻，丰富乡村产业业态，同时强化对原有村民的培训和鼓励，激活乡土文化，实现新村民与原有村民的融合，为乡村进一步发展营造和谐局面。

同时，在明月村持续发展的过程中，还有一些待改善的地方：一是未来明月村，需要加强对外传播，充分利用互联网与移动互联网平台，将乡村美学、乡村生产、乡村生活分享给更多的人，扩大影响面，提升知名度。二是着力打造独属于明月村的品牌体系，强化品牌标识系统的应用，落地于各个项目中，以期在游客心中留下强烈的品牌烙印。

五、幸福公社——理想田园幸福社区

位于成都市半小时经济圈的幸福公社，用乡村田园的方式承接都市家庭中、老年人休闲养生居住需求，为入住者提供智慧农业、艺术与教育、运动管理、健康管理、禅修中心等创新的养生养老服务体系，打造和谐的人与自然、人与人之间的邻里关系。

1. 基本情况

（1）乡村概况。幸福公社位于川西旅游环线上，处于成都市西 50 公里大邑县青霞镇，紧靠烟霞湖，属于成都半小时经济圈。

幸福公社所在的分水村，原是一个普通的村落，旅游资源和人文条件都不具备独特的优势，产业空心化，人口外流严重，尽管生态环境优越，又地处川西旅游环线要冲，但仍显得冷冷清清，人气低迷。乡村自然生态条件良好，植被茂密、空气清新、气候宜人、果蔬绿色有机。

幸福公社整个项目占地面积 76 602 平方米，建筑面积 38 301 平方米，绿化率 25%。项目以家庭为单位，打造休闲娱乐平台以及多种附属产业，包含：为老人打造的农业参与体验项目、老年大学；为青壮年人准备的山地骑游自行车、垂钓、室外烧烤；为儿童提供的亲近自然健康教育模式。

幸福公社整体规划三期，一期和二期都是以住宅和生活休闲娱乐配套为主，三期规划为农业品牌主题公园和农业文创产品设计中心，为文创产品提供展示和发展的平台。项目由成都幸福创意农业开发有限公司、成都幸福公社房地产开发有限公司投资运营。

（2）幸福公社一期。主要包括两部分，第一部分是乡村院落，共 400 户人家，单户面积为 80～140 平方米，占地面积 105 亩，总建筑面积 40 000 平方米，容积率仅 0.5。第二部分为酒店及文化会所院落，有幸福小满酒店、戏台广场、温泉主题文化四合院。

（3）幸福公社二期。主要配套各类养老养生业态，占地面积 82 亩，建筑面积 10 万平方米。2017 年 12 月 1 日建成。包括：商业街——一条 40 000 平方米综合观光商业街；住宿设施——酒店式精装公寓、乡村设计酒店；运动设施——10 个网球场、14 个羽毛球场、2 000 平方米室内运动中心；休闲餐饮——2 000 平方米营养膳食中心，数十种特色餐饮和旅游手工艺品的生产销售作坊；农耕体验——200 亩主题农业休闲公园；娱乐文化——美术馆、手工艺学校、国际禅修中心。

成都幸福公社已被评为国家乡村旅游人才培训基地、四川省乡村旅游创客示范基地、成都市首批旅游型社区、成都市文化创意主题旅游目的地、成都市巾帼创新创业示范基地、成都市科技创业苗圃等。

2. 文化特色 幸福公社将"幸福"作为主打核心，以"养老社区＋乡村创客"的乡村振兴发展模式，通过"平台聚集＋人才孵化＋创意品牌"运行机制，为成员构筑美丽和谐乡村居住空间，通过创客中心、民俗客栈、特色餐饮、节庆活动等多元化业态植入，为成员打造原生态的居住环境。幸福公社主要从以下几个方面打造理想乡村的幸福生活：

（1）开办"成都匠人村"，以文创丰富乡村生活。2016 年 8 月开办"成都匠人村"，村里汇集了来自全国各地的上百名能工巧匠在此"安营扎寨"，包括活字印刷、酿酒、织布、皮影、蜡染、剪纸、木雕、制茶、制纸……一店一特色，一匠一传奇。

其中，再书房书店在当地名气很大，面积为 400 平方米，以民艺手工类书籍为主，融合了民间工艺、民艺课程、艺术交流等多种功能。书店不断收集全世界民艺手工方面的书籍杂志，并利用自身空间为广大民间艺术家、手工匠人举办各种宣传展览活动，提供一个展示交流的平台。同时，开设手工课程、原产地游学、大师来店讲座等文创活动，现已成为各地手工爱好者的聚集点。

　　成都五大匠人之一的安自强老师是一位冷锻大师，在此处开办冷锻铁铺，锻打的是未经烧制过的冷铁，安老师用柔软的双手亲手锻造件件样式精美的铁艺。街上的北斗七星木勺店是一家充满童趣和爱的木艺店，木勺、木盘、木马、木房子、木头玩具、榫卯家具陈列店中，在这里花一下午的时间，亲手为心上人制作独一无二的木件幸福又美好。

　　（2）成立首个农业创客中心，带动农业产业发展。在幸福公社成立的

成都农业创客中心，开创"设计＋产业＋农业"全新模式，从包装艺术设计的角度出发，将农产品变成高端伴手礼，全面提升农产品的附加属性和品牌优势。从产品概念、创业落户、品牌建设、市场营销、企业管理、金融投资等领域提供全面服务。

（3）打造特色餐饮，让成员品尝幸福滋味。幸福公社里建有一座人民大食堂，选取自己种植的不打农药、不施化肥的有机健康食材，还有大邑当地的地域美食肥肠血旺，为人们供应一顿家常美食体验。

这里还有一间雨花斋，是免费的素食互助餐厅，所有食物都来自社会公益人士的捐赠，为游客提供恬淡质朴、原汁原味的免费素餐。

（4）**修建川西特色民宿，构筑别样乡村居所**。基于传统建筑美学，按照川西民居的特色形态修建民宿；众多艺术家和设计师入驻，为每一栋民宿塑造独特的个性和灵魂，不一样的大门、不一样的院子、不一样的收藏，为客人提供多种完全不一样的生活体验场景，如小悦客栈、小满谷雨客栈、大邑叶子客栈。

（5）**举办社区活动，增强成员互动**。幸福公社举办固定或非固定的社区活动，增进社区成员的沟通交流，增强社区成员的艺术性。

幸福讲堂：每周五定期举行"乡村振兴幸福讲堂"，一周邀请一个行业大咖，如设计师、金融专家、管理高手、高校老师等，为创业者、乡村创客、普通村民提供知识分享。开业至今，已开展各类创意创业、展示展览、比赛培训活动 200 余场。

绿色公约：住进幸福公社的每位成员被亲切地称为社员，每户业主可以获赠一分菜地（66 平方米）、相应农具及种子，10 年无偿使用；对于这片经过 5 年的净化形成的无污染可种植的土地，倡导尊重自然，尊重土地，远离转基因的有机生活，社员之间共同遵守绿色公约，遵循节气和气候、不种反季节蔬菜，实现了生态健康的生活方式。

幸福坝坝宴：每个周五、周六、周日是社区固定的坝坝宴节目，每家每户做几道拿手菜，大家在一起吃饭聚餐、聊聊家常，既品尝了百家味道，也增进邻里间感情。

幸福摊摊：在每月的最后一个周末举办创意集市，社员拿出自己手工艺作品，用以物易物的方式进行交换，淘到喜欢东西的同时结交为友，也为农创产品提供了展示、交流、销售空间。

公社彩猪节：五十头彩猪，在每个季度都有一个主题的绘画比赛；同时邀请社区外的艺术家参与。

幸福公社还会放映公社微电影，这是公社业主的娱乐狂欢节，人人参与，创造了社区崭新的艺术文化惯性；举办儿童娱乐活动，考虑孩子成长的需求，依托已有的教师资源，设立现代私塾格调的泰阳书院，融合国画、书法、武术、户外拓展等，开设琴棋书画、诗词歌赋的特色课程，重建传统儒家文化精神，形成了独具特色的教育体系；小镇与健康管理公司合作，引进医疗管理团队，利用现代科技实时监控业主身体健康，举办医养健康活动；同时社区内配置了 15 个专业专职护士，每天上门给业主做健康体检和 30 分钟健康服务；配有 24 小时紧急呼叫系统和专车，随时保证居民的就医安全，在日常生活中也设立了养生健康保健等专业讲座。

3. **经营情况** 大邑县青霞镇"幸福公社"坚持走农商文旅融合发展之路，以党建引领汇聚了一支强大的人才队伍，形成了组织建设、人才引培、产业汇聚的良性循环。

围绕社区营造，以"设计点亮乡村"打造特色文创街区，并建立人才工作站，通过"平台聚集＋人才孵化＋创意品牌"运行机制，采用"团队＋设计师联盟"方式，引入文创设计团队 20 个、农业服务型团队 12 个和创意设计人才 150 余名。

充分发挥人才知识和技能优势，开办设计、工艺、餐饮、客栈、阅读、加工等各类经营主体 30 余个，带动乡村旅游服务业发展，成功孵化企业 48 家、团队 16 家、农产品 30 余个、举办活动 200 余场、推出省内外农产品品牌 100 多个。创客们通过自己的创业兴业，在幸福公社带动本地 200 余人就近就业，吸引 300 多返乡人才创业，大大提高了收入水平。

幸福公社的主要收入来源为房产销售、文创产品售卖、农产品售卖。2017 年，幸福公社的游客量达到了 30 万人次，实现年销售收入逾 1 000 万元，目前，幸福公社也是唯一获得成都市旅游局授牌的旅游型社区。

4. **案例点评** 充分挖掘当地文化民俗资源，合理改善生态资源，以创新的形式加以利用，形成其核心产业和特色标识；以体验先行创造一种田园农耕的生活方式，带动产品的销售和整体价值的实现，形成一个集聚田园养老、国学文化、手工艺村落等多个形象标签的幸福小镇。

(1) 可借鉴之处。一是注重社区文化的营造。幸福公社的创客们，立足自身优势，各展所长，通过相互服务、互相关怀、社区活动策划，拉近了人与人之间的距离，形成了友善互助的邻里关系，使幸福公社成了一个有"人情味"的新型社区。二是人才引入，带动村民创业。幸福公社把优秀的设计师聚集在一起，成立农村再造的设计站，也将村民发展成乡村创客，吸引村民返乡，人才与村民一起参与农耕、手工、创作，激活乡村生机。三是注重传统民居的提炼，开发精品民宿。业已成型的民宿聚落，独具川西民居特色，成为幸福公社吸引游客的一大亮点。四是充分挖掘当地文化民俗资源。通过对民俗文化的二次开发，以创新的形式加以利用，制作乡镇村标、设计村镇社区形象，形成幸福公社核心产业和特色标识。

(2) 待改善之处。幸福公社未来可以注重对周边产业资源的挖掘，以创意带动，融合一二三产业，形成一个更完善的、抗风险能力更强的系统；同时可以通过旅游线路的开发，与周边景区联动，增强与周边的黏性。

六、袁家村——关中民俗第一村

袁家村已成为中国乡村旅游的第一"网红"。一个原先只有286人的小村庄，通过发展乡村旅游，带动了周边10个村致富，年游客接待量达到600万人，创造收入10亿元！凭借对关中民俗文化和地道农村生活的深入挖掘，袁家村走出了一条发展乡村度假旅游、带动农副产品产业化的道路，成为各地学习的标杆和样本，袁家村也被誉为"关中民俗第一村"。

1. 基本情况

（1）乡村概况。袁家村位于中国陕西省咸阳市礼泉县烟霞镇，地势西北高、东南低，地貌分为南部台塬区和北部丘陵沟壑区两大类。袁家村周边有着丰富的历史文化资源，距袁家村10公里的唐太宗昭陵是全国第一批文物保护单位、世界上最大的皇家陵墓。唐肃宗建陵石刻，是关中地区帝王诸陵中数量最多、保存最完整的石雕石刻群。袁家村现已形成以昭陵博物馆、唐肃宗建陵石刻等历史文化遗迹为核心的点、线、带、圈为一体的旅游体系。

袁家村目前有400多人口，村资产已达到1亿多元，村民家家住上了小洋楼，人均住房52平方米，家家生活得很滋润，如今这个村的领导者朝着环保、生态、绿色的发展观念转变，带领全体村民大力开发无烟工业——旅游业，创建民俗、民风体验一条街，集中展示关中农村自明清以来的农村生活的演变。

（2）发展历程。袁家村发展乡村旅游，大致经历了3个阶段。

一是起步阶段：民俗旅游。重点打造作坊街、小吃街、民俗街3条街，恢复和活化关中传统老建筑、老作坊、老物件等物质和非物质文化遗产，建设"关中印象体验地"村景一体、全民参与的体验式旅游景区，满足了都市居民和游客寻找乡愁、体验民俗，感受独特乡村生活的需求。

二是发展阶段：乡村度假。重点打造客栈街、酒吧街、书院街、艺术长廊等，增加和丰富景区的经营项目和服务功能，进一步满足都市居民休闲度假和文化消费的需求，并吸纳周边更多农民就业和参与，逐步实现阳光下的袁家村向月光下的袁家村的转变，即由一日游向两日游、多日游和度假游转变。

三是扩张阶段：品牌输出。袁家村发展到一定阶段后，开始谋求"进城出省"的走出去战略。2016年，袁家村小吃入驻西安高端商业综合体——曲江银泰城，一开张就异常火爆，袁家村美食赢得广大消费者的青睐，由村民入股的600万元投资仅9个月就全部收回。陆续开业的赛格国际、奥莱砂之船、胡家庙万和、咸阳正兴等连锁店都表现出强劲的盈利能力，也受到资本市场的追捧。目前以各种形式合作的在建项目和意向项目已达10余个，分布在山西、河南、浙江、江苏、湖北、河北、青海和北京等地。

2. 乡村特色

袁家村以民俗旅游为切入口，逐步过渡到乡村度假、品牌输出，构建了以乡村旅游为核心的完整的产业链条，创新了三产融合发展模式。袁家村从乡村旅游起步，经过10余年的发展，市场规模逐步扩大，经济效益不断提升，品牌价值更加凸显，第三产业直接带动第二产业的发展：由手工作坊到加工工厂再到连锁加工企业，二产跟着三产走。二产的发展不断增加对优质农副产品原材料的需求，遍布各地的种养基地和订单农业，促进一产规模不断扩大。部分农副产品的市场、加工和种养殖地已走出袁家村。如此，实现了三产带二产促一产、三产融合发展的格局和良性循环，从而开创了乡村产业"逆向发展"的新模式。

（1）特色小吃。粉汤羊血：小吃街第一家店面便是粉汤羊血。其经营者是一个下岗工人，原来在县城夜市摆小摊，收入微薄。抱着试试看的态度来到袁家村，在郭占武的帮助下，发奋努力，诚信经营，生意越做越好，逐渐将粉汤羊血做成了爆款产品。不到 30 平方米的店铺，一年的收入在 500 万元以上。

袁家村辣子：袁家村辣子最早是郭占武创意设计的一个景点项目，在康庄老街的一面土坡下，一头老黄牛，一个石磨盘，一个农家妇女，碾好的辣子热油一泼，满街飘香。袁家村辣子大受游客青睐，供不应求。郭占武抓住机会，建起作坊，扩大袁家村辣子的生产能力，使之逐步产业化。销售小小一瓶的袁家村辣子，从一开始的年营业额不足 10 万元，发展到今天高达 700 多万元。

袁家村酸奶：现在酸奶是袁家村销量最大的明星产品。最早是郭占武

指导的一户村民在自己家用小作坊生产。由于现做现卖，奶新鲜、味道好，游客在品尝后都要买几瓶带走。但小作坊满足不了快速增长的袁家村旅游市场，郭占武在对酸奶市场进行深入调研和准确判断的基础上，先是建起大作坊，后又建起生产车间，不断增加产能和产量，2017年酸奶的销售额超过了2 000万元。

其他如手工粉条、菜籽油、老豆腐、醪糟等项目也都是袁家村的爆款产品，也是先由一家一户经营，经过郭占武的精心培育和扶持，几年间由小到大、由弱到强，逐步发展壮大起来的。

（2）特色民宿。为了解决游客来了没地方住的问题，袁家村建设了一条客栈街。客栈街包含了60多家农家客栈和一部分精品客栈，可同时接待2 000人入住。有代表性的客栈有左右客、田间精品酒店、里居精品民宿、沐舍客栈。

左右客：地处民俗风情街的中轴线上，周边有老街、名宅、酒吧、茶馆等，出门就能感受"人生百态"。客房由山西、陕西明清古宅迁建而成，独有的复古风让人迷醉。

田间精品酒店：房间内推窗北望，可以见到连绵起伏的九嵕山。庭院设计独具匠心，院落宽敞，花本簇拥，让人赏心悦目。四种房型，其中有传统的关中小炕，可以体验关中情怀。

里居精品民宿：一座"大隐隐于市"的院落文化，闹中取静，院中有竹、有景、有露天茶台，有整面书墙，还有淘气活泼的池鱼，更有温暖舒适的装饰，在这里能静静发呆一下午。

沐舍客栈：装修风格以阿拉伯风情、唐式古风和关中民俗为主。随处都有书本和茶具，让客人在住宿的同时捕捉到每寸阳光。

（3）**特色休闲**。为了延长游客的逗留时间，袁家村又建设了酒吧街、书院街，并丰富了相应的休闲体验活动。

酒吧街是一条大约200多米长的小巷，两侧约有20多家风格各异的酒吧。其中，最有代表性的是老地主酒吧。老地主酒吧紧临着绒花咖啡，是一个清吧，每天晚上七点就有歌手在唱歌。店内装修也比较特别，木质的天花板上吊了很多古老的大车轮子，砖墙都涂上了黑色，再配上老照片，感觉走进了另一个时代。老地主酒吧的吧台，是用一个牛车改造出来的。因为和绒花咖啡的一墙之隔，此墙现在已经完全被打开，从酒吧到咖啡馆也完全形成一家，整体氛围你中有我，我中有你。

　　茶馆休闲，一把铜壶，几克茯茶，些许清水，六成文火，再加上老师傅娴熟的熬茶手艺，一壶温润的王家老茶就出炉了，这便是袁家村里远近闻名的"王家茶馆"。因为气候等自然条件，过去关中人没有在户外喝茶休闲的习惯，袁家村就通过打造一个小环境、营造一个小场景，让游客仿佛置身于江南、蜀中，品茗、听戏、按摩、采耳、歇息，成为游客的最爱，周末、节假日一座难求。

　　（4）农民利益机制。袁家村的可贵之处，还在于以特定的利益机制把农民组织起来，走出了一条共同富裕的道路。
　　一是搭建农民创业平台。以袁家村关中印象体验地为载体，通过袁家村农民学校对村民进行教育和培训，使村民初步具有服务意识和经营能力；然后提供优惠政策和基本条件，让村民分期分批低成本或无成本进入平台。根据市场调研，设计业态、遴选项目、挑选商户，逐步把村民培养成创业主体和经营主体，在自己村自己家当老板，而不仅仅是个打工者。
　　二是培育和扶持优势项目。根据优胜劣汰的市场法则，对所有项目和商户进行动态管理。不断淘汰无效供给，及时补充适应市场需要的新项目。经过市场选择，发现和确定优势项目，加以扶持和培育。同时，进一步考察市场前景，评估风险和效益。最终确定既有良好市场前景，又可以扩大再生产、进行产业化运作的优势项目。袁家村酸奶、袁家村辣子、手工粉条、菜籽油、老豆腐、醪糟等项目都是在这种机制下培育发展起来的。

袁家村实行自组织管理模式，这种模式的核心就是"商户分组自治制度"。袁家村村委会将商户按照经营品类、所处位置分成若干组，每组设立经营的组长。由组长负责统一管理卫生、品质、产品特色等，并设立动态打分和淘汰的机制。

三是增资扩股，成立农民合作社。对优势项目增资扩股，成立农民合作社。加入合作社的原则是：全民参与、入股自愿、钱少先入、钱多后入，照顾小户、限制大户，风险共担、收益共享。各个项目互相参股，形成你中有我、我中有你的发展格局。通过调节收入分配和再分配，避免两极分化，实现利益均衡，达到共同富裕。袁家村现有 20 多家合作社，都是在村领导班子的引导下，由农民自发、自愿，以土地经营权和现金入股的形式成立的，加入合作社的农民既有袁家村的，也有周边其他村的，还有部分来袁家村发展的外地人，在入股合作方面已经打破了村的界限。

袁家村探索出了一条发展集体经济的新途径。袁家村在发展之初，属于村集体所有的资源只有 20 世纪 80～90 年代村办企业留下的一些集体建设用地。村领导从实际出发，把属于村集体的建设用地盘活，变为资产，按比例直接分配到每户村民名下，即对应每户村民的可记名、可量化、可分配的股权，村民对自己持有的股权享有分红收益。在所有权、承包权不变的基础上，村民自愿将土地经营权流转给村集体，用于经济合作组织，并获得相应的股权，变为股东。外来投资和经营项目，凡占用袁家村集体资源的，这部分集体资源就作为股份（一般为 20％）进入项目，所得分红收益作为村集体收入，除用于必要的公共事业支出外，全部、直接分配给每户村民。村民同时还享有自己的土地经营权流转、加入合作社获得的股份红利。实现资源变资产、资金变股金、村民变股民。

3. 经营情况　袁家村的主要收入来源为特色小吃、民宿接待、酒吧餐饮、农产品及其他特色产品销售等。2018 年，袁家村接待游客量达到 600 万人，实现营业收入 5 亿多元。其中，餐饮占据了大部分收入。住宿、酒吧街、农家乐等收入归经营者，未计入村集体收入。如果考虑这些收入，袁家村旅游总收入应在 10 亿元以上。

袁家村通过发展乡村旅游业，荣获"中国十大美丽乡村""全国乡村旅游示范村""中国十佳小康村""中国最有魅力休闲乡村"等荣誉称号，被称为中国乡村旅游第一网红。袁家村模式也被社会各界学习和效仿，前来参观、考察和学习者络绎不绝。据不完全统计，2017 年有多达 29 个省（市、自治区）的各级党政领导和部门共计千余批次到访，开发区、特色小镇、旅游景区、文旅企业、高校和科研机构，以及乡镇村组考察团更是不计其数，成为中国农村近几十年罕见的独特现象。

4. 案例点评 袁家村已成为中国乡村现象级的"网红"，也是中国乡村旅游的一面旗帜、一个标杆。袁家村能有今天的成绩，为世人所瞩目、被各地所效仿，得益于以郭占武为代表的村集体在党的领导下，突破制度的牢笼、敢于创新、不断摸索的勇气和智慧！很多地方在学习袁家村，可是鲜有成功的案例，为什么？因为很多人看到的是表象，看不到背后的深层次的原因。

袁家村的成功，原因是多方面的，但最为关键的，是以下三个方面的因素。

（1）**因地制宜进行差异化定位**。以前的袁家村是个典型的"空心村"，搞乡村旅游没有任何可以利用的独特资源，按照以往的思路注定是发展不起来的。可是袁家村位于关中地区，熟悉关中民俗文化、生活习惯，正是基于这一点，袁家村的当家人郭占武提出了打造"关中民俗文化体验地"的想法，从而使得袁家村有了区别于其他村落的独特卖点，找到了乡村旅游发展的突破口。由此也可以看出，发展乡村旅游，寻找差异化定位是首要的一步。

（2）**共享机制搭建农民创业平台**。农民是乡村振兴和乡村再造的主要参与者，如何调动农民的积极性，发挥农民的创造性，一直是一个难题。袁家村以股份合作社的创新模式破解了这一难题。通过搭建农民创业平台，让每个农民当上了"老板"，而不是"打工者"；通过持续不断的教育培训提高农民的经营能力和服务水平；通过扶持优质项目培育壮大产业，将乡村旅游这块"蛋糕"做大。而在这一过程中，股份合作社的共享机制发挥了关键作用。按照经营项目分类，袁家村成立了若干股份合作社，让每个农民都参与进来，你中有我，我中有你，共担风险，共享收益，实现了农民利益的捆绑，避免了恶性竞争。更为可贵的是，郭占武根据袁家村实际情况和村民富裕程度，确立了"钱少先入、钱多后入，照顾小户、限制大户"的入股原则，照顾了弱势群体，实现了公平正义，赢得了民心。这是一个创举！正是在这样的制度设计之下，才会有一年 600 万络绎不绝的游客量，才会有年收入 3 000 万以上的酸奶爆品，才会有不断延展的休闲业态和深受好评的旅游产品！

（3）**灵魂人物发挥带动作用**。乡村发展需要一个好的带头人。不得不承认，袁家村发展到今天，郭占武功不可没。郭占武依靠过人的胆识、智慧和无私奉献的精神，带领袁家村迈过了一道又一道坎，走出了一片又一片新天地，这样的带头人，是袁家村的幸运。如何探求一条不依赖个人的可持续发展的乡村振兴的道路，这是袁家村要思考的问题，也是中国乡村发展的命题。

七、白川乡合掌村——历史文化村

合掌村坐落在日本岐阜县白川乡的山麓里，"合掌造"房屋建造于约300年前的江户至昭和时期。为了抵御大自然的严冬和风雪，村民创造出适合大家族居住的建筑形式，屋顶为防积雪而建构成60°的急斜面，形状有如双手合掌，因此得名。合掌村在文化遗产保护和传承上具有世界领先水平，沿袭并创造出一系列独特的乡土文化保护措施，如今这里被称为"日本传统风味十足的美丽乡村"。

1. 基本情况

（1）乡村概况。日本白川乡合掌村位于岐阜县西北部白山山麓，与日本北陆地区的富山县和石川县接壤，属于日本本岛中部，归属日本东海地区，是四面环山、水田纵横、河川流经的安静山村。

合掌村旅游由村集体运营，共有村民229户。合掌村民宿以合掌造建筑见长，是日本传统民宿的典范。整个村落以不破坏村民生活为前提，改造了其中的一些合掌屋为民宿、餐饮以及特产商店，来满足日益增加的观光客的需求。

白川乡农用地面积有1 950亩，其中水田1 650亩。主要农副业生产项目有水稻、荞麦、蔬菜、水果、花卉、养蚕、养牛、养猪、养鸡、加工业等，这些生产项目在旅游区中既是观赏点，也是游客在观赏的同时品尝当地新鲜农产品或带有机农产品回家。合掌村商品主推本地特产，如浊酒、飞弹牛肉、柿饼、飞弹牛乳制的冰激凌等，都是利用村内独有的原生态食材进行生产。

民宿内体验项目以特定农作物或地方生活文化为主题，包括农耕体验、牧业体验、渔业体验、加工体验（做豆腐、捏寿司）、工艺体验（捏陶）、民俗体验（地方祭典、民俗传说、风筝制作）等，可以感受农村朴实与温馨的生活环境，聆听主人讲述当地的风土人情，体会久违的宁静和安逸。

合掌村在文化遗产保护和传承上具有世界领先水平，沿袭并创造出一系列独特的乡土文化保护措施，如今这里被称为"日本传统风味十足的美丽乡村"。

（2）发展历程。

庄川流域为了电源开发而开始了水库建设，导致村落遭遇淹没而变得越来越少。随后小村落的集体离村、火灾烧毁，以及多栋合掌屋的转卖导致在1942年减少到约300栋合掌屋，到了1961年竟锐减至190栋

白川乡合掌村申报世界文化遗产成功，来自世界各地的人们一致认为：白川乡的合掌村是"日本传统风味十足的美丽乡村"

| 1935年 | 1940年 | 1971年 | 1995年 | 1997年 |

合掌屋大约在1800年至1900年初期，建于白川村到富山县五个山地区一带，有着300年屋龄的古老建筑物。1935年德国建筑师布鲁诺·塔特在日本偶然发现了这座美丽乡村，他被自然环抱着的合掌建筑村落的和谐景观深深感动。回到德国后立刻写了《再探美丽的日本》的书，高度赞赏百年历史的茅草屋建筑结构完全符合建筑学原理，由此茅草屋建筑被世人所认知

提出"不转卖""不租借""不破坏"三大原则，在全体居民的同意下成立了"白川乡荻町村落自然环境守护会"。1976年被选定为国家重要传统建筑物保存地区

成立白川乡合掌造护村财团，从事村落内的景观护村活动。为妥善保护自然环境与开发景观资源，协会制定了《景观保护基准》，针对旅游景观开发中的改造建筑、新增建筑、新增广告牌、铺路、新增设施等都做了具体规定。如：用泥土、沙砾、自然石铺装，禁用硬质砖类铺装地面。管道、大箱体、空调设备等必须隐蔽或放置街道的后背；户外广告物以不破坏整体景观为原则；水田、农田、旧道路、水路是山村的自然形态必须原状保护，不能随便改动

2. 文化特色

在 20 世纪 50 年代，德国建筑学者就说白川合掌屋是最合理、最理性、最天人合一的建筑，在德国建筑学家布鲁诺《日本美的再发现》推荐了合掌村之后，旅行者们慕名而来，合掌村渐渐发展起观光旅游业，民宿、餐厅与艺品店越来越多。

（1）观赏合掌造建筑。合掌造是日本一种非常特殊的民居建筑形式，建筑的屋顶用茅草铺就，因屋顶的形状如同两手合握一般，所以这种建筑被称为"合掌造"。它作为典型的全木质建筑，在建造中利用榫卯技术，不使用钉子，坚固耐用，屋顶倾斜 60°，冬天可以让雪滑落避免积雪，是冬暖夏凉的大宅子。

合掌屋一般为两到四层，一层为家族成员日常生活场所。因江户时期养蚕业发达，该村家家养蚕，所以二三层不是像传统的和式住宅的格子间布局，而是整体一个大通间，尤其是顶层的人字形内侧，除了原木、绳结及少数挂件外，没有任何其他隔板装饰，整体看上去给人一种通阔的感觉。

（2）白川乡之汤（温泉）。它是世界遗产地内唯一的天然温泉，外观为配合周围景观所建造，内部则大量使用桧木，酝酿出木屋温暖及温泉治愈的空间。这里除室内浴池外，还有桧木浴池、喷气浴池、泡泡浴池、男性浴池干桑拿、女性浴池雾桑拿等，具有缓解神经痛、肌痛、关节痛、运动麻痹、慢性消化系统疾病的作用，同时从露天浴池处眺望，白山连峰以及合掌村落美景尽收眼底。

（3）野外博物馆合掌造民家园。这里完整展示了 26 栋合掌式建筑，其中 9 栋被政府指定为重要文化保护财产。水车小屋、神社、寺庙等都维持了以往的风貌，院落的布局、室内的展示等都力图遵循历史原状，使之成为展现当地古老农业生产和生活用具和合掌村茅草屋建筑结构、材料以及建构方法模型的博物馆，深度体验过去倚赖自然生存下来的日本文化。

自然与合掌建筑结合而成的"合掌民家园"野外博物馆是数栋合掌建筑和周边自然环境相结合的美丽小村庄，合掌建筑与日本园林相结合，十分和谐，构成了具有较高审美价值的乡村景观。如村庄精心打造的大花园、瀑布、水车、小溪、汀步、竹林、景石、花坛、座椅等。

园内，供游客体验昔日的生活场景，了解白川乡的历史和文化，参观永久展览馆、Karibe - no - kan、稻草作品、马塔达小屋。同时，也有让游客放松和享受的休息室、草野山野、荞麦面道场和商店等设施。

（4）和田家。和田家大致建于江户末期的 1800 年左右，是白川乡最大规模的合掌造，因其庭园、栅栏、周围的稻田及清澈小溪等保存良好，整个三层建筑巍峨宏大，内部结构更是合掌造的典型代表，所以和田家被日本政府定为"国家重要文化遗产"来保护。

江户时期，和田家担任名主，在官府工作的同时从事火药生意，是当时白川乡的重要现金收入来源，盛极一时。现在也持续有人居住，一楼和二楼部分对外开放，展示着和田家代代使用的遗物及民生用具，如地炉、佛堂、过去使用的生活用品、用具及农具等。屋内有讲解员，为游客讲解和田家的历史、合掌造的结构等，回答游客的问题。

（5）神田家。神田家已有 200 年历史，主要经营养蚕和造酒业务，是江户后期建造的合掌造式民艺馆，也是白川乡保存最完整的一座建筑。因此参观神田家不仅可以认识合掌造的内部结构，还可以看到当地酿酒、生活用具、养蚕具等。

神田家合掌屋 4 层均开放供游客参观。走进神田家，一楼除挑高的客厅外，还有主卧房、餐厅、浴室等起居空间；二楼空间较开阔，作为储藏与纺织工作室；一楼与二楼间的"中二阶"，则须低头弯腰才能从横梁下进入的小房间，在木板墙底部有一小开口，叫作"火见窗"，用来观察客厅地板的火炉；三楼养蚕；四楼为屋脊，可以看到正三角形屋顶的内部结构。

　　神田家十大看点分别是玄关石阶、最大红松木梁、大黑柱、弯曲的木梁、火见窗、驹尻、筋交、通贯、绳针、排烟窗，可以深刻感受到古人的智慧和良苦用心。

（6）长濑家。长濑家是持续了250年的旧家族，使用约11米的合掌柱从屋顶斜面上方贯穿至下面，做成大屋顶的形状，展示着旧时的生活用具。

位于神田家附近，上下5层的合掌造民居，一楼展示着500年历史的佛坛、美术品及医疗用具等，三楼、四楼展示着勾起思乡之情、有着岁月痕迹的生活道具，屋内播放着2001年修葺屋檐的影像，并免费提供自制野草茶、荞麦茶供游客饮用。

（7）AntHut。山间小屋风格的合租民宿，房内有电视、DVD播放机、咖啡机等，浴室为所有房间共用，提供免费的浴室用品、吹风机，同时所有区域都可使用免费WiFi。

（8）白川八幡神社。世界遗产白川乡的古老神社，始建于和铜年间公元7世纪，供奉着白川乡村民景仰的应神天皇。每年10月会举行盛大的浊酒祭，庆祝一年的丰收，也是乡内重要的节日。

（9）浊酒节。白川乡合掌村从传统文化中寻找具有本地乡土特色的内容，他们充分挖掘以祈求神来保护村庄、道路安全为题材的传统节日——浊酒节。

在巨大的酒盅前展开隆重仪式，从祝词到乐器演奏、假面歌舞、化装游行等内容以及服装道具系统设计，节日时合掌建筑门前张灯结彩，村民都来参与和庆贺节日。

（10）点灯仪式。每年1月下旬至2月中旬的周末，白川乡会举办著名的一年一度点灯仪式，会有很多日本摄影爱好者和海外游客蜂拥而至。仪式共有7晚，只容纳900人观赏。当夜幕降临，大地上的灯就会鳞次栉比的亮起，全村被笼罩在橙黄色的温馨光芒之中。

（11）城山展望台。离村落两三公里的"城山天守阁展望台"，是一览荻町全貌的绝佳据点，该展望台位处村落北端，居高临下。倚栏俯瞰，可以欣赏到白川乡四季的自然风光，是最佳的摄影场所。

（12）商业街。商业街的规划建设包括饮食店、小卖部、旅游纪念品店、土特产店等，都是与本地结合的具有乡土特色的商店。每个店都有自身的主要卖点，店面装饰以植物花草为装饰元素，其工艺性、手工趣味性吸引了大量游客在此拍照留影。

（13）明善寺库里乡土馆。明善寺，1748 年创建，位于真宗大谷派寺院，库里、钟楼门、本堂依序建造完成都是合掌结构。在明善寺的屋顶阁楼里养着桑蚕，二楼展示着白川乡使用的农具等，一楼的围炉每天还燃着火，整个屋内都洋溢着柴火香。

库里，是作为僧侣厨房以及居住的建筑物，展示从前的民生用具等；钟楼门是吊着梵钟的茅草屋顶之门，梵钟在第二次世界大战中被征收了，因此，现在的梵钟为战后另外制作的；本堂为安置本尊佛的建筑物。

（14）JIBA 工房。展示并贩卖着留存于白川乡的生活道具、游具、摆饰品、草木染、藤织品、稻草织品等。

（15）**焰仁美术馆**（Jin Homura Art Museum）。展示画家焰仁氏的艺术作品。焰仁氏居住于白川村木谷村落的合掌家屋，以其宽广的空间作为工作室，创作出为数众多且十分有个性的绘画作品，本美术馆展示约 50 件焰仁氏充满原始能量的作品。

（16）**大自然学校**。白川乡与日本著名企业丰田汽车制造公司联合建造了一所体验大自然的学校，2005 年 4 月正式开学，成为以自然环境教育为主题的教育研究基地。2018 年游客达到 15 480 人到这所学校住宿、听课、实习、体验，这里一年四季都有较丰富的观赏和体验内容。

3. 经营情况 白川乡被认定为世界自然遗产以后，1995 年游客数大概是 80 万人，到 2015 年大概是 180 万人，收入主要来源于旅游项目体验、餐饮住宿服务等。主要赢利来源于门票、住宿、餐饮、泡汤等，详见下表。

合掌村盈利收入来源

门票	盈利项目	住宿
300 日元	白川乡之汤（成人 700 日元、小学生 300 日元，6 岁以下免费。毛巾 150 日元、浴巾租赁 300 日元、剃刀 100 日元）、点灯仪式 50 日元，和田家、神田家、长濑家各 300 日元、野外博物馆、餐饮等	民宿每人每晚 8 000～15 000 日元

4. **案例点评**　合掌村是个四面环山、水田纵横的小山村，在全村人的努力下，以先保护后开发为切入点，通过制定法律、标准等，使得当地的建筑得到较好的保护；通过建立博物馆、与汽车公司合作等，拓宽了旅游业态，使得游客在体验乡村生活、感受田园乐趣的同时，感受到文化的熏陶；而且与时俱进地加入了现代人的喜好与需求，创造出新的人文景观与节日活动形式，在满足游客视野之美的同时，感受到精神的愉悦，每年吸引世界各地数以万计的旅客慕名而来。

目前，我国城市化建设的加快给原生态农村景观带来了前所未有的冲击和破坏。农村的耕地面积在不断减少，生态环境遭到严重破坏。一些农村，丢弃了原有的对家乡的认同感和价值观、审美观，盲目模仿城市，对老村落进行了彻头彻尾的城市化改造，使乡村固有的田园风光和乡土文化在我们眼前悄然离去。新农村建设亟待我们去发挥农村特色，回归原本自然美丽的田园风光刻不容缓。

以下四点白川乡开发保护的成功经验对我国新农村建设具有积极的启示和指导作用：

一是保护传统老村落，维护生态资源，保持农村原有的生产安全格局，传承地域文化与自然相和谐才是农村可持续发展之道。

二是乡村景观设计中，既要尊重自然生态景观又要注重挖掘其内在乡土文化，更要利用乡村景观创造效益，带动当地乡村经济发展。

三是发展休闲农业与乡村旅游必须充分依托农业这一基础产业，在此基础上进行延伸开发，拓展新的产业链。

四是充分挖掘传统民俗文化并与文旅有机结合，成为吸引游客观赏的重要内容。

同时，在合掌村持续发展的过程中，还有一些待改善的地方：一是旅游季节性较强，应在淡季不定时举办特色节庆活动，提升配套设施的服务，增加产品的趣味性和游客的体验感；二是品牌认知度对于日本目的地还停留在大阪东京的游客，应树立旅游地的整体旅游形象，提高市场认知，加大宣传促销。

八、梨花洞壁画村——艺术改变生活

梨花洞壁画村，原本是一处比较有特色的住宅区，因墙壁上画有各种艺术画，位于韩国首尔钟路区梨花洞一带而得名，是韩剧的热门取景地。这里是人们逃离城市喧嚣，体味乡村宁静，感受纯净艺术氛围的理想之所。

1. 基本情况　梨花洞壁画村位于首尔钟路区梨花洞一带，是骆山公园东侧依山而建的一个小村落，很多韩剧在这取景拍摄，韩国人也称这里为艺术村。

梨花洞壁画村以前只是一个贫穷的半山村落，首尔市政府后来开启了一个项目：artincity，找来了70多名艺术家到这里涂鸦，形成了很多有创意的壁画。

在该村上上下下的台阶上、旁边民居的墙壁上、居民门前，被艺术家们画上了各种图案，比如热门的锦鲤台阶、花朵图案台阶、BeforeIDie的整幅壁画，Q版复仇者联盟，当然还有标志性的翅膀图案，这些都是大家排队照相的一大景观。另外在山上还有一个眺望城市的"男人与狗"的小雕塑，很有意境，这些都促使梨花洞壁画村成为无数游客打卡圣地。

    2. 乡村特色   梨花洞壁画村本身是一个村落，有很多居民在这里居住。随着游客的络绎不绝，这里自然形成各种精品咖啡馆、摄影空间、零售空间等，这些业态是赚取收入的主要来源。

    3. 经营情况   梨花洞壁画村在"颜值经济"的拉动下，实现了人气为王。有了人气，村里的经营业态就带来的财气。村里有很多精品创意休闲小店，错落有致的分布在山坡上。很快，这个贫穷的小村庄日渐富裕起来。

后来因为游客过多，影响了当地居民的生活，在 2016 年 6 月中旬，多处用红色喷漆写上了反对标语，很多壁画被当地人清理，比如最著名的楼梯太阳花和其他立体画。这起事件是梨花洞居民们不堪每日络绎不绝的游客打扰而做出的反抗。即使这样，仍然有大量保留，很多游客依然慕名一拍，高人气的存在自然给这个村落经营业态带来足够的生意来源。

4. 案例点评　在这个看脸的时代，有颜值真的占尽先机。人们去乡村体验的第一需求是"拍拍拍"的需求。从城市到乡村，换个环境，自然要看到心仪的景象。

作为从业者，必须要懂得满足这种需求，让游客或市民产生来此拍照的欲望。

一个网红级拍照地的打卡效应是无限大的。一个美女拍拍拍，发布网络平台，往往会吸引成千上万的眼球，一群美女就会产生指数级裂变的效果。

在这个时代，人有了更高的审美需求，当产品和项目丰富时，颜值依然是个必需品。因为颜值意味着流量，流量本身可以通过产品及项目变现。

当做好颜值时，真正能够实现颜值点亮乡村、艺术振兴乡村、艺术改变生活！

九、大力水手村——童话 IP 主题村

大力水手村原本的名字叫"甜蜜港湾村"（Sweethaven），早期除了风景秀丽和地中海海岛风貌外，并没有明显的优势，但由于"大力水手"的 IP 植入，让村庄具备了拥有核心竞争力的文化内涵，成为 IP 打造的特色文旅目的地。

1. 基本情况

（1）乡村概况。大力水手村处于地中海中央，位于马耳他岛西北部西海岸的一个小海湾旁。村内生态环境良好，并且建造了 19 座充满异国风情和乡村风味的木屋。独具风情的地中海风光搭配涂着鲜艳颜色的彩色房子，俨然一座海上童话世界。

（2）发展历程。创作于 1929 年的大力水手"卜派"，迄今为止已经有

90 多年的历史了，但是仍然广受世界各地游客的欢迎。1980 年好莱坞根据《大力水手》连环画的影响决定拍摄同名真人版电影，经过摄制组千挑万选后，最终决定将外景地选在马耳他的这片港湾里。同年派拉蒙电影公司和迪斯尼公司，根据漫画按照 1∶1 还原电影场景建造了这个村庄，由于马耳他没有森林，村内的建筑材料都需要从荷兰及加拿大等地搬运过来。整个村庄由 165 个工人花费了将近 7 个月的时间才建成，建设了理发店、面包房、鱼店、邮局、锯木场、鞋匠铺、墓地等 19 间木质建筑物。在真人版电影拍摄完成后原本要进行拆除，在当地人的强烈要求和大力水手扮演者罗宾的建议下，这些建筑所幸被保留了下来，成为当地独具吸引力的主题乐园。

2. 乡村特色　大力水手村以 IP 场景打造为主要特色，通过特色木屋、迷你高尔夫球场、游戏屋、博物馆、电影院以及特色体验活动等展现形式，这种沉浸式体验让大力水手的 IP 形象深入人心。

（1）特色木屋。为了更符合漫画上的建筑风格，建造了数十座看上去摇摇欲坠的木房子。这些高高低低立在大海之滨的房子，每幢墙上及屋顶都涂着鲜艳的颜色，理发店、牙医医院、邮局、面包房等业态分布在这些木屋内，满足游客的各种需求。村庄对漫画场景、人物做了进一步的"放大"，他们将木质结构的屋子刷上五彩斑斓的颜色，每个房屋都用各式精巧的卡通饰物装点，漫步其中可以看到各类大力水手中角色的公仔造型、雕像，仿佛置身于大力水手动画中的感觉。村庄里把一些拍电影保留下来的小屋打造成专门的拍摄地，游客可以穿上动画角色的衣服进行拍照。长长的栈道从村庄延伸至海边，透明多样的海水里，漂着几艘同样涂着明亮颜色的小船，这也给游客带来不一样的观感体验。

（2）迷你高尔夫球场。为了配合一些成年游客，这里还有一个迷你高尔夫球场，成年人在这里不仅可以免费品尝葡萄酒，还可以体验童话般糖果色彩装饰的迷你高尔夫球场。

（3）其他项目。为了让游客更好的体验，村庄还增设了游戏屋、博物馆、电影院等娱乐设施，让游客可以在村内做游戏、看木偶戏、参观博物馆，并且在影院内欣赏 20 世纪 80 年代真人版的大力水手。村庄里还可以画脸谱、做气球人、户外烤肉、做手工和玩任天堂的游戏。

（4）特色体验活动。以大力水手场景体验和其他特色活动为主，主要让游客深入体验，以场景体验来带动消费。

大力水手场景体验——游客可以参与到动画场景中去，男士们扮演海盗，女士则扮演悠然生活的村民。游客根据村庄里奥利弗的指示穿上各式各样村民的服装，跟着卜派和布鲁托一起拍一组短片，重温《大力水手》

的经典情节。来自世界各地的陌生人聚在一起演起戏来笑料百出，这也成为旅行中最难忘的记忆之一。

同时还可以将情景剧拍摄成片，主角"卜派"会邀请游客一起到电影院来观看这场即兴演出。如果游客对片子满意，花 7 欧元就可以买下这张 DVD，这样就可以获得一套由自己亲自出演的"大力水手"DVD 的纪念片，并且参与这场演出的游客的名字也会被记录在 DVD 上，整个过程都有一种亲临儿时观看动画片里经典场景的奇妙感觉。

其他特色活动——除此之外作为地中海的海滨城市，村庄内一些季节性的特色活动也十分吸引人的眼球。如，夏天可以在这里划船、玩水蹦床、打水球，冬天的时候可以在圣诞老人玩具城里参加圣诞节游行等。

3. 经营情况　马耳他政府设立了由罗宾·威廉姆斯管理的旅游部门来运营整个村庄。2014 年罗宾·威廉姆斯逝世后，马耳他政府为了纪念他，决定对大力水手村加大宣传力度，以此来表彰罗宾为大力水手村作出的贡献，并且决定将村庄的利润以罗宾的名义成立慈善基金。

村庄在引入大力水手 IP 后，为了深入挖掘背后的价值，开发一系列的产品来增加村庄收入，比如菠菜罐头、菠菜汤等菠菜系列产品。为了让游客在享受旅游的过程中深入了解当地文化及风土民情，还增设了不少娱乐设施，向周边产业拓展延伸，形成闭合产业，为村庄经济发展提供了稳定的收入来源。

大力水手村的收入来源主要由三部分组成：

一是门票收入。每人收费 14.5 欧元，包含所有参观点、15 分钟的快艇及游泳区和沙滩，但不包括餐厅消费。

二是情景剧 DVD 售卖。每张 7 欧元，可根据游客自己的意愿购买。

三是餐饮、商品售卖、酒吧等消费。

4. 案例点评　原先的 Sweethaven 村，是个没有资源、交通不便的小村庄，而后因为机缘巧合被改造成"大力水手"的拍摄地，并进行了一系列的设施建设。引入"大力水手"IP 形象后，大力发展旅游业，每年成功吸引上万人到此消费体验。大力水手村为我们提供了以下几个方面的经验借鉴：

一是找准 IP 定位，完善文旅设施。"大力水手村"就是利用这一点，找准 IP 定位，立足于动画影视营销，大力发展旅游业，完善各类基础、娱乐设施，将村庄建设成为一个具有标志性文化特色的文旅目的地。

二是设置互动体验感强的活动。发展乡村旅游，村庄仅有旅游景点是远远不够的，要想乡村旅游观光产业在众多乡村中脱颖而出，刺激游客的视觉感受，就要在互动中增加体验游戏，大力水手村让游客在互动体验中深入当地，融入当地文化，轻松愉快地度过休闲时光。

三是开发衍生产品，提升产品的创意性。Sweethaven 村在找准定位后，便确定了自我专属的核心竞争力，积极向发展周边产业延伸，形成闭合产业链，带动整个村庄的经济发展。如大力水手村为了更深入挖掘"大力水手"的动画形象，将核心 IP 渗透到其他行业中，联合周边产业，不仅拥有菠菜罐头的生产、销售，也在酒吧内售卖菠菜汤，还将这些产品成功带入了"场景消费"中，大大增强了与游客互动的体验感受。

当然，大力水手村在发展旅游的过程中也存在一些不足之处：一是消费业态有待进一步丰富，目前村内除了门票与餐饮消费外，还可以延展一些可深度消费的体验项目。二是交通条件不便利，还需要在交通上再加大投入力量。

十、心　得

我国乡村旅游开发资源基础丰富，特点鲜明，区域性和个性特色较强，发展优势明显，发展文化依托型乡村旅游是破解"千村一面"同质化严重现状的重要方式。前文提到的乡村，都着重于深入挖掘乡村旅游的文化内涵，顺应市场趋势，满足游客"求新、求异、求知"的心理需求，将文化特色与大众需求相匹配，逐步发展，不断迭代。基于对典型案例的分析，文化依托型乡村旅游的发展需要从以下几个方面着手。

（1）文化场景化，强调参与互动。对于乡村文化的挖掘，不能仅仅局限于展示，更多的是调动游客的参与性，充分利用文化原生性、参与性的特点，独具一格的民族民俗、建筑风格、饮食习惯、服饰特色、农业景观和农事活动等，打造特色活动、品牌节庆，让游客实实在在的感知乡村文化，留住游客，延长逗留时间。

(2) 文化具象化，开发特色产品。在地文化的开发，让游客留下来；文化产品的开发，让游客带得走。强调产品的丰富性和鲜活性，不断推陈出新，作为乡村旅游差异化发展的源泉，明月村的明月酿、明月手工茶、明月村雷竹笋等产品的推出，已然成为明月村品牌的延伸与拓展。

(3) 文化时尚化，顺应现代审美。乡村文化有其自身质朴的烙印，也可以融入现代时尚的元素，提升其档次与品味。庚村融合民国建筑、工业气息和乡村元素，打造了一座乡村文创园，成为乡村活化的典范。乡村旅游也可以是艺术、文化、时尚潮流的聚集地。

第二节　生态依托型

生态依托型乡村旅游发展的关键是生态，在"人与自然和谐共生"的理念下，由过去的"卖资源"向"卖景观、卖生态"转变。生态依托型乡村最大的资本就是原生态的自然环境，包括青山、绿水、田园、树林、空气和这些环境所营造的乡村宁静、淳朴民风和自然乡村气息。通过这些丰富的山水生态资源、一流的自然环境与质朴的乡村民俗等优势生态基础，构建自身生态旅游的核心品牌。

目前，生态依托型乡村面临着原生态的自然环境与乡村自然肌理破坏严重、人文环境恶化、过度开发自然生态等诸多问题。文中案例从维护生态基底、促进生态建设与转化生态吸引三大方面，深耕生态资源，打造独具吸引力的生态旅游体验项目体系，成为此类型乡村旅游的标杆和典范。

打造环境优美、高颜值田园景观的鲁家村，结合家庭农场集聚，逐步发展为集循环农业、创意农业和农旅体验于一体的田园综合体；西巷青蛙村，以青蛙为主题发展方向，以青蛙和生态为抓手，将文化创意与生态环境转化为生态吸引力，构建项目、产品、活动和体验，实现青蛙与西巷的生态良性发展；桃米生态村，以一流的生态环境、独特的桃米文化为基础，逐渐成为一个融有机农业、生态保育、文化创意等于一体的乡土生态建设典范；维护生态基底，遵循天人合一的美山町，以保留完好的传统建筑茅草屋著称，成为乡村旅游的核心吸引物……不破坏原有的乡村生态景观及原始人文景观，是这些乡村能赢得游客青睐的重要原因。

一、西巷青蛙村——世外"蛙"村

西巷青蛙村藏在苏州太湖边，"呱呱呱呱"的王子叫声，犹如置身童话世界。青蛙优先，小心骑行的标语时刻提醒来客，青蛙王子才是这里的主人。各式各样的蛙主题景观小品散落在街头巷尾，紧紧抓住了探访者的好奇心。文艺范的西巷栖居、变幻多姿的太湖山水、惬意悠然的古色村落、地道美味的特产、安逸恬适的咖啡馆……这便是世外"蛙"村。

1. 基本情况

（1）乡村概况。西巷青蛙村，是坐落于苏州西南 50 公里处的一个自然村落，是中国历史文化名村杨湾村的自然村落之一，三面环山，一面是太湖，离三山岛直线距离 3 公里，村口有长圻码头直达三山岛。西巷青蛙村村民只有 211 人，青蛙却有 61 种，自然生态保护良好。

乡村现有农户 68 户，共 211 人，主要种植茶果（枇杷、杨梅、茶叶、太湖大闸蟹等）、大闸蟹养殖。整个项目的设计主体是上海犁犁创意设计有限公司，投资主体是当地政府、苏州市农房农业专业合作社，运营建设主体是苏州杨湾三生三品农村建设有限公司。

　　将村民闲置农房整合，盘活存量资产，率先注册成立苏州市农房农业专业合作社，通过杨湾三生三品农村建设有限公司和台湾设计团队合作再造，在保护当地文化的前提下，就地提升村民生活品质。

　　规划有主题民宿区、餐饮区、采摘区、农产品生产区、渔业捕捞区。主要功能布局有主题民宿、青蛙生态乐园、文化集市、栖居民宿综合服务楼、西巷民俗文化馆、小村书店、果品采摘园、小型农产品加工厂、自行车公园、自行车主题餐厅。

　　（2）发展历程。

　　美丽乡村建设2年，杨湾村村委会以"建设苏州好望角，打造太湖最美山村"为目标，抢抓村庄环境整治和美丽村庄建设的契机，累计投入2 000余万元，在保护当地特色资源的基础上，疏浚河道、修整道路实施雨污分流等工程，一跃打造为环境优美、配套完善、充满江南水乡韵味的太湖美丽山村

　　良性循环发展，共建共享美丽乡村：整合盘活青蛙村资源，将青蛙元素巧妙植入村庄角落，特别是打造了融入在地生活文化的"西巷栖居"主题民宿和青蛙池塘咖啡馆，在吸引众多游客前来体验的同时增加了农户收入，实现了青蛙与西巷栖居的生态良性发展

2012年前　　2012年、2013年　　2014年　　2015年至今

　　在美丽乡村整治之前，村内存在空心化、老人儿童留守、房屋闲置、环境状况差、配套设施不完善等问题

　　确定"青蛙"主题发展方向：2014年夏，台湾水生专家林正雄通过3个月考察，发现西巷村竟有61种青蛙，经村委会研究决定，以青蛙为主题，打造西巷村的文化灵魂；随后邀请台湾文创团队对西巷村进行生态环境调查梳理，并将文化创意融入乡村再造中，确定"村庄环境保护，村民增收致富"为前提，以青蛙为主题，延展产业链，植入特色业态、文化活动、衍生农产品，提升公共服务、环境打造、建筑设计、运营管理、营销宣传等，重新构建美丽乡村发展模式

　　2. 乡村特色　　西巷村底色是优良的生态，其最形象化的代言便是青蛙。村委会确定利用生态资源优势，选择以青蛙作为西巷村文创发展与旅游产业的切入点，通过搭建利益联结模式，不断迭代产品，丰富主题特色景观，实现了整村产业良性发展。同时，绿水青山的青蛙村生态休闲理念也越来越受到各地游客的青睐。

　　（1）**主题民宿**。西巷栖居是3栋望湖而建的洋气小楼，距离村口5分钟的步行路程，由来自台湾的设计团队进行的改建。青蛙童话主题民宿共9个房间，分别以当地水生植物龙芮、萍蓬、香蒲、泽芹、凫葵、鸢尾、红菱、芦竹、落羽命名，用艺术设计、高品配置吸引众多游客体验。

（2）**青蛙咖啡馆**。室内外水生植物景观设计，展现了自然、生态、人文有机融合的画面。

（3）农园体验。游客可亲手采摘枇杷与蜜桃，在杨梅酒庄观光工厂里品尝时鲜的杨梅酒，在茶园学习采茶体验手工制茶工艺。

（4）文化广场。青蛙主题广场，承担文化集市、露天影院、集散中心

的功能，是游客与村民沟通、感受在地文化的重要门户。

（5）**特色交通工具**。引入一批文艺自行车，如英伦绅士风、窈窕淑女型、热血哈雷型，别有一番风情。

3. **经营情况** 乡村旅游经营情况：村民年收入涨 5 万多元，收入构成为民宿、餐饮、农产品售卖、农园体验。

收入来源：池塘咖啡厅：人均 37 元/次。青蛙主题民宿：约 900 元/（间·夜）。餐饮消费：人均 133 元/天。农产品售卖及农园体验：按购买内容而定。

农民利益机制：由合作社出面，将闲置民居租下来，经中介机构评估，以农房资产折价入股加入农房农业专业合作社实行按股分红，假设一套房子400平方米，前3年每年能获得近5万元分红。3年过后，视经营情况，还会有每年不低于5%的二次分红。

推进农房农业专业合作社平台建设，在青蛙村的发展规划上，将资源变产品，引入平台，提升在地农产品品牌溢价，如枇杷、杨梅、茶叶、太湖大闸蟹，带动农民收入提高。

4. 案例点评

一个好的文创激活一片土地，一只青蛙唤醒一个村，西巷青蛙村作为一个乡村振兴项目，具有借鉴意义，无论是淳朴乡情与文艺范相融的乡村环境，还是新业态的植入，青蛙成了西巷村发展的"引路人"。

（1）可借鉴学习之处。青蛙村能够在短时间内引起轰动不止于其山水田园风光、古朴村落、民俗风情、农业劳作与生产过程，更重要的是：

一是打造以青蛙为主题的品牌。对青蛙赋予人性化，形成城市居民不远万里来追寻的诗酒田园"青蛙梦"。

二是整合营销。深入挖掘游客对田园原生态需求，在"青蛙梦"主题下，将民宿、餐饮等做到极致，通过服务提升、多平台宣传引爆用户口碑，持续提高热度。

三是产业融合。一产中的枇杷、杨梅、传统捕鱼等与旅游相融合，不断延伸产业链，提高村民收入。

四是创立农房农业专业合作社，与专业策划公司合作。合作社的建立整合乡村资源，策划公司的创意实现了综合消费业态（体验经济、场景营销）发展。

五是主题景观打造。在村子里的公共空间和主街上，营造了各式青蛙乡村景观，如入口区域设置青蛙标志性景观，凸显主题；青蛙主题景观小品处处可见，强化主题；青蛙与民宿、咖啡馆等结合，深化主题。从而实现景观到主题内容深度融合。

六是共享共建的社区营造理念。成立村委合作社运营管理，带领当地村民共同致富，保留了社区中原住民的日常生活，使整村具有生活气息，彰显了传统乡村可持续发展能力。

七是主题特色餐饮。依山傍水的自然条件，形成了独特的饮食习惯如太湖白虾、枇杷酒、杨梅酒等，变资源为产品，提升了产品附加值。

八是青蛙主题住宿风格。民宿以青蛙作为点缀，每个角落都充满生态自然的味道。民宿外部乡村化，内部现代化，干净舒适的住宿环境给游客创造了舒适感觉。

九是节庆营销与民俗活动。开展在地特色民俗活动，吸引众多游客参与，不断强化品牌影响力，同时也提升了当地农特产品销售。

（2）改进提升之处。

一是精品好玩项目缺乏，对游客黏性乏力。以青蛙作为主题确实独到，现状内容还是集中在民宿、主题景观上，缺乏一系列流量产品、体验项目作支撑，未来可考虑引入更多特色主题项目，增加游客体验时长。

二是缺少精品零售产品，与游客互动性差。基于青蛙的衍生品较为初级，导致用户体验较差，缺少再次吸引消费者的基因，未来可考虑提升农产品精深加工能力，提升农产品附加值。

二、鲁家村——家庭农场集聚区

鲁家村以"公司＋村＋家庭农场"模式，启动了全国首个家庭农场集聚区和示范区建设，将美丽乡村田园综合体"有农有牧，有景有致，有山有水，各具特色"的独特魅力呈现世人面前。

1. 基本情况

（1）乡村概况。鲁家村位于浙江省湖州市安吉县，占地面积 16.7 平方公里，辖 13 个自然村，农户 610 户，人口 2 200 人。

　　鲁家村内有1万多亩低丘缓坡地带，良好的资源禀赋非常适合发展现代农业；有8000多亩的毛竹林，可以开发一些野猪、山羊养殖和茶叶、铁皮石斛种植的小型农场。

　　(2) 发展历程。2011年以前，鲁家村由于大部分村民外出打工，村里的农田和林地荒废了不少，成为一个远近闻名十分落后的破旧空心村。村里在外经商并且卓有成就的成功人士并不少，但是却鲜少有人愿意回来建设乡村，导致鲁家村人才凋零，资源荒废，越发的破落不堪。

　　2011年初村里换届，返乡"创业"的朱仁斌当选为村里的党支部书记。新一届村党支部脚踏实地的从事家乡建设事业，通过四步走出今天的"田园鲁家"田园综合体：

　　第一步，处理村内看得见的垃圾。经过3个月的时间，鲁家村的村容村貌便焕然一新，村民们也开始自觉地改变往日随手丢弃垃圾的习惯。

　　第二步，建设美丽乡村精品示范村。习近平任浙江省委书记时曾提出"绿水青山就是金山银山"，浙江省各个市（县）十分重视美丽乡村的建设，鲁家村也开始着手美丽乡村精品示范建设。示范村建设过程中通过3种途径筹集资金：首先，盘活村里的闲置资产，筹得500多万元；其次，通过与上级各个部门协调各项涉农项目，获得资金600万元；最后，说服外出创业成功的乡贤们作为美丽乡村建设的顾问，获得捐款300万元。经过多方努力，成功将鲁家村的基础设施完善，打造成了一个环境优美、颜值高的美丽乡村精品村。

第三步，规划设计发展家庭农场集群。2013 年中央 1 号文件首次提到的家庭农场概念，以此为出发点，鲁家村出资 300 万元，聘请专业的规划团队，按照 AAAA 级景区的标准统筹规划、设计了 18 个家庭农场区域，形成了以家庭农场聚集区带动鲁家村休闲观光旅游事业的格局。在农场的投资运营层面，鲁家村引入外部资本对农场进行项目投资和运营管理，目前已引入外来工商资本近 20 亿元。

2017 年 7 月，以鲁家村为核心，辐射带动周边南北庄村、义士塔村、赤芝村，4 个村总面积 55.9 平方公里，组团成为首批国家田园综合体试点项目之一——"田园鲁家"田园综合体。

2. 乡村特色 鲁家村以村内家庭农场聚集区作为核心建设重点，实现一二三产业融合、农业文化旅游"三位一体"的综合发展，打通鲁家、南北庄和赤芝生态走廊，以线串点、以点带面辐射带动南北庄、义士塔和赤芝村共同发展，整体形成"一院一环三区"的功能布局。

（1）一院是鲁家村的**"两山学院"**。浙江安吉是"绿水青山就是金山银山"的发源地，为了发展绿色理念，传播绿色思想，2017 年鲁家村建立了"两山学院"，成为"绿水青山就是金山银山"两山理念的研学基地和最新实践成果的传播基地。鲁家村每天接待几十个考察团队，培养了一大批高素质的基层"两山"理论的实践者、示范者、传播者。

　　（2）**一环是田园鲁家·两山绿道。**建设连接了鲁家（二庄）-南北庄（宜茂村）-赤芝（赤山）总长 20 公里的绿色环线廊道，连通 3 个区跨越 4 个村，不仅具备了自驾、骑行、健步的基础功能，还形成了三区四村共同发展的格局。

其中建设有全程长达 4.5 公里的火车观光线，将 18 个家庭农场串联起来。驰骋的"阿鲁阿家"号观光小火车成为鲁家村的标志性项目，是游客的必选体验项目。沿线风景优美，还有中国特色的二十四节气牌。

（3）三区是指"溪上田园"绿色生态农业示范区、"岭上家园"创意农业休闲度假区、"溪谷林园"生态农林乡居体验区。"溪上田园"绿色生态农业示范区：作为鲁家村核心先导区，包含长思、鲁家、彭家边带状区域。根据鲁家"七山一水两分田"的生态格局，从自身亮点、战略发展及创新示范等角度综合考虑，确定了以原生态自然景观为基准，以休闲旅游产品与高端服务为综合配套，提升田园鲁家农业产业结构体系。整合提升现有项目并与"两山"学院组合，形成整个田园鲁家的核心启动区，带动周边业态发展，从而实现以鲁家村为中心，辐射带动南北庄村、义士塔村、赤芝村共同发展。

"岭上家园"创意农业休闲度假区：是先导区的产业延伸区域。加强了特色创意农业产品开发，引入特色农业加工业、手工业以及休闲服务业态，融合一二三产业，进一步推动休闲农业产业链条延伸。

"溪谷林园"生态农林乡居体验区：是绿色生态休闲农业为核心的拓展开发区域，通过加强区域之间的交通串联，产业互通，以生态农林资源优势打造特色乡村旅居体验，最终实现三区联动发展。区域内水资源非常丰富，可以充分利用坡地资源，重点打造中高端民宿的集聚区，以弥补因鲁家村乡村旅游建设土地指标空间不足引起的游客栖居场所不足的短板。

3. **经营情况** 鲁家村探索建立了"公司＋村＋家庭农场"的组织运营模式。由村集体统筹土地资源，成立安吉浙北灵峰旅游发展有限公司鲁家分公司，负责鲁家村的旅游业务运营，家庭农场自主建设但不得偏离鲁家村总体规划要求。之后，又成立安吉乡土职业技能培训有限公司，为鲁家村村民、村干部、创业者、就业者提供乡村旅游方面的培训。

2014 年，鲁家村推进农村集体资产股份合作制改革，原村经济合作社转为股份经济合作社，村民社员自动转为股东。2018年，村民的每股股份超过了2.5万元。此外，鲁家村建立了合作分红机制，由村集体、旅游公司、家庭农场主按照约定比例进行利益分配，其中村集体占49%，村民再从村集体中享受分红，达到了社会资本入驻的同时，村集体同样受益的效果。

除了股份分红潜在的收入外，鲁家村村民在乡村旅游事业的带动下，也扩展了自身的增收渠道。一是土地流转，租金成为鲁家村村民收入来源之一。村民将土地流转给各个家庭农场，平均1亩地每年700元，租金3年调整一次，投资方每年大概需要给村集体500万元；二是增加村民工资性收入。鲁家村项目建设完成后，直接产生了超过300个工作岗位，间接产生的岗位超过1 000个；三是发展乡村旅游业。已然成为鲁家村核心支柱产业，村民在旅游区中利用自己的住宅开发民宿、农家乐等，直接增加了村民自身财产性收入。村集体资产已从2011年不足30万元增至2018年的近2.5亿元，村集体经济年收入从1.8万元增至2017年的333万元，农民人均纯收入由1.95万元增至2017年的3.56万元，实现了村集体经济的迅速壮大和农民收入的显著增加。

鲁家村不收取门票，收入构成主要由3部分组成，分别是旅游观光游览收入、两山学院培训接待收入、农产品售卖收入。其中田园小火车成为鲁家村的核心赢利项目，也是打响全国知名度的一道亮丽风景线；两山学院不仅可以为全国各地培养高素质的基层工作者，也是鲁家村重要赢利项目，让鲁家村的接待工作不再成为负担；园区18个家庭农场的创意农产品在游客中心集中售卖，也为鲁家村带来不菲的收益。2018年鲁家村的游客接待量达80万人次，实现旅游总收入2 000多万元。

4. 案例点评 鲁家村的成功逆袭让更多的人看到了乡村振兴落地的方向，也让更多人学习到了前沿经验，但是它的成功也有其不可复制的元素。我们从鲁家村可以看到以下三点启发：

一是村党组织的领导。每个成功的村庄或农庄背后都需要有魄力、充满战略性眼光的组织领导，在以朱仁斌为核心的鲁家村党支部的领导下实现了鲁家村的成功逆袭。

二是专业性区域发展规划。7年前的鲁家村并不具备如今华丽变身的发展优势，但是经过专业的团队调研、分析、论证后，为鲁家村量身订制了一套总体发展规划，明确了战略发展方向，符合市场化要求，才让鲁家村走上高速发展的快车道。每一个乡村都是一个自成体系、独具风格的发展区域，为村庄发展进行科学缜密的发展规划，才是乡村建设事半功倍的基础。

三是创新发展机制。鲁家村的"公司＋村＋家庭农场"模式是休闲农业与乡村旅游模式上的一次大胆创新，通过政府的财政资金撬动了上亿元规模的社会资本进入，借助市场的力量，突破了人才、资金的瓶颈，打通了资源、产业、资金的融合渠道。对于全国各地乡村管理者及乡村经营体来说具有非凡的借鉴意义。

未来的发展中，鲁家村还需注意以下两点：

一是消费体验项目短期，难以满足游客日益增长的需求。目前的消费项目集中在小火车观光、特色农产品售卖上，休闲体验、餐饮住宿等业态有待完善。

二是经营管理机制不完善，需要制定农场的进入退出评价系统。对已进入的 18 家农场怎样进行考核评估，以什么样的标准引入新的经营体，还需要整合考量制订详细的管理办法。

三、桃米生态村——从废墟到生态乡村的华丽逆袭

早在 20 世纪 90 年代台湾地区就已认识到，乡村不仅是农业生产基地，也可以是承载生态、休闲、教育等多种产业功能的场域。通过充分挖掘地方文化特色，吸引人口回流，从而使乡村恢复活力，实现产业升级。桃米村就是最典型的案例，行政区划面积约 18 平方公里，1 200 位居民有 1/3 实现本村就业，一年接待游客达 80 多万人次，每年仅门票收入就有 200 多万元。

1. 基本情况

（1）**发展历程**。桃米村位于台湾地区南投县埔里镇西南约 5 公里处的桃米里，在 1999 年之前，是一个老化严重、产业落后、萧条衰败、被称为"垃圾村"的地方，1999 年，台湾南投地区发生了"9·21"大地震，全村 396 户中的 228 户房倒屋塌，本就濒临破产的村庄更是成为一片废墟。

1999 年 2 月，以推广社区总体营造，与可持续性发展的观念及行动为宗旨的新故乡文教基金会成立，在这场重建中发挥了重要的平台协调与指导作用。

"新故乡"经过一定时间与村民会议讨论，逐渐发展出"桃米生态村"的重建方向。廖嘉展董事长指出，"真正有意义的重建工作，应根植于人的改变、社区体质的改变，以达到农村转型、产业提升的目的，并寻求家园永续的可能"。同时也意识到，这必须经过漫长的环境复育和有计划的社区提质改造。

于是公开发起了第一个公共行动"大家一起来清溪"，要让村民彻底摒弃既有观念，并通过活动启发村民自我意识的觉醒，统一大家对未来建设目标的认知。虽然起初大多数村民质疑、观望，仅有极个别的人参与，活动依然如期举行，就是这场活动，让村民们重新认识了那个别人口中的"垃圾村"竟蕴藏着如此丰富的生态资源。

而后，"新故乡"推出了系列生态课程，教农民认识生态奥妙，并有计划地培养桃米村生态解说员，并作为永续经营的系列培训课程一直开办到现在。

（2）**特色资源**。乡村总占地面积约 18 平方公里。海拔高度420～771 米，同时拥有森林、河川、湿地，且野生动植物资源丰富。台湾 29 种蛙类，桃米就拥有 23 种；台湾 143 种蜻蜓类，在桃米就发现 49 种。

然而正是因为"9·21"这场地震，桃米村灾前的衰败问题被集中暴露在社会公众视线里，更是引起了许多专家学者的关注与思考。

于是，桃米村的灾后重建迅速成为政府、学界、社会组织及本地农户共同参与的"样本乡村"，既要彻底丢掉"垃圾村"的牌子，还要制订一套产业振兴的重建方案。重建什么？如何重建？成为决定桃米未来的核心问题。因此，以建设"生态桃米村"为方向，投入近 10 余年的共同努力，桃米村真的从一个环境脏乱、发展无望的没落村庄，转型成为一个融有机农业、生态保育、文化创意等于一体的乡土生态建设典范。

（3）乡村旅游经营情况。一流的生态环境、独特的桃米文化，吸引着城里人到这里观光、度假、休闲。周末和节假日，桃米生态村日接待游客达到 1 500 人；平时每天接待游客也在 500 人左右，每年仅门票收入就有 200 多万元，加上住宿、餐饮、农副产品、手工艺品等，年收入达到 800 万元。

2. 乡村特色　桃米生态村通过运营生态桃米——文化符号，打造爆点项目。

（1）建立青蛙共和国。台湾原生 29 种青蛙，桃米拥有 23 种。这是对桃米优良的自然生态条件最有力的证明，于是桃米提炼的新文化符号是"青蛙共和国"。把青蛙设计出各种可爱的卡通形象，遍布乡村醒目位置，在桃米处处可以看到青蛙雕塑和图案。每家民宿都要在院落里打造一个生态池——为青蛙营造生态家园。甚至公共厕所也以"公蛙"和"母蛙"来命名加以区分。

除此之外，大力鼓励村民动手。用纸、布、石头等乡村材料，制作青蛙造型手工艺品，作为给观光客提供的特色伴手礼，透过青蛙礼品也进一步宣传了桃米物种多样的生态优势。同时，青蛙解说之旅也成为桃米生态村的核心研学课程。

（2）解决住和吃，收入再升级。生态观光客越来越多，用餐和住宿的需求就凸显出来。"新故乡"开展妈妈美食班，邀请专业厨师带领主妇们进行菜品开发，培训美食烹饪技能，引导每户出品一个特色菜，并定期举办"私房菜大赏"，激发主妇创新菜品的动力。

　　而民宿的开发，则坚定的以社区资源为本。督促生态解说员将自己家打造成民宿，学习服务经营。很多解说员渐渐积累了大量回头客，相处如亲友，逢节假日像亲戚一样拜访走动。

　　（3）打造纸教堂。纸教堂的建筑理念源于日本建筑师坂茂于神户灾后重建的"PaparDome"纸教堂，是桃米村社区重建中的一个关键性项目。教堂内立柱和长椅均为高密度牛皮纸一次成型，每根的抗压强度达到6 936千克，抗弯强度是每平方厘米85.2千克。

　　新故乡文教基金会将一个日本阪神大地震后鹰取社区的临时性教堂加以引进升华，落户于桃米村。这个教堂既象征桃米村要递接日本阪神大地震后鹰取社区重建坚贞而博爱的精神信仰，又是一个在村中体现社区精神和生态文明信仰的诠释中心，以及开展其他重要活动的社区生活中心。

　　围绕纸教堂，还设立了生态村的生态文化见学园区。当地村民与游客在此除了观景，参与活动，还可以交流、购物与食宿——这其实就是个经过升华的整个生态村的社区中心和游客中心。

3. 经营情况 一个完善的产业结构必然会给当地带来巨大的效益。"生态为体，产业为用"的思想在桃米得到了实践，现在，游客们可以3月来桃米看青蛙，4月看萤火虫，5月看油桐花，6月欣赏独角仙（一种甲虫），8月、9月暑假期间，桃米就是小朋友们的生态课堂，白天在湿地看水生动植物，夜间抓蛙看蛇……

生态产业已经成为桃米村的主要产业，村里1/5的村民都在经营生态产业，而其他村民经营的传统农业，也因为生态旅游带动而升值。现在，桃米村还向外输出自己的生态产业和生态文化，帮助别的地方发展生态产业。据不完全统计，生态产业每年可为这个1 200多人口的村庄带来3 000万元的收入。

4. 案例点评

（1）**案例借鉴**。桃米村的震后重建，实现了乡村完整意义的重生。启动以保护生态为原点，充分了解当地自然物种，并基于此提炼出专属桃米村的文化符号，培养村民成为生态解说员，并动员自主创新，多种经营，打造成优质的生态农业观光村，之后不断策划不同时段产品，从餐饮到民宿，变观光客为度假客，满足各个时期的游客需求，始终强化"青蛙"这一文化符号，强化了品牌效应。

这种自下而上的发展路径，是真正用科学发展观来探索乡村再造的新路径，是在不打破原有乡村原生文化的基础上，推动建设产业兴旺，生态宜居，乡风文明，治理有效，生活富裕的新乡村，真正意义上实现乡村振兴。桃米社区是乡村再造的成功典型，这里面能够看出鲜明的行动步骤，如果做总结，分别是人、能人、教育人、吸引人四部曲。

首先，是要有一批有意愿改变的人。桃米村的第一个公共行动是"大家一起来清溪"，他们通过这个活动树立了"生态为本"的价值信仰，表达了整体改变的意愿，达成了共识。其次，这里请来了能人新故乡文教基金会，乡村振兴关键还需要能人驱动。再次，他们通过对人的教育，让村民通过各种培训课、培训班，村民们慢慢转变观念、接受新思想。令村民了解到当地的生态资产和经济价值，鼓励村民成为生态讲解员，自觉加入重塑家乡的队伍里。最后，通过青蛙共和国这一市场化鲜明的主题，以青蛙和生态为抓手，构建项目、产品、活动和体验，这里既有青蛙主题的景观，也有青蛙主题的民宿，更有系列的课程，还有彰显社区精神与文化的"纸教堂"……这一切都成为桃米社区吸引人的魅力所在。而乡村再造，一旦有了人，一切问题都有了出路。

（2）*待改进项*。针对桃米村的提升建议是发展会员制，进一步增强客户的黏性，如"特别村民制度"，"特别村民"可以享受到虽然不住在桃米村，但也可以心情上变得跟桃米村村民一样，做爱村护村的主人公；客户凭借"特别村民证书"得到一些特权，更有归属感，当人们与产生的场景深度认同，人们喜欢的不是产品本身，而是产品所处的场景，以及场景中自己浸润的情感，商品不再是作为传统的物品，而更多是基于场景的体验。

四、美山町——茅草屋之乡

美山町以广阔的森林以及美山川作为背景，凭借造型古朴的传统茅草屋建筑群落的特殊优势，将田园、山色、茅屋相交织成为醉人的乡村景观，并且保留了最原始的乡村生活气息，打造最原始的乡村生态，成为世界各地游客喜爱的旅游目的地之一。

1. 基本情况

乡村概况。美山町位于日本京都府北边南丹市，凭借一座座造型古朴的茅草屋聚落，与白川乡合掌村、下乡町的大内宿，并列为日本三大"茅草屋之乡"。

美山町仅有 50 户人家居住，村中民宅多半是江户时代中末期兴建，其中 38 户仍使用茅草制作屋顶。由于当地居民对传统建筑群落的重视，以及没有铁路和大型街道，保证了美山町美丽的原始田园风光。

古朴的民宅依山而建，错落有致，青山、绿水、稻田、老宅相互掩映，构成了一幅唯美的东方田园画卷，因此美山町被誉为日本人心灵的故乡。

2. 乡村特色　原始的田园风光和传统古老的茅草屋，带给每位游客心灵上的净化。除此以外，民俗资料馆、美术馆、巴士杂货店、爽口的美食与精美伴手礼，以及一年四季的特色活动，处处展现了美山町这个传统村落的古朴与魅力。

(1) 茅草屋。美山町的 38 间茅草屋至少都有 150～200 年的历史，其中最古老的建筑为 220 年前建造。从茅草屋外观、木造的墙壁门户、客厅里的炭火炉到厨房内的灶炉，都完整地保存了江户时代以来的屋舍以及当时的生活风貌，美山町因此被日本政府选定为国家重要传统建造物群落保存地区。而茅草屋顶的技艺工法，包括大角度的斜顶设计，就地取材芦苇稻草编造，一层层叠上去之后再修剪，完全靠卡榫及绳子固定等，也得以传承下来。日本传统建筑中的"地炉"对游客来说也是十分有吸引力的，在地板凿洞，以烧柴与木炭为主的烹调道具。除了基本的烹饪之外，地炉亦有聚集亲朋好友的功能，游客可结伴来感受围着地炉欢笑畅谈的温暖体验。

（2）**美山民俗资料馆**。美山民俗资料馆保留了很多当地富有特色的文化与物件，供游客了解美山町的过去。原本的建筑最早建造于 200 年前的江户时代末期，1993 年起被作为资料馆广泛运用，2000 年的时候经历一场大火摧毁了馆内大部分的建筑，所幸关于记载江户时代相关的详细资料被保留下来，凭着这些原始记录，原来的美山民俗资料馆得以完整呈现原本的景象。

（3）**小小蓝美术馆**。作为30多年前居美山的蓝染作家新道弘之的私人工作室兼美术馆，主要分为两个楼层，一楼是工作室，室内并排着巨大的染缸以及新道弘之先生的作品；二楼则展示从世界各地搜集来的蓝染布料及作品，并且还可以为游客提供蓝染教程，在大师的指导下，帮助游客学习蓝染知识。

（4）**巴士杂货店**。美山町人口稀少，没有商店，因此才衍生出这种独特的移动式小巴士杂货店。虽然外形看似是一个普通巴士，但内部物品陈列却十分丰富，包括居民的生活用品、料理杂货、零食等，此外车内还有专门放置生鲜食品和冷冻肉类的冰柜，确保村内居民的正常生活需求。每当这种移动式小巴士杂货店驶入村内，居民们只要一听到小巴士杂货店所播放的音乐，就会从家里跑出来买东西，补足生活用品。

（5）**道之驿美山交流广场**。距离美山町有一小段距离，四周群山环绕，与清澈的美山川比邻，成为游客中途的休憩站。广场内不仅有贩卖各类特色产品的店铺，还有为游客服务的观光服务中心，最让人难忘的是美山牛乳直营店所推出的超人气冰激凌，口感浓厚香醇的美山牛奶加上季节生产的水果变化出的全新滋味，让人赞不绝口。还有美山地区因水质清澈、空气清新，种植出来的稻米也颇受欢迎，是游客必备的伴手礼。

（6）**美山町自然文化村河鹿庄**。整体依山而建，周围环境非常清幽。一楼设有交易厅、餐厅、伴手礼店、大众温泉，游客到此还可以三五好友环绕着温暖的壁炉，来一场围炉夜话。二楼是榻榻米客房，成为游客在泡完温泉浴后的舒适享受。

（7）**"流水素面"餐饮体验活动**。日本人把餐饮赋予了娱乐精神，把吃饭变成一件好玩的事情，给游客留下了很深的印象。一根长长的竹子对劈开，清水顺竹筒流下，雪白的细面被水流推送到面前。食客们必须眼疾手快，一把夹起来放入蘸汤内，清凉爽口的素面，不仅消热解暑，还展现了食客们在争抢素面的滑稽场景。这就是日本有名的"流水素面"，也是美山町夏天的代表食物。据说这种食物源于九州高千惠峡的原住民，他们在野外劳作时，会利用峡谷的竹子和溪水冲洗煮好的素面，待冷却之后食用，久而久之便发展成了"流水素面"。后来这种又清凉又有趣的吃法，在被进行了商业推广之后，迅速红遍日本大江南北。

(8) 特色四季活动。美山町一年四季都很值得前往造访，淡旺季的问题一直是困扰国内乡村旅游经营者的难题，而美山町却充分利用乡村资源禀赋，辅之以创意活动，让村庄四季有景，这也是仅仅只有 50 多户居民的村子每年能吸引 7 000 多万游客的重要原因。

春天美山川沿岸整片的樱花盛开，徜徉在花海之中，周围是传统的茅草屋与原始的风景，而且还有定时举办的消防演习。对茅草屋聚落而言最容易在发生失火事件时受到严重创伤，所以美山町每半年会举办一次消防演习，这反而成了吸引游客观光的特色之一。

夏天游客可以在美山町自然文化村河鹿庄露营戏水，秋天则是满山谷的火红枫叶，而最著名的是冬天的点灯活动——雪灯廊以及烟火活动，集合了雪景、美山茅草屋点灯、灯光秀、烟火大会等各种活动丰富文化活动，使得冬天的美山町依然游客如织。

3. 经营情况　美山町的村民们依据家乡的特点大力发展旅游产业，由于保留了很多当地特色的传统民居建筑物以及历史遗存物件，使得这个交通并不便利的村庄，每年却吸引了来自世界各地 7 000 万人次的参观。村民们的旅游收入来源主要是村子内的餐饮、住宿和礼品售卖。精致的美食小吃和伴手礼，以及舒适的民宿体验，成功带动了村庄经济的发展。

美山町盈利来源主要集中在两方面：住宿和餐饮。

美山町盈利项目

名称	房间类型/餐饮品类	价格	优惠幅度
住宿	日式客房（1人）	721 元/夜	1 份早餐、1 份晚餐、多床
	日式客房（2人）	1 315 元/夜	2 份早餐、2 份晚餐、多床
餐饮	美山牛乳冰激凌	19 元/份	—
	鳗鱼饭	82 元/份	—
	冷面	41 元/份	—

4. 案例点评　山清水秀的自然原始风貌，宁静质朴的田园风光，加上又懂得享受与创造生活情趣的村民，这些都成为游客神往的慢生活目的地的重要因素；也为美山町发展乡村旅游提供了便利条件。美山町的崛起为我们提供了如下几方面的经验：

一是对传统文化村落的严格保护。美山町被列入重要聚落保存地区，从民宅建筑到山水田石等自然物都列入保护范围，因此，才有那么多具有历史价值的文化得以保留，如建筑群、文化历史馆等呈现到世人的面前。村民们也践行着保护原则，利用家乡原始风景与传统文化资源的优势发展旅游观光。

二是在地特色产品及伴手礼的开发。在地特色产品的开发，是日本乡村的一大亮点，也是美山町之所以能吸引游客的一个关键因素。比如美山牛乳直营店所推出的冰激凌，颇受游客欢迎；美山地区的稻米，是游客必备的伴手礼。

三是四季活动让旅游没有淡季。当地一年四季都会举行特色活动。这些活动将艺术与自然相结合，分享与传递美山町的文化与精神，也让每个游客感受到当地浓烈的文化艺术与古朴的乡村生活。

当然，美山町也存在一些不足之处，如美山町的交通条件并不便利，游客只能通过班车进入，一定程度上弱化了游客的旅游热情，需要提供多种交通工具，提高通达性。

五、心　得

生态依托型乡村旅游在保护乡村自然生态、寻求乡村发展的基础上，依托良好的自然生态基底，遵循自然发展规律，对资源进行保护性开发，将山、水、田、宅等要素综合考虑，实现乡村经济发展与生态旅游有机融合，形成生态与经济、人与自然和谐发展的良好局面。

从文中案例可以看出，发展生态依托型乡村旅游可以从以下几个方面考虑。

（1）化生态优势为旅游经济。构筑相融的自然生态，挖掘生态潜力，打造"颜值高、田园美"的乡村旅游氛围，满足城市人的回归、释放等心理需求。推出多种旅游业态，构建多元化的生态旅游产品，"错位"发展，实现乡村旅游由原始观光向复合化高层次模式发展。其中，鲁家村的田园景观与美山町的传统风貌是维护生态的践行典范。通过保护性开发、精细化维护，化静为动，成功将缺乏活力的"生态资源"变为"有颜、有料、有内涵""留得住乡愁"的乡村旅游核心吸引力。

（2）精准定位，主题鲜明。生态依托型乡村旅游的发展不仅仅依靠山水田园风光、古朴村落、民俗风情、农业劳作与生产过程等资源，精准而鲜明的主题也同等重要。例如，西巷青蛙村与桃米生态村都以青蛙作为主题，通过对主题的不同阐述，形成不同的乡村旅游氛围。西巷青蛙村通过深入挖掘游客对田园原生态需求，对青蛙赋予人性化，形成城市居民不远万里来追寻诗酒田园的"青蛙梦"，在"青蛙梦"主题下，将民宿、餐饮等做到极致；而桃米生态村却在提炼专属文化符号的基础上，通过青蛙共和国这一市场化鲜明的主题，打造青蛙主题的景观、民宿以及系列的课程。

（3）构建生态保护机制。树立"生态为本"的价值体系，建立乡村生态保护机制，让村民彻底摒弃既有观念，启发村民自我意识的觉醒，自觉加入维护乡村生态、建设美好家园的愿景中。

第三节　休闲度假型

乡村旅游作为市民短时旅游消费的一种重要形式，已经受到越来越多旅游者的青睐。而随着乡村旅游休闲化升级步伐的加快，乡村旅游产品也经历着从观光到休闲，从农家乐的简单模式到休闲度假的体验模式，从传统乡村旅游到现代乡村旅游的转变。这就需要在产品供给的角度和设计的角度，与时俱进，加以提升。

休闲度假型乡村旅游是指依托乡村良好的自然生态、村容风貌和特色产业，提供特色餐饮、观光游览、休闲度假等旅游服务，发展观光、休闲、度假旅游的一种新型经营形态。

许多乡村结合当地的特色，不断创新发展方式，探索形成了不老村、乌村、中郝峪村和郝堂村等特色各异的乡村发展模式，开辟了产业发展的新途径，还催生了一批乡村旅游专业合作社、旅游发展公司等新型经营主体，使乡村旅游的组织化、规模化程度明显提高。以此让游客享受青山绿水带来的视觉愉悦，感受田园和农耕生活，体会返璞归真的喜悦达到释放压力、放松心情的需求，从而达到休闲度假的目的。

随着乡村休闲度假旅游的发展，使一些乡村农区变成了景区、民房变成了客房、劳动变成了运动、产品变成了商品，农村闲置的土地利用起来，农民闲暇的时间充实起来，传统的农耕文化也活跃起来，乡村休闲度假旅游日益成为富裕农民、提升农业、美化农村的朝阳产业。

一、不老村——慢享时光村

不老村位于南京浦口老山国家森林公园南麓，依托在地生态资源和村落风貌，将整村进行了全新的科学规划，融合设计、时尚、艺术、文化、美味等多种要素，从内容植入、文化呈现、业态产品等方面进行升级，打造以各式主题民宿客栈为主，集吃、宿、游、购、娱为一体的乡村度假社交空间。

1. 基本情况

（1）乡村概况。不老村位于南京市浦口区江浦街道珍七路103号，地处老山国家森林公园南麓，风光旖旎的象山湖西侧，与古刹七佛寺毗邻，与宁滁快速道相连，出南京长江隧道仅10分钟即可到达，地理位置十分优越，是南京市浦口区着力打造的美丽乡村八颗"珍珠"之一，现有39户村民。

传说很久以前，玉皇大帝感念于老山脚下一对恋人的爱情，于是设法让老树不老、泉水不竭，居住在这里的人长寿不老，爱情不老，由此得名"不老村"。不老村南北皆山，水网星罗棋布，这里四季如画，一步一景。

（2）发展愿景。未来的不老村将涵盖爱情部落、禅意空间和商务会所三大板块，打造象山湖畔江苏省最大的山地房车露营集结地。

91

2. 乡村特色　不老村整体分为三期建设，一期占地面积约180亩，以民宿客栈集群为主，辅以特色餐饮、文创商业等，现已完成；二期占地面积160亩，包含山地房车营地、集装箱酒店、树屋、帐篷酒店以及水上项目等；三期将打造不老村特色生态农场。

(1) **特色民宿集群**。老友记、悠山、原舍、逸度山居、侘寂·不老堂、侘寂·沐澜堂、己居、逸舍、有栖、享聚、不老书院、不老传说等民宿风格不同，各具特色，是乡村休闲度假的标杆案例。悠山：取自"采菊东篱下，悠然见南山"。

逸度山居：采用三进庭院传统中式建筑，简约中式风格的家居布陈，充满宋明之风。

佗寂·不老堂：以南京历代名号建邺、建康、应天、金陵、集庆、秣陵，为房间命名。

佗寂·沐澜堂：一处对美重新直视的空间。

己居：房主用对待自己生活的态度，为旅客们提供一个家的温暖。

有栖：用古诗"桃丝柳叶月当窗，蒸酒倾杯花满径"，命名了有栖 6 间客房。

不老书院：中式建筑凭借山地优势，打造出以山景、庭院、园林于一体的建筑风格，居住其间，会自然之奥妙，体文化之风韵。

不老传说：一家日式风情民宿酒店，提供有轻食餐饮、怀石料理和古琴、插花、茶道的文化体验及射箭、垂钓等户外休闲。

（2）美食餐饮。本未餐厅：淮扬菜系，舌尖上的美味，追求食材本真的味道。

东篱食坊：浦口土菜，采用村内小菜园新鲜食材，突出原生态本土味道。

原舍：粤菜，南方味道。

逸舍：江浙菜。

有栖：家常菜。

逛菜场：私家小厨，就着山水吃着菜，有着自然的味道。

弥多西餐厅：西部牛仔风情，餐吧、酒吧，乡村里的西餐感受别有意境。

特色餐包：有见山餐包、局外餐包、朵云轩餐包、溪厢餐包、原舍餐包、逸舍春餐包等各具特色美食餐饮。

（3）**游乐体验**。游客体验内容有茶道、参观失恋博物馆、铜雕、陶艺、玻璃工艺品制作、剪纸、画脸谱、拓版印刷、风筝 DIY、扎染、菜园采摘、树叶拓染、多肉 DIY、汉服体验、油画体验、街机、桌球、棋牌、桌游、卡拉 OK、垂钓、帐篷露营、山野骑行、篝火晚会、露天电影、定向越野、射箭、攀岩、环湖徒步等。

（4）**商务会议**。提供多个不同规格会议场所，包含时见咖啡馆、朵云轩、筱筑、悠山客栈、逸度山居、侘寂、弥多西餐厅、近山想舍。

（5）**户外项目**。位于不老村一期的东面，南临象山湖生态湿地水面，视野相对开阔，提供山地房车营地、集装箱酒店、帐篷酒店、书屋酒店、亲子体验。

3. **经营情况** 不老村旅游开发有限公司，由政府主导，股东包括街道国有投资公司、村委会和合作社，合作社由不老村原村民组成；运营由南京时代——德文化旅游发展有限公司主导。

（1）**安置情况**。村集体和合作社以土地入股，并参与项目经营管理。33户村民以土地入股，分到拆迁安置房并享受养老保险，项目盈利后可享受保底分红。6 户村民选择留下，同时景区鼓励农民参与经营，吸纳为产业工人，以股份合作的形式确保农民利益。

（2）经营理念。秉承"两个 30 小时"理论指导，由于不老村地理区位便利适合城市近郊轻度假旅行，以文旅休闲为目标，针对周末或者小长假休闲时间的 30 小时，即周六 10:00 到周日 16:00，打造集观光旅游、文化体验、休闲娱乐等功能于一体的一站式高端商务旅游休闲度假目的地，极大满足市民周末或小长假恢复身心、开阔视野的需求。

（3）收入构成。收入主要由民宿客栈、特色餐饮、文创商业、户外营地体验、亲子娱乐、农乐园等构成。不老村农乐园，是不老村三期项目，集私家菜园、农耕体验、科普基地、亲子活动于一体的创新生态农场。

（4）收入来源。不老村盈利来源主要集中在民宿集群、美食餐饮、商务会议、户外空间 4 大板块，详见下表。

不老村盈利项目

板块	盈利项目	容纳数量
民宿集群	老友记	客房数：6 间
	悠山	客房数：4 间
	原舍	客房数：4 间
	逸度山居	客房数：11 间
	侘寂·不老堂	客房数：8 间
	侘寂·沐澜堂	—
	己居	客房数：9 间
	逸舍	客房数：12 间
	有栖	客房数：9 间
	享聚	客房数：4 间
	不老书院	客房数：11 间
	不老传说	客房数：7 间
美食餐饮	本末餐厅	可容纳人数：110 人
	东篱食坊	可容纳人数：80 人
	原舍	可容纳人数：30 人
	逸舍	可容纳人数：40 人
	有栖	可容纳人数：40 人
	逛菜场	可容纳人数：30 人
	弥多西餐厅	可容纳人数：120 人
	局外餐包	可容纳人数：12 人

板块	盈利项目	容纳数量
美食餐饮	见山餐包	可容纳人数：13 人
	朵云轩餐包	可容纳人数：20 人
	溪厢餐包	可容纳人数：11 人
	原舍餐包	可容纳人数：15 人
	逸舍春餐包	可容纳人数：20 人
商务会议	时见咖啡馆（A 片场地）	可容纳人数：50 人
	时见咖啡馆（B 片场地）	可容纳人数：20 人
	朵云轩	可容纳人数：40 人
	筱筑	可容纳人数：14 人
户外空间	团建活动、户外婚礼、各种派对、露营场地租赁	—
农特产品	农场生活	—

（5）农民利益机制。通过"公司＋村集体＋合作社"的建设模式，以精致清雅的各式主题客栈为主要业态，配以别致的各式餐饮、休闲酒吧、户外体验、农乐园，满足各地游客慢享生活和在乡村尽情休闲的需求。

初期建设由政府主导，成立不老村旅游开发有限公司，其中街道国有投资公司占股 70%、村集体占股 20%、合作社占股 10%。合作社成员是不老村的当地居民，39 户村民每家出一个代表。村集体和合作社以土地入股，并参与项目经营管理及项目分红。

项目建成后，引入专业公司参与运营，企业的专业化运营管理增强了不老村发展活力，同时不仅带动了不老村经济发展，促进了农民增收致富，而且在获取适当利润的同时解决农民就业及社会保障难题。

4. 案例点评　美丽乡村建设经历了三代发展转型升级，1.0 模式是农民自发开办农家乐，2.0 模式即政府规划指导和帮扶，而 3.0 模式则是引入专业公司管理，引导村民参与建设，达到共建共享，不老村正是 3.0 模式的代表。本案可借鉴学习之处有以下几点。

（1）规划先行，谋定而动。不老村规划分为三个阶段，每阶段建设均以市场需求为目标，以提供高品质服务内容为方向，通过集约化的空间布局，引入多业态内容，实现空间的分散紧缩，土地高效利用和乡村的高效运营。

（2）"泛度假"的开放空间和紧凑的乡村肌理。不老村建设将自然山体、水系、植被、老宅、农田等融入地块的开发建设中，将乡村观光提升为乡村度假，融合设计、时尚、艺术、文化、美味等多种元素，以氛围的营造以及文化的内涵留住来客的脚步，实现都市人对休闲的"终极理想"；同时乡村肌理均以小街区、密路网、窄街道进行规划，确保公共空间人性尺度，增进人与人交流的机会与乐趣。

（3）民宿设计传统与时尚交相辉映。首先雅致的民宿命名，引起了众多游客对其背后内容的兴趣；其次不同设计理念的民宿，让乡村充满了活力；最后生活空间营造、民宿主热情好客、个性化房间布设、内部开敞空间打造满足游客了对于居住空间的审美、个性化、家的氛围的需求。

（4）多方共建共享共赢，保障农民增收稳收。不老村通过"公司＋村集体＋合作社"的建设模式，形成与农民利益紧密相关的联结关系，将农民融入产业链需求中，确保农民技能与收入共同提高。

二、乌村——乡村游一价全包模式开创者

乌村位于乌镇西栅历史街区北侧，是一个以田园风光为主题，以休闲度假村落的方法打造的新型、高端乡村旅游度假区。它颠覆中国乡村游的传统模式，采用一价全包套餐式体验，一键预订即可打包吃住行和20多项免费体验项目，为亲子游、情侣游、家庭出游提供新的选择。

1. 基本情况 乌村位于乌镇西栅历史街区北侧 500 米，南接西栅，占地面积 450 亩。乌村所在的地方，原名东瑶村，是京杭大运河边上古老的自然村落。村庄的建筑曾是典型的江南水乡。门面约 3 米宽，屋顶人字梁结构。人字最顶端为正梁，两侧分别有 2 根梁，这样 5 根梁，乌镇人称"五界壁"，最大的建筑曾经造到九界壁。

2014 年左右，乌镇旅游公司对村庄进行保护性开发，取名乌村。乌村最终采取了这样的方法：保留村落的肌理结构，一砖一瓦没动，墙外立面没动，河湾、小桥、农田等空间结构没动。首先是房子内部按照精品酒店的高标准装修，网络、空调、暖炉、现代化卫生间一应俱全，居住舒适。但是装修主题保留了传统记忆，将过去村落的老物件，作为酒店的装饰品，将村落传统的生活和记忆，转化成符号设计点缀。2016 年 1 月 9 日乌村揭幕。

围绕江南农村村落特点，结合了乌镇旅游品牌效应及优美的生态环境，在已有的老街、水乡等度假产品的基础上，结合乌镇的农耕文化、运河文化和乡村文化，融入新时期"维护自然生态环境、人与自然和谐相处、再现历史村庄面貌、营造乡村旅游样板"新理念和新模式，研发出更丰富、更实际、更生态的旅游产品，设置精品农产品种植加工区、农事活动体验区、知青文化区、船文化区四大板块，融合酒吧演绎区、帐篷区、烧烤区等板块，充分演绎传统农业中亦农亦渔的文化。

2. 乡村特色 作为古镇、古街、古村落的新型旅游度假目的地景区，乌村围绕江南农村村落特点，设计精品农产品种植加工区、农事活动体验区、知青文化区、船文化区四大板块，通过酒店、民宿、餐饮、娱乐、景观等一系列服务设施的配套，适应游客"吃住行游购娱"的需求，构建其一价全包的新型乡村游模式。

(1) 打造主题民宿。由乌镇旅游股份有限公司投资 2.5 亿元，以江南原有的农村风情为主题元素保留了原有老房屋建筑面积 1 600 平方米，在原有的基础上新增房屋建筑 1 800 平方米，形成了不同的农村风情的民宿，共计 7 个主题风格，分别为桃园、竹屋、渔家、米仓、磨坊、酒窖、知青年代，有客房 186 间。

桃园：门前以桃花为主题，加上各类花草的点缀，打造浪漫、自然景观落院。有标间、大床房 2 种房型，共 21 间客房，可同时容纳 42 人住宿。房间面积为 20～30 平方米。

　　竹屋：以竹子为元素贯穿整个组团，入口以小片密集的竹林做引导，院内环境、装饰物都以竹材料为元素打造。有标间、大床房、家庭套房3种房型，共有客房20间，可同时容纳44人住宿。房间面积为21～58平方米。

　　渔家：以蓑衣、笠帽、船桨、渔网、老式渔具再利用等作为装饰品，在公共区域展示渔民相关照片及画作。有标间、大床房、家庭房、套房4种房型，共有23间客房，每房都带有独立阳台或露台，可同时容纳50人住宿。房间面积为23～55平方米。

　　米仓：以五谷杂粮挂饰、农耕用具做装饰，以各式物件进行合理化创意改造，作为相关装饰。有标间、大床房、家庭房3种房型，共有18间客房，可同时入住41人。房间面积为23～32平方米。

磨坊：以古老的传统磨盘、石臼作为标志性的主题布置，可近距离接触农村文化生活；有标间、大床房、家庭房、套房4种房型，共有37间客房，部分房间带有独立小花园或阳台，可同时容纳90人住宿。房间面积为21～58平方米。

酒巷：屋门外围墙以穿插酒坛作为装饰，院内空间存放酒坛、艺术化的一些酿酒用具装饰品，营造酒巷之意境。有标间、大床房、家庭房、套房4种房型，共有29间客房，部分房间带有独立小花园或阳台，可同时容纳60人住宿。房间面积为24～60平方米。

　　知青年代：部分还原与重现 20 世纪 60～70 年代中国青年人经历的时代——知青年代；以"大礼堂"为概念，用各式墙绘与装饰品再现知识青年上山下乡、垦荒接受再教育的场景。有标间、大床房、家庭房 3 种房型及 1 间独特的婚房，房数共 38 间。房间面积为 18～45 平方米。

　　（2）开发中西特色餐饮。麦田餐厅是乌村的主餐厅，餐厅外有一大片麦田围绕，还有一个硕大的无边界泳池，餐厅的环境安静优雅。美食以中西餐自助形式为主，尤以"1 小时蔬菜"为特色，还有品种丰富的各类中西式菜品可供选择。

　　1 小时蔬菜：在乌村除了热情的服务，更不能错过热气腾腾的美食。极具乡土味的中晚餐，取用新鲜健康的"1 小时蔬菜"，严格按照"当餐到达，当餐使用"的原则，形成"从采摘到上菜 1 小时"的特色，既美味又放心。

　　纯正西餐：自助大餐让你随心所欲，斟一杯美酒，摇晃的红酒杯映衬着 romantic，各色鸡尾酒调制出生活的味，配以牛排，意大利面。乌村纯正西餐，让你品出新滋味。

　　江南甜品：在每个住宿区都配置随时可吃的小吃，比如村头茶室的粽子和玉米红薯、桃园的甜品、米仓的煲仔饭、竹屋的青团子，磨坊的豆花豆腐，还有偶遇的小吃摊。

（3）**设计特色体验项目**。进入乌村，游客就成了"村民"，在首席文化官的带领下，可以免费体验30余项特色村野村趣活动，重温儿时的文体活动及学习多种传统小手艺，如乌村市集、射箭、喂养小动物、垂钓、编织、烘焙、手工DIY等，还可在童乐馆进行乐高体验、室外攀岩、亲子阅读等活动。

（4）**建设公共服务设施**。乌村村委会面积为1 900平方米，它保留着传统村委会时期的建筑格局，除常规前台的功能外，在村委会还可以欣赏到当地的农民画，鉴赏过去的老家具。这里活动很多，有编草鞋、编结绒线、书画、剪纸等。村委会里有乌村唯一的超市，村委会的前台可以办理退房结算，有画室，可以安静的绘画；有咖啡吧，白天可以喝喝咖啡、吃吃蛋糕，晚上可以学习如何调制鸡尾酒；还有书吧，可以边看书边喝咖啡。知青大礼堂是20世纪70年代所建的公共性场所，常用于举行盛大典礼和村民开大会。

　　还有一些特色项目可供游人参考体验：闸口村内引入运河河水的一个引水口，后来为了防止水患又修建了闸口。20世纪80年代，运河修建堤坝后闸口废用就地填埋，闸门也因长久弃用而不知所踪，只留下了闸口的遗址。2016年首届乌镇国际当代艺术邀请展的作品，荷兰艺术家大黄鸭之父霍夫曼所设计的《浮鱼》，作品长15米、高7米，仅仅是鱼嘴部就高达3米，非常俏皮可爱。乌镇人爱喝茶，村头茶馆则是当地村民常去的休闲场所，这里提供当季粗粮、美味粽子和精品茶食。香樟树上架起的一间小木屋，全家人享受一杯咖啡带来的欢乐时光。

　　3. 经营情况　　乌村应用一价全包模式，是集吃、住、行、游、购、娱为一体的一站式服务的乡村休闲度假区，网站上有乌村住宿套餐和乌村休闲套餐两种一价全包产品，只需一次付费，即可畅吃、畅饮、畅玩，免除旅游途中的多次付费的困扰，不带钱包轻松畅游乌村，还原了以前农村里走家串户的亲切感。

乌镇一价全包模式消费项目

模式	消费项目
一价全包住宿套餐 780 元/人起	1. 乌村游览——体验 450 亩江南田园风光 2. 怀旧住宿一晚 3. 三餐特色美食盛宴 4. 30 余种江南小吃 5. 20 余项体验活动 6. 畅玩西栅景区 7. 24 小时游览车乘坐
一价全包休闲套餐 380 元/人起	1. 乌村游览体验 2. 一餐特色美食盛宴 3. 射箭、钓鱼、手工编织等体验活动
乌村＋互联网会展中心观光游套餐 100 元/人起	1. 乌村游览（不含餐、小吃及活动体验） 2. 参观乌镇互联网国际会展中心

2015 年，乌镇景区游客接待量超过 800 万人次，乌村作为乌镇景区文化体验的补充，应运开发。

4. 案例点评 乌村是乡村旅游的典型代表，乌村不同于西栅的观光旅游，也不同于东栅的夜晚度假经济，它打造了一种乡村田野间的美好生活方式，乌村给我们带来的启示体现在以下几个方面。

一是像村子一样打造乌村。乌村是在西栅旁边的一个空心村，农民上楼整体搬迁，原来的宅基地都保留下来。乌村在打造过程中，没有破坏村庄原有的肌理，该种地的地方种地，该是鱼塘的地方还是鱼塘，该是宅院的地方还是宅院，乌村保留了二元社会下的田园耕作文化。这是很多乡村改造过程中无法做到的，他们更喜欢像打造城市一样打造乡村，按照城市的肌理打造乡村，乡村虽然焕然一新，但却失去了乡村的味道。

二是乌村的营利模式突破了传统乡村旅游的桎梏。乌村坚持不单纯卖门票，如果说乌镇东栅老街卖的是门票，西栅卖的是过夜经济，那么乌村卖的就是时间，"一价全包"的度假产品应用在乡村旅游，乌村是首创。一价全包可以让游客更深入和全面的体验乡村田园生活，更加适合家庭出游。

三是乌村更关注儿童。乌村以亲子为驱动，设置了孩子喜欢的树屋、鸟窝，儿童嬉戏的地方。当孩子喜欢乌村的时候，家里的爷爷奶奶、外公外婆、爸爸妈妈就都会喜欢，孩子可以在乌村学习编制、烹饪，还有各种活动，也会增加游客的一年多次消费。所以乌村成为融洽家庭关系的重要场所。

总之，乌村是旅游景区对于外围乡村的一种打造方式，许多景区年接待量上百万，周边分布的乡村大多都变成了景区的农家乐。乌村建立了一种景区和乡村之间的融合模式，打造了截然不同的生活方式，成为景区的另一种板块存在。但乌村忽略了对销售产品的开发，这方面在乡村旅游中占的比重还是很大的，未来可以与文化、与产业、与地方资源相结合，开发独具乌村属性的特色产品。

三、中郝峪村——"三变模式"发源地

中郝峪村位于山东省淄博市博山区，以特色乡村旅游为核心，通过特色民俗民风、农家小吃、特色民宿、户外拓展、亲子体验活动等方式，将一个普普通通的"三无村落"（无名山大川、无矿产资源、无传统产业）摇身变成人均收入超过 4 万元的富裕村。中郝峪村是"三变模式"（资源变资产、资金变股金、农民变股民）的发源地，多次被央视媒体报道，新闻联播曾专门进行过播报，被外界誉为"郝峪模式"。

1. 基本情况

（1）乡村概况。中郝峪村坐落于鲁山主峰之东侧，十里桃花溪之尽头；森林覆盖率在 96% 以上，村内溪流淙淙，峰峦叠翠，林木繁茂，花果飘香，夏季平均气温在 26 ℃以下，景色宜人。

目前，中郝峪村采用"村集体＋股份公司＋合作社＋农户"的模式，村集体和村民以土地、房屋、现金、政策补助等资源作价入股，成立股份公司，并按照协议比例进行收益分红。

村民可进入公司或合作社工作，或从事相关旅游生产经营活动，除获得工资或经营收入外，还能根据所占股份获得相应的分红，并享有村集体福利。合作社对其成员采取民主管理、互相监督，为其提供相关生产资料的购买以及相关技术、信息支持等服务。

此外，中郝峪村采取"全民入股＋公司化运营"模式，真正实现全村参与、全民脱贫的目标。

（2）发展历程。

发展历程

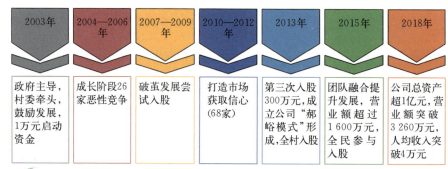

2003年	2004—2006年	2007—2009年	2010—2012年	2013年	2015年	2018年
政府主导，村委牵头，鼓励发展，1万元启动资金	成长阶段26家恶性竞争	破茧发展尝试入股	打造市场获取信心（68家）	第三次入股300万元，成立公司"郝峪模式"形成，全村入股	团队融合提升发展，营业额超过1 600万元，全民参与入股	公司总资产超1亿元，营业额突破3 260万元，人均收入突破4万元

中郝峪村先后被评为全国休闲农业与乡村旅游示范点、中国乡村旅游示范村、好客山东最美乡村、乡村研学旅游目的地、山东省乡村旅游示范村。

2. **项目特色**　中郝峪村以特色农家饭菜为基础，突出传统与现代的结合，主推体验动手为主的特色美食小吃街，主打八大美食。在这里，游客可以吃到特色乡村美食，参与到美食的趣味制作中，同时还可以住乡间特色民宿，体验趣味游乐项目。

（1）开发特色美食。提到中郝峪村的特色体验项目，就不得不提八大美食。中郝峪村看得见摸得着的传统美食体验包括压豆腐、擀面条、摊煎饼、豆腐箱等，有八大美食供游客亲手体验。

马大娘豆腐坊　　婆媳元宝房　　秀才盒子坊　　老梁煎饼坊

四姆子糕面坊　　丈母娘大碗茶　　馋嘴猴子　　出溜香

来到中郝峪，"村长"会给各位游客发一张美食任务，必须找到相应的美食馆，并收集到各家美食坊的"通行证"，才能顺利通关，极大提升了游客的体验感。

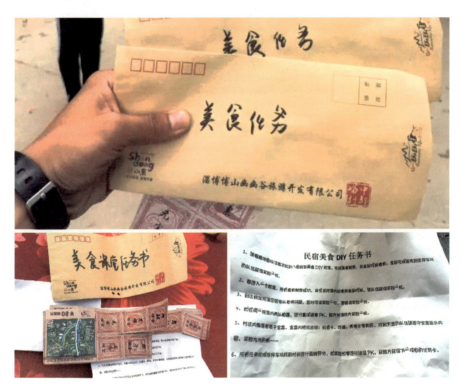

每到一家美食坊，主人都会很热情地送上温暖的笑容，并手把手教游客如何制作特色美食。每个季节来中郝峪村，都有不一样的体验活动，项目活动不断地更新换代。

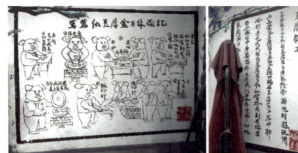

（2）**打造特色乡间民宿。**衣食住行，住虽居于次位，但不可或缺。在中郝峪村，游客可以选择青年旅社、普通农家屋、中档民宿、高档民宿，这四种住宿条件都能满足不同消费群体的需求。

青年旅社：为年轻人提供一个交流思想、了解大自然的场所〔价格60元/（人·夜）〕。

普通农家屋：24小时热水、淋浴配备齐全，呼吸自然的同时，幽幽谷早已为游客解决了其他的后顾之忧〔价格60元/（人·夜）〕。

中档民宿：在幽幽谷的民居中，来的时节不同看闻也不尽相同——无论是明月别枝惊鹊，还是听取蛙声一片，抑或星子散入农户家，长空如洗，繁星万点，古诗文中的绝美意境，都可以在幽幽谷中找到真实写照〔价格480~880元/（院·夜）〕

高档民宿：集合了幽幽谷所有民宿的优点，独立的院落与最好的各项住宿条件，给入住者打造了一个专属的小天地，无人侵扰，听遍山野清音［价格1 280元/（院·夜）］。

（3）设置具挑战性的体验项目。如高空挑战——空中单杠，此项高空项目旨在打造快乐和谐的高效团队，在挑战中成长；使学员敢于面对挑战，突破自我设限，加强反应能力，能够在工作中快速识记分析信息，独当一面。此外，还有飞越断桥、生死相依挑战150、呼吸的力量、信任背摔、急速60秒、无敌风火轮、团队毛笔、篝火晚会等团体体验项目。

在中郝峪村也可以体验到以下各种趣味的个人项目。

山间吊桥：摇摇晃晃摇，跟着节奏一起摇摆，惊险刺激，又可释放压力。

王者荣耀：与其他游客一起组队，穿过惊险刺激的吊桥。

攀岩勇者：面对比超出自己身高数倍的岩壁，凭借双手双脚在岩壁上攀爬，脚下扎实踩着岩点，身体在岩壁上细微移动，攀岩中每次攀爬前都要根据看到的岩点位置，规划攀爬路线的观察力与执行力。

（4）创设回忆过去和遇见未来的空间。乡村记忆博物馆里有各类乡村民俗物件9 585件，涉及百年穿戴文化、居住文化、老行当文化、农耕文化、千年灯具文化、食具文化与烟火文化等供游客们一起研究学习。

　　明天邮局号称幽幽谷最神奇的地方，游客可以用一封信纸，写下自己对未来的期待，可以选择在几天、几个月、几年后由管理员寄出，时间越久，相应的管理费就会越高。

　　3. **经营情况**　中郝峪村目前包括吃、住、行、游、娱、购六大主题乡村特色体验项目，同时还是山东省自然教育研学基地，每周都有无数中小学生来到中郝峪村参加研学旅行活动。中郝峪村主要发展休闲农业与乡村旅游，2003 年开始发展农家乐，经过长达 16 年的发展，现在全村 113户、340 人都参与到乡村旅游的建设中来。截至 2018 年，全村综合收入3 260 万元，村民每年享受 4 次分红，村民人均年收入也突破了 4 万元大关。中郝峪村的小吃美食、特色民宿、团队体验项目、个人体验项目都实现了盈利。其中，"婆媳元宝坊"的张燕芳张大妈是最早一批发展农家乐的农户，是乡村旅游的创业者和获利者。早些年，村里没开展乡村旅游时，全家基本靠种庄稼、板栗、桃树过日子，一年下来，满打满算也不过3 万元。现在好多了，她一家四口人经营三个创收项目，一年收入近 60万元。过去很穷，电视看不上，电话也没有，现在家中电器样样齐全，还新添了小轿车，真正走向了脱贫致富的道路。

　　4. **案例点评**　中郝峪村无山无水无景点无资源，从 2003 年的人均年收入不足 2 000 元到 2018 年的突破 4 万元，从烂泥土路、满眼危房的破村落到"中国乡村旅游模范村"，其间经历的过程很值得玩味。最终形成的做法，被原国家旅游局局长归纳为"郝峪模式"。

中郝峪村成功的因素很多，其中最重要的是股份制的设计。股份制从 2007 年开始试行，3 年后才发展到过半的户入股，6 年后才成立股份公司。村民可用土地、房屋、山林、劳动力、资金入股，细致到多大的树木相当于一股的多少。村民分红时只分 80％，17％留作集体干股，3％作为全村福利。大家熟知的"三变"模式（资源变资产、资金变股金、农民变股民）就是发源于此。

中郝峪是靠运营管理来争市场的。这里逐步用吃、住、游、购等环节，把山东民家的感觉营造得浓浓的。除了开发一些常规的拓展项目外，他们引进了大城市甚至国外才可能有的玩法，研发出有关"鬼"题材的项目。营销开始也难，但他们巧妙地用好了亲情营销、抱大腿的方法。这里的好客是用制度打造的，具体到在客人走时必须送到车上，必须送农特产品，必须等看不见车时才能转身……

四、郝堂村——传统村落的保护与活化

郝堂村保持着"田人合一"的生活方式，尤其是家族、家谱、宗祠、牌坊、祖坟等，形成了一个生命力极强的自然聚落。在规划设计中，始终敬畏村庄原有肌理，大树不砍，河塘不填，守住村子原有的魂儿，打造成为全国"美丽乡村"首批创建试点乡村。

1. 基本情况

（1）乡村概况。郝堂村位于河南省信阳市平桥区五里店办事处东南部，西紧邻浉河区，南与罗山县接壤，是豫南山区的一个典型的山区村，现有人口 2 306 人，620 户人家，面积 20 平方公里。

村委会所在地红星组，下辖 18 个村民组，分别由曹湾、马湾、郝湾、胡湾、王冲上、王冲下、张湾、窑湾、黄湾、尖山、徐湾、陈沟、塘坊、乌云、红庙、学校、龙山、红星组成。全村耕地 1 900 亩，板栗园和茶园 2 万亩，春天映山红和紫云英，夏天荷花，秋天遍地野菊，冬天百年老树。

（2）乡村历史。2009 年之前的郝堂村，同成千上万个普通中国乡村一样：农田渐芜，青壮村民纷纷外出务工，村里连板栗熟了也无人采摘；但短短四年时间，郝堂村已成为一种诗意村居，不仅村民回归，村容焕然一新，而且通过内置金融发展起来的村社共同体，使其村级经济积累迅速增长。

2009 年，绿十字生态文化传播中心主任孙君、豫南民居建造工程师李开良、天河园林总经理鲍国志等专家团队中的核心人物对村庄进行全面打造。一方面灵活运用政策，小金融带动村庄大建设。农民建房用林权证抵押，区财政给予5万～15万元的两年贷款贴息，旧房改造每平方米补助130元，用这种方法鼓励村民，切实起到了财政资金"四两拨千斤"作用。另一方面通过整合交通、农业、农开的一些项目，在"不搞大拆大建，不求速生快成"的原则下，基础和公共设施也建设起来。

同时，村庄建设启动前，郝堂就有了"内置金融"——"郝堂村夕阳红养老资金互助社"。这个成立于2009年的互助社是由本村有孝心、有爱心的年轻人发起，以老人为社员的互助合作金融组织。村民和其他合作经济组织要发展生产，以农民土地、房产、林权等资产抵押，便可以向互助社老人申请贷款，利息收入主要用于给老人分红。

村庄建设启动后，村集体还成立了一家集体经济组织——绿园生态旅游开发公司。资金互助社贷款给绿园公司，绿园公司拿钱进行土地开发，先后将300多亩土地流转至村集体统一建设新农村，新农村建设土地增值收益归村民共享。

在村庄建设过程中，两个村集体经济组织的共生发展，形成了郝堂村以资金互助社为金融核心、以绿园公司为开发主体的郝堂村社共同体的经济基础。同时，也构建了郝堂村党组织领导提议、村民代表大会决策、集体经济组织经营开发建设的治理机制。村集体还注册了村民共享的品牌，加上后来成立的回乡青年创业合作社、茶叶合作社、农家乐合作社、会议接待中心、绿道资产经营公司等，郝堂村新集体经济联合体呼之欲出，统分结合、双层经营体制中集体经济"统"的功能越来越强。

2013年11月，郝堂村被住房和城乡建设部列入全国第一批12个"美丽宜居村庄示范"名单，也被农业部确定为全国"美丽乡村"首批创建试点乡村。

(3) 乡村旅游布局。郝堂村分为旧村保护性建设区和新村茶文化体验区。

旧村区以住宅改造为主，就地取材，提取豫南居民的传统符号和要素融入建筑，重塑乡村地域特色；并且每户居民住宅都有特色鲜明、新颖别致的小设计，每座民居的设计图都要经过户主同意，户主依自己的想法与专家沟通确定之后，才可施工。

茶文化体验区保留了旧村建筑风格，其中开设了毛尖原种园、陆翁茶馆、禅茶院等项目来体现茶文化特色；其次，在村内风景较美之处建设茶社、书吧等，为村庄增添了具有当地特色的传统文化氛围。

2. 乡村特色 郝堂村规划不搞大拆大建，重视旧村保护，发挥干部党员的先锋模范作用，带头改造旧房。依托当地现有产业萌芽，营造茶文化氛围。在小学里开设茶文化课程，建设原种茶园基地，建立"郝堂茶人家"品牌，重点宣传，进行统一包装、宣传和销售。同时开展以家庭健康为切入点的全民生活卫生常识、公共健康知识和心理健康知识的教育、宣传和服务，具体包括针对妇女、老年人的健康咨询、健康体检和健康教育等。

（1）打造特色乡居环境。1号院房屋如今已成为游客必来参观的"景点"，开放式的庭院景观精致，里面配有湿地式生态污水处理池，上面种上了花草竹木，小池塘里锦鲤嬉戏，建有卫生厕所和沼气池，功能完善适合居住并且可以经营农家乐。

3号院房屋主要是参观品茶的场所，恢复了农民对传统村落美学的价值认知，破旧的土房子，经过装修改造，狗头门楼、清水墙和瓦坡房顶，院内种上花草，铺上石头，生气嫣然，色彩流动。村里废弃的石磨瓦罐，经过精心设计变成了最佳点缀。

（2）修建村文化广场。为了丰富村民活动空间，修建了村文化广场，村口有颗银杏树，故以此命名为"银杏广场"。

（3）经营特色酒店。郝堂龙潭人家酒店作为村集体财产，对外出租经营，主要是接待来宾用餐。

（4）还原维护名人居所。张玉衡故居，抗日志士张玉衡是东北人民革命军第三军政治部主任，1935年牺牲在抗日前线，年仅34岁。村庄整理出其生前真迹、资料和遗物，成为豫南的一个爱国主义红色教育基地。

叶楠白桦文学馆，叶楠白桦是当代的剧作家和诗人，创造了《今夜星光灿烂》等丰富的文艺作品，村庄为纪念他们建立了叶楠白桦文学馆。

（5）建设居家养老中心。主要以居家上门养老服务为主，比如家里留守老人多或失去自理能力的老人，每个月上门两次为他们洗澡、检查身体、打扫卫生、修剪指甲、整理被子。周末把村里的老人请到一起开展一些活动，如聚餐、棋牌娱乐、量血压等。

（6）完善乡村配套设施。乡村教师俱乐部，围绕着"知自然，爱家乡"的教育理念，进行乡村小学课程的开发，不仅为城市培养大学生人才，也为乡村发展建设培养本村人才，先后开发了茶文化课、阅读课、手工课程和自然种植教育课等乡土课程。

小学食育餐厅，2013年11月23日，对接了北京营养师俱乐部，为郝堂小学食育教育设计方案，主要在于培养小孩健康的生活方式。

3. 经营情况　郝堂村是在坚持集体所有制的前提下进行的，2009年以来，郝堂村社集体经济在新农村建设大背景下，在内置金融的撬动下，迅速发展壮大。集体资产积累由 100 多万元增加到了 3 000 多万元，老人福利逐年递增，基础设施和公共服务日趋完善。

2012 年，郝堂村人均年收入约 7 000 元，已接近全国农民人均纯收入 7 917 元水平，比建设之初增长了 75%。

如果说政府主导和大企业主导是乡村建设的 1.0 模式，郝堂村则是 2.0 模式。由郝堂村"村社组织＋环境＋内置金融"构成一个平台，N（个体＋组织）在这个平台上同时创造价值。2009 年以来，郝堂村集体资产和农户资产爆炸式增长是农村建设 2.0 模式的结果。到 2015 年郝堂村乡村旅游人数达 55 万人，旅游收入 1 500 万元。

4. **案例点评**　郝堂村从 2009 年以来，就开始对乡村进行整治，使得乡村环境改善，并实现了乡村总体收入的提升。

(1) 可借鉴学习之处。

一是郝堂村引入专家指导，对乡村进行整体改造。乡村专门聘请了中国乡村规划设计院和绿十字规划设计，以抢救"豫南民居"这一传统民居文化，将具有豫南民居特色的狗头门楼、马头墙、柴扉墙、小布瓦等历史建筑元素精心运用到了民居、商业建筑和公共服务设施，做到了特色鲜明，风格统一，为村庄增添内涵；同时对村庄空间布局进行优化，贯通村内邻里小路，完善邻里网络。

二是因地制宜，一三产业同步发展。在郝堂村建设中政府尊重自然环境，尊重村庄的肌理，不牺牲生态环境，不牺牲农业来探索"三农"发展新路子。保留原有生态资源。不仅仅是从停留在表面的美，还将生态文明建设融入其中，以使得生态能够实现良性循环。

三是创新金融模式，建立资金互助社。郝堂村成立了夕阳红养老资金互助社。互助社以养老为目的，由老人集资入社，筹集资金，以村为边界，所有贷款只针对本村村民。资金互助社以同农信社一样的利息将资金放贷给村里有需要的人，资金互助社盘活了村庄资金，促进了农民之间的合作，还让老人能分得养老红利，资金互助社使农民静态的"生产要素"变成了动态的"金融资产"。

四是注重宣传，打造郝堂品牌。郝堂村同样注重宣传工作，邀请国内外知名画家与摄影师到郝堂村写生摄影。

(2) 需改进之处。

一是郝堂村缺乏专门人才，从旅游资源的发掘、旅游市场的开拓、旅游产品创意设计、旅游服务能力提升等方面都比较薄弱，造成乡村旅游产品开发层次低。

二是郝堂村缺少一个有效的旅游信息互动、共享平台，可以通过在智慧乡村旅游服务云平台中集成 GDS，从而实现乡村旅游企业的产品信息、营销信息，让游客通过 App 应用第一时间了解到企业的产品和促销信息。

五、心　得

休闲度假乡村旅游的目的主要是为游客提供体验农家生活的机会，使久居都市的市民享受田园之乐，同时也促进乡村经营方向由生产导向转向农业耕作体验与休闲度假为主，生产、生活及生态三生一体的经营方式。

基于对典型案例的分析，休闲度假型乡村旅游的发展需要从以下几个方面着手。

1. 乡村旅游开发应注重保持乡村自然和人文环境的原真性　通过保留乡村原有的生态自然环境，并在此基础上进行再造和保护，从民宅老屋中挖掘乡愁价值，发展乡村民宿度假经济；从山水生态中挖掘养生价值，发展乡村养生养老经济；从农耕文化中挖掘教育价值，发展乡村研学经济；从田园风光中挖掘艺术价值，发展乡村田园休闲经济；从农事活动中挖掘体验价值，发展乡村情感体验经济；从农副产品中挖掘健康价值，发展乡村绿色商品经济；从乡村作物中挖掘商业价值，发展乡村工艺制造经济。

2. 在地资源利用，做足旅游体验　充分取材乡村素材、挖掘乡土价值，产品创意注重就地取材，凸显原真乡村和独特乡村。农事活动体验、采摘体验、亲子牧场、科普农业、传统民俗、手工作坊、非遗文化等乡村旅游体验活动的良性开发利用，极大的满足旅游客群的乡野旅游的情感诉求，提高乡村旅游口碑。如乌村通过农事活动与文旅板块的开发与互融互通，很好地将农业发展与文旅体验进行了结合，最大限度地提升游客旅游体验。

3. 构建合理的商业模式　民宿的经营、农业旅游项目门票的收取、餐饮业的配套、农业产品的销售，这些都是乡村开发的赢利项目。合理设计投资模式，将政府资金、社会资本合理结合，形成短中长期的资本进入和退出策略。

第四节　产业主导型

产业兴旺是乡村振兴的基石，也是乡村振兴的首要任务。在实施乡村振兴的过程中，有一些村庄本身拥有一定的农业产业基础，农产品也具有一定的特色，这种情况下，依托特色农业产业进行产业链的延伸和乡村旅游的开发，是一个不错的选择。

产业主导型乡村旅游是依托村庄的特色农业产业，立足当地产业优势和品种优势，进行二三产业的延伸，实施农旅项目的开发，发展乡村旅游，打造符合市场需求的多样化的特色产品和旅游项目，以此提升农业产业的附加值，促进乡村产业的发展。

产业主导型乡村旅游不只是观光和采摘，还可以通过特色餐饮、创意产品、手工体验、农事体验、科普研学、节庆活动等系列业态来呈现，创造多方面的价值，满足游客多方面的需求。

本节选取了金叵罗村和东医宝鉴村两个典型案例，分别从国内和国外两个视角来介绍产业主导型乡村旅游如何发展。金叵罗村深挖小米的产业链，通过特色餐饮、农事体验、主题住宿、特色节庆等，将小米做出了花样。东医宝鉴村依托草药产业，构建了从一产、二产到三产业的完整的产业链，将草药文化和韩方文化发挥到了极致。这两个案例值得我们认真学习。

一、金叵罗村——小米特色主题村

金叵罗村位于北京市密云区，在充分发掘自身旅游资源优势的基础上，打造千亩小米基地、樱桃采摘园、开心农场等民俗旅游项目，改造村内民俗户经营环境，结合村内自产的小米打造金叵罗村贡米打包饭这一特色美食，精心打造北井小院等特色乡村酒店，通过吃、住、行、游、购、娱等多方面努力让游客充分感受民俗旅游文化，享受乡村田园生活和假日休闲的轻松惬意。

1. **基本情况**

（1）乡村概况。金叵罗属溪翁庄镇所辖行政村，位于北京市密云区溪翁庄镇，距县城 9.3 公里，辽金以前成村。

村域面积 7.83 平方公里，林木覆盖率 62.47％。现有 1 040 户 2 600 余口人，汉族居多，少数为满族。村庄周围低丘环绕，形似筐箩，盛产小米，故名金筐箩，后演变为今名。

（2）发展历程。2003 年，金叵罗村从山东引进樱桃品种，建成了樱桃采摘园，现有樱桃园区 100 亩，樱桃树 3 000 棵，种植品种主要以红灯笼、早大果、那翁、乌克兰为主。每到樱桃成熟之时，树上结满了果实，一颗颗饱满的果实令人馋涎欲滴，来此摘樱桃、品樱桃的人络绎不绝，每年采摘人数可达数万人次。2013 年，村庄开始打造田园综合体，树立了具有特色的小米品牌和有机蔬果品牌。2018 年 10 月 8 日，经地方推荐和专家审核，农业农村部将金叵罗村推介为 2018 年中国美丽休闲乡村。

2. **乡村特色**　金叵罗村以小米等特色农产品、特色餐饮、特色体验项目以及特色活动为主要优势，让游客充分感受当地民俗旅游文化，享受京郊惬意舒适的乡村田园生活。

（1）特色农产品。金叵罗小米：是密云区"八大特产之一"，曾为皇宫贡品，口感细腻，营养价值极高，现已获得了有机认证并注册了"金叵罗小米"品牌。

金叵罗樱桃：颜色鲜红，玲珑剔透，味美形娇，营养丰富，医疗保健价值颇高。

（2）**特色餐饮**。主要有贡米打包饭，由金叵罗有机小米制作而成，营养价值高，深受游客喜爱，还推出了"小米宴"供游人品尝。

同时还推出了多款特色农家菜：红烧野猪肉，由原生态野猪肉炖制而成，特点是其食材来源于金叵罗村生态环境良好的自然山场；柴鸡炖野蘑，用真正的柴鸡，天然野生的蘑菇制成，营养价值丰富；黄豆炖猪蹄，猪蹄美味鲜滑，伴有黄豆香，且不腻口，绵软的口感加上丰富的营养，美味与健康合二为一；另有肉丝炒豆角、香辣凉拌蕨菜、清炖萝卜汤、有机蔬菜拼盘、小米面贴饼子等多个菜品。

（3）**特色体验项目**。开心农场：农场通过提供土地，收取土地认领费用获得租金，并负责提供"地主"所要求的种子、农家肥和必要的农具。"地主"可以在自己经营的菜地、果园对所种地块进行自主命名，制作标识，体现私家瓜菜果园的个性。根据时令选择农作物进行种植，"地主"可以自己开展田间管理，也可以委托农场代管。

2014年，村集体成功打造运营现实版开心农场项目。13 000多平方米的耕种区被分割成100块土地，按照自管与全托管两种方式分别收取年管理费600元和1 500元。承租人可以根据自己的爱好种植各种应季的农产品，农场免费为承租人提供种子、种苗、有机肥、必要的农具和技术指导。承租人可以自己负责土地开垦、种植、收获，也可交与工作人员全权管理，并可以享受收获的新鲜果蔬送货上门服务。

除此之外，农场还开辟了300平方米的小牧场，供客人养殖柴鸡、兔子等小动物。开心农场项目市场反响热烈，每逢周末，来自北京城区的游客在自己的开心农场里忙得热火朝天。城里的游客既感受到了种植、收获的快乐，也让孩子们体会到了农民的辛苦，认识了五谷杂粮。而村里的村民也获得了经济效益。

亲子游乐区：区域内有秋千、滑梯、小鱼塘、拖拉机、驴车等设施，供游客带着孩子体验假日休闲和农家乐趣。

北井小院：金叵罗村将村内闲置院落流转到合作社，由合作社投资改造，打造北井小院，以保持房屋原貌为宗旨，利用传统施工手法对其进行改造升级，既保留民国时期老宅子的传统格局，又满足现代人居住的舒适与时尚。

1套以土炕、泥墙为特色，适合老年朋友坐热炕头追忆往昔岁月，可容纳6人住宿。另1套张扬着土财主的富有和霸气，同时散发着婚房的喜庆，适合夫妻二人或带孩子的三口之家入住。

（4）**特色节庆活动**。开镰节：开镰节上，锣鼓喧天，村民们抬出宰杀的猪羊，祭祀丰年，祈求来年风调雨顺、谷物满仓。祭祀结束后，金谷收割赛精彩上演。亲子家庭走进平时难得一见的千亩小米基地，家长和孩子一起进行收谷子比赛。在家长的协助下，孩子们拿起传统收割工具"爪镰"，亲身体验农事的乐趣，体验到从谷子加工成小米的全过程。

游客们还可以参加创意市集、摄影大赛等活动，亲身参与制作有机农产品花篮、谷子花束、欣赏金色谷海，用相机记录金叵罗村金谷开镰节的美景和谷海丰收的喜悦。

农民丰收节：2018 年 9 月 23 日，金叵罗村举办首届农民丰收节，为期 3 天，节庆主要分六大板块：农耕文化活动利用金叵罗村田园综合体，农民带领游客体验割谷子、碾谷子等农耕乐趣；集市文化活动推出本土农妇市集，集聚当地绿色果蔬，并邀请绿光市集等 30 多家摊位，把城里的新鲜、时尚元素搬到乡村；美食文化活动将由金樱谷合作社制作长街宴流水席，打造美食盛宴，邀请 75 岁以上老人围着直径 3 米长的圆桌免费品尝特色贡米打包饭；体验文化活动引进风靡全球的"零废弃"生活实验室，带领大家用乡村随处可见的木片、核桃进行艺术创作。

在田野花海设置了 100％原木儿童乐园，木人、木雕随处可见，小朋友可乘坐小火车、驴车、拖拉机、拉拉车别样畅游乡村。此外，还有音乐文化活动板块，成功举办一场别开生面的"乡村音乐会"，特邀音乐嘉宾带着大家在田间玩摇滚、扭秧歌。

3. **经营情况**　金叵罗村采取合作社的形式，对全村进行管理。目前金叵罗村共成立 3 个实体合作社，分别是旅游合作社，成员 580 户；小米合作社，成员 912 户；樱桃合作社，成员 218 户。村内 90% 耕地都已流转到合作社，由村集体统一管理，统一打造。金叵罗小米种植时不采用任何人工合成的农药、化肥、生长调节剂等化学物质。产品在整个生产过程中严格遵循有机食品的加工、包装、储藏、运输等标准。现在，该村小米种植面积达到了 500 亩，销往北京各大超市和企事业单位。

从 2013 年起，村庄开始打造田园综合体，树立了具有特色的小米品牌和有机蔬果品牌。金叵罗的土壤和蔬菜的检测结果都达到了国际绿色有机标准，小米已经得到了无公害认证，在北京周边很有名气，价格为 26～48 元/500 克。

除了发展品牌农业之外，合作社经营范围也涵盖市民共享菜园、儿童乐园等项目。小菜园租用项目价格在 30 平方米 1 500 元左右；村庄建设有小米加工厂和供恶劣天气时果蔬存储保鲜使用的 470 平方米仓储保鲜库。

4. **案例点评**　金叵罗村是京郊从生产型乡村转型三产融合，发展乡村旅游的典型代表。

金叵罗村首先有坚实的农业基础。金叵罗村的小米曾经是贡米，金叵罗村至今仍以小米种植为主，并注册了商标，其销售价格也高于同类小米价格。正因为如此，金叵罗村才得以有了打造小米宴发展乡村旅游的初级业态，并以此吸引京郊旅游人群。很多乡村发展乡村旅游盛极一时但迅速衰退的根本原因，就是产业不扎实，产业基础是发展乡村旅游的前提。

金叵罗村以小米产业和小米宴吸引游客，第二步就是筑巢引凤。随着游客的增加和乡村基础设施的完善，金叵罗村开始对外引入乡村旅游的合作方，比如飞鸟与虫鸣食养教育农庄、老友记等民宿，提高金叵罗村乡村旅游的品质和业态，并通过合作举办农民丰收节、开镰节等活动，聚集人气，提高金叵罗村的知名度，互促互进，以流量项目带动金叵罗村乡村旅游的发展。

金叵罗村在发展过程中，仍有一些地方需要提升：一是应大力借助互联网进行营销宣传，扩大金叵罗村的小米品牌以及乡村旅游品牌的影响力。二是进一步加大衍生品开发，现有小米主题的衍生品数量有限，可进一步进行创意包装、设计，提升产业附加值。

北京是乡村旅游的高需求市场，但是高需求却造就了京郊部分乡村旅游的初级阶段的停滞，北京乡村旅游的总体品质落后于江浙地区，金叵罗村却一直在摸索着前进，不断转型升级，相信未来的金叵罗村一定会开发出更好的乡村旅游产品。

二、东医宝鉴村——打造草药观光产业链

东医宝鉴村是韩国南部的一个小山村，它依托丰富的草药资源，发展观光旅游，打造了一条完整的草药观光产业链。从草药的生产，到草药的加工、制作体验，再到草药餐饮、草药养生、草药市集等，可以说是产业融合的一个典型标杆，也是草药康养领域的一个国际标杆。

1. 基本情况　东医宝鉴村位于韩国庆尚南道山清郡郡今西面东医宝鉴路 555 号。山清郡是一座药草的宝库，这里生长着 1 000 多种草药，视线所及都是药草栽培区。这里的人们还擅长用药草制作各种菜肴，是真正的草药之乡。这里也是韩医学名著《东医宝鉴》的作者——许浚的故乡，《东医宝鉴》被联合国教科文组织指定为世界文化遗产。东医宝鉴村的名字由此而来。

东医宝鉴村占地规模 118 万平方米，分为 3 个区域：一是博览会主要活动场所，即博览会主题馆（韩方主题公园）、韩医学博物馆、药草主题公园所在的区域；二是南侧的韩方气体验馆和韩方自然修养林；三是东医本家。往来 3 个区域间的道路上还有许浚巡礼路、鹿牧场、解剖洞窟等。

2. 乡村特色　东医宝鉴村的特色之处在于对草药资源和草药文化的深入挖掘，以主题公园、互动式体验博物馆、草药养生、草药餐饮、草药文化节庆等多种方式，延伸草药产业链，放大草药产业的价值。

（1）韩方主题公园。韩方主题公园是以韩方为主题的、建有各种雕塑的室外公园。山清郡于 2013 年主办了山清世界传统医药博览会，并修建了博览会主题馆。虽然博览会早已落下帷幕，博览会场馆却摇身一变成了特别的主题公园。作为韩国第一座韩方主题公园，东医宝鉴村以其体验治愈这一景点特色吸引着男女老少的光临。

（2）韩医学博物馆。韩医学博物馆分为东医宝鉴馆和韩方体验馆。

东医宝鉴馆：韩医学博物馆的一楼是介绍《东医宝鉴》的东医宝鉴馆，东医宝鉴馆展示了《东医宝鉴》等 170 多件医学相关文物。

韩方体验馆：韩方体验馆以游戏的形式传授各种药草鉴别方法、药材搭配方式以及各配方的不同功效等《东医宝鉴》的精髓。体验馆还播放关于人体穴位和经络的影像资料，便于人们一目了然地进行了解。此外馆内还再现了古代的韩药房并对公众开放，而这里盛开的数百种药草更是能够满足游客的好奇心。

（3）药草主题公园。药草主题公园中游客可以参观智异山中的各种草药，以及不同季节的各色山花。养生小径和草药采摘是这里的特色项目。

养生小径：草药种植区设计了一条可供漫步的养生环路，道路两边种满了香草和九节草，可在散步时排除体内毒素。同时，养生小径还可以用来泡脚。走乏了可以在山路上体验泡脚，构成山清郡一条独特的风景线。

草药采摘区：山清郡开辟了专门的草药采摘区，游客在这里可亲自体验草药采摘的全过程，感受草药种植采摘的乐趣。

（4）韩方气体验馆。韩方气体验馆是通过韩方气修炼、冥想等进行身心治愈的地方。在这里的东医殿一楼可以尝试气血循环体操，二楼可以体验韩方温热、韩方茶护理等。可以边欣赏智异山的美景，边躺在使用数百黄土石铺成的温热矿石地床上体验热疗项目。

韩方气体验馆室外拥有饮水台三宝——龟鉴石、石镜和福石鼎。东医殿后的龟鉴石重达 127 吨，石上刻着世上所有的喜事。据说将手或身体靠向龟鉴石，就会获得好的气息，相传获得龟鉴石的好气息而梦想成真的名人很多。石镜重达 60 吨，朝东，可每天接收日出的灵气。此外，福石鼎上卧有大石，在大石上立硬币祈祷的人屡见不鲜。

（5）东医本家。东医本家的院内有 2 栋修炼馆、3 栋理疗馆、4 栋宿舍。在东医本家，游客们可以参与长寿秘诀体验项目、制作药贴，尝试药草理疗和药草 SPA。长寿秘诀体验包括游客亲自挑选药草填充药枕、享受艾灸休息等。此外制作药草香囊和药贴也很有趣。游客制成的香囊和药贴可以带走留念。

药草理疗要用一个瓷罐，里面有烧着的草药块，用热气熏腹部可以暖胃、暖宫。药草 SPA 是在韩屋内的浴池中放入药草浴液进行的 SPA，十分有特色。

（6）许浚巡礼路。各种体验活动结束后，可以到"许浚巡礼路"亲近大自然，这里沿途是静谧的树林、药草庭园、鹿牧场、天桥等美不胜收的景观。

（7）草药餐厅。东医宝鉴村的餐厅有多样化的草药美食可供尝，代表性的食物有草药山参拌饭、草药蘑菇火锅。而在草药套餐中，则可以品尝到更多的药材食物，包括利用各种野菜制作的酱菜、熟肉、烤鲐鱼、大酱汤等 30 多种菜肴。

（8）草药集市。东医宝鉴村还设立草药销售集市，提供品类丰富的草药产品及工艺衍生品，大众化推广药草文化的同时，让游客将健康带回家。草药集市售卖的产品多达 100 多种，全部来源于草药生产者和当地农户。

（9）韩方药草庆典。为了让更多的人了解韩方药，山清郡从 2001 年开始举办韩方药草庆典，展示、销售、体验各种可食用药草及药草制成的保健美食。现在，韩方药草庆典已成为韩国的代表性庆典之一。

3. 经营情况　东医宝鉴村的主要收入来源为草药制作体验、药草理疗和 SPA 体验、草药餐饮、韩方药草及制品销售等。

山清郡每年 10 月都会在东医宝鉴村一带举办山清韩方药草庆典，成为韩国传统文化旅游的一大盛会。2015 年 10 月，山清韩方药草庆典期间，共开展了 12 个领域的 100 多场活动，吸引 83 万游客到访，销售额达35 亿韩元（约 2 027 万元人民币），拉动地方经济 160 亿韩元（约 9 266 万元人民币）的产值。

2013 年是《东医宝鉴》面世 400 周年以及联合国教科文组织年，韩国保健福祉部和庆尚南道山清郡共同在山清郡举办了山清世界传统医药博览会。全世界 30 个国家 170 万名游客前来参观体验。

4. 案例点评　东医宝鉴村依托草药资源，通过开发草药加工、草药观光、草药制作体验、草药餐饮、草药养生，举办草药市集和节庆活动，极大地丰富了草药产品体系，延伸了草药产业链，实现了草药产业的升级，放大了韩方医药文化，成为草药康养领域的一个典型代表和国际标杆。

东医宝鉴村在产业链的构建、文化资源的挖掘、节庆活动的打造方面值得我们好好学习。

一是依托草药进行产业链的构建。乡村振兴，产业兴旺是根本。东医宝鉴村紧紧抓住草药这一特色资源，紧紧围绕韩方药这条主线，构建了从生产到制作、销售，再到观光体验的完整的产业链条，壮大了草药产业。

二是对文化资源进行深入挖掘。东医宝鉴村借助韩医学名著《东医宝鉴》这一世界文化遗产，直接将村落取名为"东医宝鉴村"，并利用雕塑、主题公园建设，形成强势 IP。随后，以文化展陈、互动式体验等方式，强化了韩方医药文化品牌。再通过产品售卖等方式，将文化用伴手礼这个载体加以放大。

三是利用节庆活动树品牌聚人气。节庆活动一直是乡村旅游的重要抓手，节庆营销是快速树立品牌聚集人气的有效手段。山清郡深知节庆营销的重要性，于是，从 2001 年开始举办韩方药草庆典，通过产品、体验、餐饮等多种方式，扩大了山清郡、东医宝鉴村的知名度，在国际上形成了广泛的影响。

东医宝鉴村无疑刷新了我们对于草药观光行业的认知。但随着消费市场的变化和技术手段的升级，东医宝鉴村仍需对产品和消费项目不断进行迭代，才能持续吸引世界各地的游客。同时，在品牌传播和推广方面，如何借助新媒体、扩大影响，也是东医宝鉴村努力的方向。

东医宝鉴村为发展中草药旅游观光提供了很好的标杆，其产业融合的创新手法值得我们认真借鉴。反观国内众多的中药康养项目，要么内容陈旧，缺乏亮点；要么高高在上，不接地气。中药康养亟待运用产业融合的思维，打造具有民族特色又深受市场欢迎的康养产品和体验项目，并借助大节庆营销，构建中药康养的强势品牌。这也是弘扬中药传统文化、实现文化振兴的必由之路！

三、心　　得

我国是一个农业大国，农业产业资源十分丰富，因此，产业依托型乡村旅游拥有广阔的发展空间。但要打造个性鲜明的主题，开发有特色、有市场号召力的产品和体验项目，并不是一件容易的事情。正因为司空见惯，才容易落入俗套。产业依托型乡村旅游，需要打开脑洞，运用跨界思维，跳出农业做农业！

透过本节所列举的两个案例——金叵罗村和东医宝鉴村，可以发现，产业依托型乡村旅游必须把握好以下几个关键点。

（1）产业特色。国务院《关于促进乡村产业振兴的指导意见》提出了乡村产业振兴的六大方向，其中之一便是"乡土特色产业"，所谓"乡土特色产业"，是指根植于农业农村特定资源环境，由当地农民主办，彰显地域特色、开发乡村价值、具有独特品质和小众类消费群体的产业。这是解决差异化发展的首要条件。在本节介绍的两个案例中，金叵罗村是以小米（贡米）产业为依托，东医宝鉴村是以草药产业为依托，应该说，这两个产业都具有浓厚的地域属性和地域特色。

（2）产业链延伸。产业特色是前提，产业链延伸才是关键。无论是金叵罗村，还是东医宝鉴村，都在产业链延伸方面做了很多的努力。比如金叵罗村依托小米种植，延伸出了"小米宴"、小米特色餐饮、小米农耕体验、乡村民宿、小米特色节庆等；东医宝鉴村依托草药产业，延伸出了草药科普、草药制作体验、草药养生、草药采摘、草药餐饮、草药集市、草药庆典等。从而极大地丰富了乡村旅游的产品线和内容体系，延长了游客的逗留时间。

（3）价值挖掘。如果说产业链的延伸解决了产业的"宽度"问题，那么价值的挖掘则要解决产业的"厚度"问题。同样的产品，为什么有的地方能卖得更贵、卖得更好？这是源于对产品价值的深度挖掘。而产品价值的挖掘，主要可以通过品牌化或 IP 化的方式来解决。最常见的，便是赋予文化内涵，或是给产品讲一个好故事。金叵罗村的小米产品、小米宴为什么受游客欢迎，很大程度上是源于金叵罗村一直在灌输"贡米"这一概念，再加上一系列创意菜品的研发，切合了消费者对于健康、好吃、好玩的诉求。东医宝鉴村的草药产品和草药制作体验为什么受到游客青睐？因为他们依托《东医宝鉴》这个巨大的文化IP，深挖韩方医药文化，以互动式体验的方式，让你时时刻刻感受到韩方药文化的存在。

(4) 节庆营造。乡村旅游的发展离不开节庆活动，产业依托型乡村旅游同样也需要通过节庆活动来聚人气、树品牌。无论是金叵罗村，还是东医宝鉴村，都十分重视节庆活动的开展，都把节庆活动作为营销推广的重要手段，事实上也起到了很好的效果。金叵罗村的开镰节和农民丰收节，让游客体验收获的过程，充满了农耕乐趣；东医宝鉴村的韩方药草庆典，以药草集市、药草制作体验、餐饮体验等方式，充满了仪式感。节庆营销的成功举办，对这两个村庄乡村旅游的发展功不可没！

第五节　乡村民宿型

民宿，是指利用当地闲置资源，民宿主人参与接待，为游客提供体验当地自然、文化与生产生活方式的个性化住宿场所。应该说，英国是民宿的发源地。早在公元43年，英国人就开始经营他们称之为B&B（床与早餐）的民宿，为旅行的罗马帝国官兵提供价廉物美的住宿。

20世纪30年代，由于经济大萧条，多数英国家庭为生计所迫而把自己多余的住房房间用于接待客人。第二次世界大战之后，由于大批滞留在英国的外国官兵需要住宿，故而大大推动了民宿业的发展。这种住宿形式的概念后来被推广到法国、德国、日本等地，近年传入中国。

我国乡村民宿实际上到现在只有20多年的历史，最初的形式就是老百姓腾出自己闲置多余的房间来接待旅游者。近些年来，随着政府的鼓励和政策上的支持，随着美丽乡村建设的快速发展，截至2018年，我国民宿客栈数量为4.2万家。因优越的地理区位、生态环境与历史人文资源，德清莫干山聚集530多家民宿，成中国乡村民宿乃至乡村旅游发展的标杆，德清莫干山民宿品牌响彻全国。法国山居酒店，中国第一家法国乡村式奢华酒店，带你品味异国情调；莫干山课间度假酒店，一个能够找寻儿时课间快乐的住宿空间；芝麻谷艺术酒店，别具一格的客房，给住客带去多样惊喜。曾在台湾一万多家民宿中排在必住民宿第二名的卓也小屋，为我们开启了民宿2.0的探寻之路，它将传统民宿的餐饮住宿与民俗文化有机结合，展示出现代乡民生活。

一、法国山居——法式乡村奢华式民宿

法国山居位于浙江省德清县莫干山镇紫岭村仙人坑茶场，创始人司徒夫因热爱中国文化，并十分喜爱莫干山的这片茶园，便将莫干山的传统建筑风格沿袭下来，中法两国的文化在这片美丽的土地上完美地融合。

1. 基本情况

（1）民宿概况。法国山居莫干山地区地处沪、宁、杭金三角的中心，莫干山脚下的德清筏头乡，距杭州、湖州 55 公里，离上海不过 210 公里，

离南京仅 250 公里，09 省道贯穿全境，104 国道、宣杭铁路、杭宁高速公路傍侧而过。莫干山是国家 AAAA 级旅游景区、国家级风景名胜区、国家森林公园。中国四大避暑胜地之一，众多的历史名人在此居住，为莫干山赢得了巨大的名人效应。

（2）发展历程。

开始建造主楼，主楼是仙人坑的茶厂原址

2014年1月获得了《旅游休闲》杂志颁发的2013年度"最佳度假酒店"，之后又荣获胡润百富2014至尚优品中国千万富豪品牌倾向调查的"至尚优品新秀奖"

2005年　2007年　2009年　2014年　2015年

2005年司徒夫夫妻在莫干山里租下一小片土地，作为周末休息的地方

2009 年，他们买下了茶园里更大面积的土地，决定将这个"家"变成一个对外开放的法国乡村式酒店。司徒夫亲自设计，慢工细活干了6年，花费了6 000 多万元，变成了一个拥有40间客房，功能设施齐全的庄园民宿，每间客房的面积均超过 65 平方米，其中5间面积达130 平方米并附带私人花园，成为中国第一家法国乡村式奢华民宿。但是，在司徒夫眼里，法国山居仍然是他的家，所以每间客房都没有房间的号码，需要顾客自行记住房间位置

"世界旅游大奖"颁奖礼上摘得"2015年度中国顶级精品酒店"的桂冠，除此之外，在"中国旅游大奖"颁奖典礼上又荣获了"2015漫旅中国旅行奖"

2. 民宿特色

法国山居——一家位于中国浙江山间茶园的法国乡村酒店，建筑依照莫干山当地的传统民居的建筑风格建造，室内装饰按照法式乡间住宅的风格打造，将在地文化和法国文化巧妙的结合。

（1）中法风格各取所长，打造具独特韵味的客房。山居黑瓦白墙的房屋继承了莫干山乡村的建筑风格，内部装修则充分采用了法国乡村式艺术、法式彩绘手工瓷砖、厚重的原木地板和楼梯、复古真皮沙发和橡木家具、白色的大理石浴缸、经典的欧式吊灯等，种种细节营造了法国式的典雅情怀，中法巧妙融合，简洁现代又法式复古，浑然一体，让来到山居的顾客体会到了一种穿越古今中外的浪漫。再现了 20 世纪 30 年代缓慢而精致的生活风格，带人们穿越到莫干山作为旅游胜地的辉煌旧日。

（2）创新开发餐饮，打造美食圣地。作为中国享负盛名的法式美食圣地，法国山居的美食已成为来到此地不容错过的亮点。主厨 Toyo Kazu 凭借自身的日本背景，在保留法式传统风味的同时，融入了当代元素，并将中、法、日三种文化的精华完美地融合在一起，烹制出的法式美食更具现代感并更为清淡。并且精心推出了五道时令法式菜单，为顾客提供顶级的法式菜肴。山居内所有牡蛎、龙虾等海鲜食材均每周从法国进口，同时

还供应每日摘自本地有机农场的新鲜果蔬。菜单的菜式每日变化，均不相同，给顾客提供不一样的法式餐饮体验。

（3）**收藏精品葡萄酒，经营精品酒窖。**法国山居的酒窖也许是民宿主人司徒夫最引以为傲的地方。司徒夫爱酒，在山居内收藏着100多款法国葡萄酒，都由他亲自从法国的酒庄挑选后空运而来。司徒夫挑选它们只基于一个标准"不添加任何防腐剂"，采用生物机能酿酒法有机酿造而成，并不是因为它们有多名贵。所以在法国山居，顾客能品尝到最天然的顶尖法国葡萄酒。

（4）**追求浪漫，精心管理玫瑰园。**如果没有玫瑰园，莫干山的法国山居便不能自称为奢侈的法国山居。自古以来，玫瑰被奉为众花中的女皇花，在许多不同的文化中被作为爱和美的象征。山居的创始人司徒夫和夫人对玫瑰和花香也情有独钟，他们在玫瑰园中栽种了超过12 000株玫瑰花，包含了许多不同的品种和花色。并且每年法国山居都会向玫瑰园中添加从世界各地采集到的新玫瑰品种。5月初至11月底来到法国山居，就会目睹珊瑚红和皇家红点缀着绿色茶园组合而成的令人叹为观止的美景。

（5）借助茶园优势，推出采茶活动。数千年以来，莫干山所在的浙江省是中国许多名茶的来源地。从 10 年前开始，法国山居便严格遵循有机农产品的规则，不使用杀虫剂、化学物品和人工肥料。茶树每年只收一次茶叶，采茶的时间很短，仅在 3 月底和 4 月底之间，因为此期间产出的茶叶是质量最高的。

依托莫干山的自然环境，法国山居也为宾客们提供多种多样的娱乐及冒险活动，比如每年的采茶季节就可以在山居内体验采茶。在茶艺师的指导下，顾客可在法国山居占地 8 公顷的有机茶园里采摘第一批初茶。

3. **经营情况**　法国山居的入住价格在携程旅游网的每间房每晚价格在 3 000～7 000 元，3 000 元的起步价远高于一般的五星酒店。

4. **案例点评**　真正让莫干山法国山居与众不同的是，它源自一个家庭项目，而不是一次商业尝试。这就是为什么它的许多细节可以让消费者感到家的温馨。

山居的主人是法国人司徒夫，倔强骄傲的他将山居打造成了一个中国大陆里的法国乡村居住环境。处于德清莫干山之上，地理环境极佳，周边的自然风景也是山居的福利之一，恰逢中国消费升级的时代，让长江三角洲一带的新锐消费者在周末不用远赴他乡即可体验到法国的浪漫情怀，深度感受法式风情。

山居难能可贵的是有主人的文化，民宿主将这里作为家来经营，时不时居住在此，与很多消费者畅所欲言，就像朋友到此串门做客一样，让消费者感受到了真切的主人文化。这可能不是一个非常好的经营之道，也许得罪了很多消费者，却也真正得在山居中结交了很多愿意支付高昂的费用的一批人，收获了不少的友谊。

法国山居的成功让我们看到，生活和生意融合发展的成功。乡村田园民宿本不是一个快速盈利的项目，慢下来，将自身的情怀全部投注进去，打磨出自己满意的作品，在时间的沉淀下，才有可能经受住市场的考验，最终成为一颗璀璨的明珠。

二、课间民宿——等你下课的未来生活民宿

课间民宿历经 4 轮春夏秋冬，区别于传统民宿古色古香、修旧如旧的风格，而是扎根寂寞，探寻未来生活的样子。各类建筑行业前端技术汇集于此，餐厅、大堂、房间，没有简单的模仿和重复，敞开式、大空间、无障碍的设计、新能源充电桩甚至预留了机器人的作业空间。未来好玩的生活即如此。

1. 民宿概况

（1）民宿概况。莫干山课间度假酒店位于浙江省德清县莫干山镇筏头村近递筏县，从筹备到开业，用了近 4 年时间，民宿主始终不紧不慢一以贯之，想方设法完善这件"产品"。

课间民宿的外观是小清新的绿色，外围一条宽阔的山溪淙淙流过，一面被山林竹海包围，一面是田野阡陌。夏季的傍晚，闻炊烟、听蝉鸣，静

谧美好。

课间民宿的每个空间都是有个性的，比如餐厅叫晴。工业风的墙面，桌椅低饱和度的活泼配色不失质感，又让这个空间充满灵动。餐厅里开放式的公共厨房，可以供团建时使用。房间内空间功能布置合理，长桌方便度假的同时也可办公，舒适的沙发可以随时躺下悠闲地观景。

（2）发展历程。

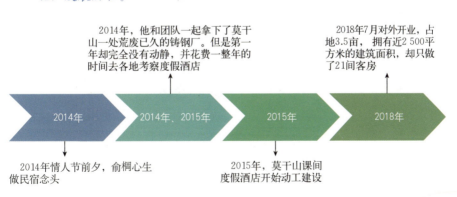

2014年情人节前夕，俞楣心生做民宿念头

2014年，他和团队一起拿下了莫干山一处荒废已久的铸钢厂。但是第一年却完全没有动静，并花费一整年的时间去各地考察度假酒店

2015年，莫干山课间度假酒店开始动工建设

2018年7月对外开业，占地3.5亩，拥有近2 500平方米的建筑面积，却只做了21间客房

2014年　　2014年、2015年　　2015年　　2018年

2. **民宿特色**　民宿的建筑采用了简洁利落的工业风，外立面是一抹清新的"课间蓝"中和了外墙水泥灰调的单一，偏绿的蓝色是蓝天与竹林的融合，小清新风格十分受"80后""90后"年轻人群的喜欢。室内也是深浅不同的高级灰，现在有个更时髦的名字，莫兰迪色。

　　（1）人性化设计，细节考究。课间民宿共有 21 间房间，从 45 平方米的双床房到 80 平方米的套房都十分宽敞，房间窗户全部朝南，阳台的景观也是一道靓丽醉人的风景线。房间内的地板选用的都是比利时乐迈品牌，镂空的环形花洒是获过红点大奖的新西兰品牌 Methven，台盆和如鹅卵石般的龙头是德国的设计品牌里凡，不仅颜值高而且设计感十足。6 厘米厚的外墙保温层，也成了课间民宿每栋楼的标配，保证了冬天屋内穿 T 恤也不会感受到南方的湿冷。所有房间均配置了两张可分可合的 1.1 米金可儿床垫，灵活应对各种需求。

（2）大面积的公共嬉戏空间。课间度假酒店的空间是互通的，所有底层全部作为公共空间，连通的屋顶则是景观平台。课间倡导"永远年轻"的理念，拥有丰富的游乐设施：室内街机、头文字 D 的赛车模拟游戏、篮球机、带瞄准器的台球桌、乒乓球、瑜伽车、甩脂机、磁动车等，用"玩的心态去化解生活工作的压力和烦恼"，让来此度假的顾客充分地抛弃烦恼，专注于儿时的娱乐中。

课间民宿的室内游戏室，仿佛回到了小时候在街机厅里玩拳皇的时代，街霸、侍魂，上千款经典游戏，不仅仅是热血的游戏，还是"80 后""90 后"年少时无可替代的回忆和快乐源泉。

即便有人不喜欢运动也不会影响在这里找回儿时记忆，公共空间的一角有七龙珠、圣斗士、阿拉蕾、机器猫、灌篮高手、蜡笔小新、樱桃小丸子、城市猎人、丁丁历险记等各种漫画以及四大名著连环画等。

（3）宽敞的户外环境。课间度假酒店拥有 400 平方米中心绿地草坪、屋顶泳池、屋顶烧烤、电影区，草坪上可以用来举办户外婚礼。

课间度假酒店的泳池就建在屋顶，泳池采用了橘色系马赛克，名字叫作虹，不似其他的泳池多是蓝绿色为主，而是如彩虹一样斑斓，夜晚则能更直观地感受到五彩颜色的变换。虹是真正意义上的屋顶泳池，带有水流推进器及自动泳池盖，只要你的体力充足，想游多远就可以游多远，不会被空间所限制。最美妙的是泳池直接面对着崇山峻岭，在这样的高度更能直观感受大自然的瑰丽气魄。而且课间的泳池虹采用了恒温保暖设施，在冬季的时候也可以在户外游泳。

3. 经营情况 课间度假酒店的团队既是设计方，同时也是投资方。营销方式是通过对接新媒体渠道和网上平台，在线上宣传。价格为 980～

2 880 元/(间·夜)［工作日：980 元/(间·夜)，国庆假期：2 880 元/(间·夜)］。

4. 案例点评　课间民宿作为乡村民宿的未来引领者，有一些成功的做法可供借鉴：一是课间度假酒店的开业时间十分短暂，至今也就两年左右的时间，但是其"理工科"设计团队的设计理念及打造产品的匠心精神是所有要从事民宿或者需要打造民宿产业的经营者必不可少的精神。二是课间度假酒店突破传统仅具有居住功能的体验，将"好玩"作为民宿的发展核心，用心打磨出优质的民宿品牌。三是在空间配置上，将 50％的面积打造成公共空间，增添了不少室内娱乐设施，让用户在课间体会到一种独具特色的"居住体验"，不仅可以住得舒适，而且可以玩得开心。四是在建筑设计上，四栋建筑相连，一层与顶层都是公共区域，利用空间感引导用户走出房间，进入公共区域休憩与娱乐。五是在配套设施上，采用先进的室内用品，给予用户上佳的居住体验，这是做民宿最基础的核心，只有保证良好的住宿体验，打造的民宿才有提升竞争力的能力。

同时，在课间民宿持续发展的过程中，还有一些待改善的地方：一是引领民宿功能复合化发展，旅游需求变幻莫测，也倒逼着民宿产品植入更多的主题元素，来吸引更多元化的消费客群。可以说民宿的硬件和服务将决定民宿的下限，而民宿附加的功能主题决定了民宿的上限。二是开发订制化服务，作为旅游的目的地，应依托周边良好的资源，以住宿为核心，针对不同客群开发主题化活动，管理游客时间。三是建立会员增值服务体系，增强客户对课间民宿的黏性。

三、芝麻谷——一个具有艺术故事的民宿

　　芝麻谷艺术酒店位于浙江省德清县武康镇筏头村，对民宿通过艺术设计结合了自然和时尚元素，体现了独特风格，61 间客房不同主题，餐厅收集了 5 000 多件艺术品，针对年轻人营造了极好住宿休闲氛围，成为莫干山最受欢迎的民宿之一。

1. 基本情况

　　（1）**民宿概况**。芝麻谷艺术酒店位于浙江省德清县武康镇筏头村 307 县道姜湾 68 号，占地面积 40 亩，民宿的工作人员保持在 50 人左右。

　　（2）**发展历程**。芝麻谷艺术酒店创始人叫芝麻，是上海人，原先是云南多家民宿的老板。2016 年在浙江德清莫干山正式建设芝麻谷，这里原来是一个笋厂，为了保护自然环境而停产闲置。设计师尽可能地保留建筑原有的走向和结构，从空间的设计到装修装饰到家具器物，尽显创意，整个规划、建筑、室内设计耗时一年，彰显了年轻人追求的艺术气质与独特审美。61 间客房 2017 年 7 月开始对外营业，不拘泥于学术，不拘泥局限

的审视，安放本心，快乐亦醉的撒欢之地，是创立芝麻谷传递的精神意义。

2. **民宿特色**　芝麻谷将艺术融入民宿的设计中，有精准的消费人群，将每一个房间进行不同主题创意，增加多样的体验感，在场景打造上注重品质，符合城市年轻人生活品质，带来优质的体验。

(1) 强调场景营造，强调客房主题化。芝麻谷在民宿场景的设计上很符合年轻人的审美，在房间上通过不同主题的设计，丰富的房客体验感，主要表现在以下方面。

一是芝麻谷民宿酒店有 61 间客房，每间都是一种主题。芝麻谷艺术酒店每间客房的主题都不相同，书上说"100 个读者眼中有 100 个哈姆雷特"，在芝麻谷艺术酒店，100 个人可以体验 100 种度假方式，无论你是打算当作婚房，还是情侣嬉戏，或是来静静地待一天，在这里都可以得到满足。设计师以一屋一景、一窗一世界的独特呈现方式，采用鲜亮的色彩，让民宿充满着别致的艺术氛围，塑造了网红打卡胜地，给消费者营造了一场色彩的童话世界。

二是这里的客房，每一间都有其独特的名字。挪威森林、不争、女神、太空舱、爱的小屋、鲍家街 9 号、抹茶、艳遇莫干、早起、诗与远方、青花瓷、千寻、豆蔻、那年的我……不同的房间类型促使了更多回头客，每次都可以体验不同的主题，每次换一个童话世界，随意放纵自我。

(2) 创意改装，打造网红景观。一是无边界泳池，芝麻谷艺术酒店将旧工业厂址的污水处理池改装成浮世壁画无边泳池，绿色地板砖的主色调让泳池与莫干山的自然环境相辅相成，成为酒店网红爆品，达到了网红打卡效果。

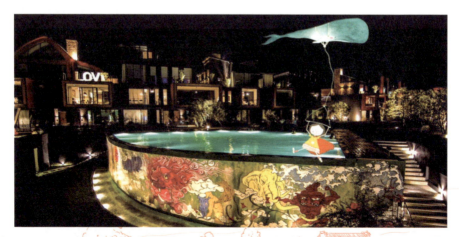

二是网红餐厅。芝麻谷精灵餐厅在莫干山是大众点评排名第一的网红餐厅，全部采用全天然新鲜食材，保证食物美味健康。

　　三是前台大厅。前台大厅内超过 5 000 件来自全国各地的艺术品珍藏，都是民宿主芝麻自己搜集到的藏品，如同一座艺术博物馆。几只萌宠似乎成为店内最佳"销售员"，甚至它们趴着那里一动不动，都是店内的焦点，围观拍照者比比皆是。

　　3. 经营情况　　芝麻谷艺术酒店总投资 5 000 万元，仅设计费就有 100 多万元，其中的 500 万元投资于芝麻谷精灵餐厅，预计 3～5 年回本。客房的价格从开业后，随着经营的时间慢慢上调，截至 2019 年 4 月，非周末的时候客房均价为 1 300 元/(间·夜)，周末的时候房间均价为 1 500 元/(间·夜)，在莫干山民宿集群地区属于中等的价格，性价相对较高的民宿，客房年入住率保持在 68%，节假日和周末的时候始终处于满房的状态，非常受消费者的青睐。

　　芝麻谷艺术酒店采取的营销策略是"旺季做市场，淡季做品牌、服务和口碑"的策略。每个地区不可避免的就是淡旺季之别，旺季的时候，无论是店内的管家还是销售员始终走在市场的最前线，去吸引更多的人前往芝麻谷，提高入住率。

　　4. 案例点评　　面对消费者越来越挑剔、越来越个性的市场变化，一般的酒店式民宿也受到局限，独具创意的民宿才能打动消费者，占领市场高地。芝麻谷艺术酒店让我们从这几点可以借鉴。

　　一是一家民宿成功的第一要素是环境。住民宿的核心消费群体是一二线大城市里生活繁忙但是又具有情怀的一批人，他们下乡休闲是计划放松自己，让自己远离喧嚣嘈杂的市区环境，所以芝麻谷在莫干山的选址是一个优势要素。

二是酒店具有网红打卡创意。每个人都有被人关注的心理，出来游玩的时候，能够拍出美美的照片发到朋友圈，也是比较关键的一点，而芝麻谷充满艺术性的色彩风格让人眼前一亮，无数个地点可以拍出惊艳的照片。

三是主人翁精神的服务态度。芝麻谷的管家将这里作为自己家一样在经营，让消费者体验到了宾至如归的感觉。

四是差异化的主题客房。每间不同主题的客房营造猎奇心理，让消费者充满探索的好奇心欲望。来了一次还想再体验不同的环境，那就会持续不断的产生消费。

芝麻谷民宿在田园里打造出一款艺术创意产品，区别于一般的民宿定位，为消费者营造了童话一样的居住地。

四、卓也小屋——蓝染文化传承者

卓也小屋主要以台湾客家文化为主调，以蓝染工艺为特色，是一家融合了自然农场，特色民宿，蓝染多元体验与蔬食餐厅等特色项目于一体的精致农庄。

1. 基本情况

（1）民宿概况。卓也小屋位于台湾苗栗三义乡，总占地面积 16.7 公顷，其中核心经营空间 0.7 公顷，完美地把吃、住、游、购、娱都涵盖进来,打造可体验的农业生产,倡导传统科学的农村生态理念,呈现让人艳羡的现代农民生活,曾荣获 2015 年台湾必住民宿第二名、景观餐厅第五名。

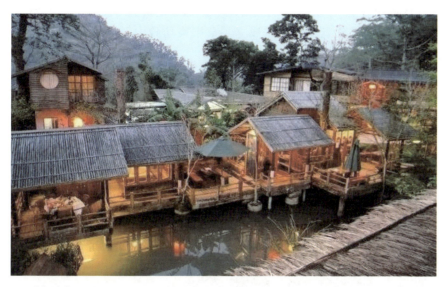

提到卓也小屋,不得不提猫头鹰的故事。创始人卓铭榜与郑淑美夫妇,同为农学老师,决定归园田居之时来到苗栗三义,看中了现在卓也小屋的地块,正因地价较高而犹豫时,听说这里有一只猫头鹰的幼雏,为了使它能够健康长大,便决定定居于此。打造纯台式山居景观空间,精心烹制素食养生餐饮,后来又增加蓝染的全流程生产体验,这个因爱而生的农场,现如今已成为三义必去的打卡点之一。

(2)发展历程。

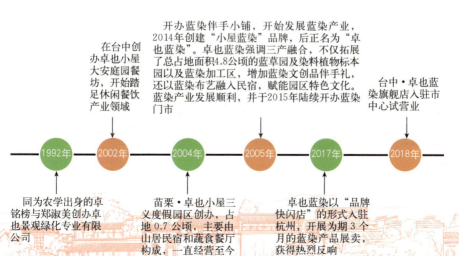

在台中创办卓也小屋大安庭园餐坊,开始踏足休闲餐饮产业领域

开办蓝染伴手小铺,开始发展蓝染产业,2014年创建"小屋蓝染"品牌,后正名为"卓也蓝染"。卓也蓝染强调三产融合,不仅拓展了总占地面积4.8公顷的蓝草园及染料植物标本园以及蓝染加工区,增加蓝染文创品伴手礼,还以蓝染布艺融入民宿,赋能园区特色文化。蓝染产业发展顺利,并于2015年陆续开办蓝染门市

台中·卓也蓝染旗舰店入驻市中心试营业

1992年　2002年　2004年　2005年　2017年　2018年

同为农学出身的卓铭榜与郑淑美创办卓也景观绿化专业有限公司

苗栗·卓也小屋三义度假园区创办,占地 0.7 公顷,主要由山居民宿和蔬食餐厅构成,一直经营至今

卓也蓝染以"品牌快闪店"的形式入驻杭州,开展为期 3 个月的蓝染产品展卖,获得热烈反响

    2. 民宿特点   卓也小屋处在关刀山的中海拔区域，适合蓝草生长。过去蓝草只被用作观赏或药用，卓也小屋转作休闲农业后，经过反复试验，从栽种蓝草，到采蓝、打蓝、培养菌株、建染缸到染布，都采取最原始的方式，即古法蓝染，更是成立了草木染坊致力于传统技艺地发扬光大，其开发的文创产品运用到每个角落。

    （1）坚持纯台式风格山居民宿。民宿房间坚持纯台式民居风格，还原了夫妇俩记忆中的乡村居所模样，也给入住的游客传递着朴实的台式风情。

    卓也小屋民宿房型分为 VIP 房、协力、谷仓、卓也藏山馆四种。房间大多以竹材、茅草搭建，就如同早期的台湾农家一样，与周边自然环境融为一体，让消费者体验台湾传统乡村田园生活。

    其中，有 VIP2 人房——感恩 4 间，VIP4 人房——吉祥 3 间，VIP4 人房——知足 1 间。

    谷仓 2 人房——合心 2 间与谷仓 4 人房——和气 3 间。

    因为特别的改造了保留下来的谷仓，造型已经很吸引人，内部装饰又极尽可能地传递着农家的亲切温暖，使谷仓系列成为民宿板块的爆点。

    协力 2 人房 1 间，协力 4 人房 1 间。

　　卓也藏山馆 6 间（分为 4 人间、6 人间和 8 人间不同房型）；整体民宿板块共 14 间客房，可同时接待入住 42 人。

　　（2）提供创意养生蔬食。蔬食全素餐厅是卓也小屋的核心餐饮点，提供创意料理搭配蔬食养生锅与免费自助点心。

　　每天提供七道符合时令的创意料理、五谷饭、季节面线、珍珠蔬菜卷、客家小汉堡等都是响当当的明星菜品，养生蔬食锅，每次都会搭配10种以上时令有机蔬菜。其中店主别出心裁调制的蓝草冰激凌可以说是餐桌上一大惊喜。

　　为了让游客感受不一样的休闲方式，民宿每晚10点会统一熄灯，蔬食餐厅不提供酒水，客人虽可自带，但只能在入住的房间内饮用。当然，更重要的是，餐厅食材全部自产，保证有机，自种0.3公顷菜园，强调游客所食都新鲜应季。

　　山居民宿与蔬食餐厅是卓也小屋的起步，因为始终秉承维持乡土特色，形成纯正台式乡村风格，从创办之初就获得了不俗的成绩，而创始人郑淑美却认为，如果不发展核心的文化产业，卓也小屋也仅仅是住宿和餐饮而已，要提升园区的附加值，必须找到能让卓也真正永续发展的灵魂，于是对蓝染的探索开始了。

　　（3）构建蓝染全产业链。2005年，卓也小屋开始发展蓝染产业，并且逐步构建了蓝染的全产业链，从种蓝、采蓝、打蓝、建蓝一直到蓝染及染布作品全部在这里。种植蓝草园，精心培育各种染料原材；建设染料车间，雇佣专业师傅进行染料提炼；成立"台湾好色研究基地"，推广由在地植物提炼而出的自然好色；卓也迅速开办了蓝染工坊，让游客都能在园区获得一段全沉浸式的蓝染布艺制作体验；推出蓝染小铺，制作贩售蓝染伴手礼，其中不乏完全不输给时尚名品的蓝染服饰和包包。

蓝染小铺

蓝染工坊

台湾好色研究基地

蓝草种植园

染料提炼车间

　　对蓝染的态度，也能体现出卓也一贯的对在地文化的坚持。现如今，卓也小屋的餐桌上、客房里，随处可见"台湾蓝"。

　　创始人郑老师发现，发展蓝染为卓也小屋增值不仅仅体现在装饰品上，更重要的是，由此衍生出更多的主题活动，帮助园区开拓了更广阔的市场，如"台湾好色染人游"就是园区基于蓝染的三产融合特别设计的一个核心活动。每期根据季节确立一个"台湾好颜色"，春白、夏红、秋蓝、冬黄，每个颜色都对应了园区蓝草园的染色作物，届时组织游客进入蓝草园进行作物解说，并设计环节让游客体验作物的栽培、繁育和收获，选取可食用部分进行菜品的制作，增加主题活动的亮点，最后游客进入蓝染工坊，体验亲手设计图案，制作蓝染布艺作品。愉悦的旅程，丰富的收获，满满的回忆为卓也小屋进一步开拓了非假日旅游市场。

　　3. 经营情况　如今，卓也小屋员工约 100 多人，其中 30 岁左右的年轻人占到了 90％，这得益于卓也小屋对蓝染品的时尚定位，越是传统的手作越需要用现代的眼光激活，卓也选择与服装设计院校合作，招募台湾一流美术系毕业的画师，自主设计，不仅设计出获工艺设计奖的产品，还参与了吉隆坡时尚周走秀，50 套走秀时装涉及礼服、休闲西装、小洋装、休闲装等。经过几年的沉淀，2017 年，在台湾传统艺术中心，卓也小屋献上了自己 2017 年新品发布会及蓝染时尚秀。

　　蓝染系列产品也帮助卓也小屋突破乡村地域的限制，走进大都会。2018 年，卓也蓝染入驻台中市中心商场一层，还以品牌快闪店的形式出现在杭州文博会现场，也多次出访国际交流。真正实现了让农产品成为时尚和精品。

　　也正是因为它的时尚和精致，卓也小屋的常客 90％都是女性，主要客群除了台湾本地，更多来自香港、澳门，甚至新加坡、马来西亚等地游客。

　　卓也小屋原料生产面积 100 亩、运营面积只有 15 亩，年收入能达到2 230 万元。一个坚持以台湾客家文化为主脉，创新打造蓝染核心产业，经由传统走向经典，走出农村接轨国际，将山居、食养、手作、情意、乐活，共同构成它独一无二的图景。

　　4. 案例点评　卓也小屋集乡村美学、传统蓝染手作体验、创意民宿于一体，是一家小而美的农庄。因为其"世界蓝染文化的传承者"的鲜明定位，赢得了巨大的成功。

（1）可借鉴学习之处。一是自带话题感的鲜明主题。蓝染是个话题感较强的主题，有丰富的体现方式。在卓也小屋体现在两个方面，一方面是蓝染文化本身，另一方面是蓝染在这里丰富的产品。

二是深度体验，产品为王。其实蓝染因其工艺复杂，并不能很好表现它的内容。但卓也小屋将复杂的工艺简单化，变成普通消费者能体验并制作出成品的项目，而且因为每个作品都不同，更令人有成就感和话题感。大家都知道体验并不能产生太大的利润，但所有体验的背后一定是购买，卓也小屋的蓝染作品品类丰富，制作精美，时尚实用。消费者体验后都会购买几样产品。产品成为其重要的收益来源。

三是文化当先，精神旗帜。蓝染是闻名世界的手工艺，令其扛着中国传统文化这一民族大旗。而蓝染文化的背后有着数不尽的故事，工匠精神、私人订制、文化传承、自然手作等。这些文化所面对的人群是世界性的，更有一小部分超级用户会始终关注它。

四是乡村美学，惬意乡居。卓也小屋以其幽静自然的乡居环境为背景，充分打出"台湾好色研究基地"的牌子，将乡村美学体现到了极致。水边山间的色彩民宿，营造一个乡间村落似的民居。让消费者感到乡居生活实在优美惬意。

（2）需改进之处。当然，哪怕是光环之下的明星农场，也依然存在需要改进提升之处：

一是蓝染文化需要更大力度的传承与推广，卓也蓝染可以制订出品牌合作的方式，让更多愿意承载这一文化的园区可以学习并传承。即使在台湾地区也可以垂直发展其蓝染品牌和产品。

二是鉴于其文化具有国际性，建议有步骤、有方法地与世界各地蓝染文化爱好者建立关联，甚至以全球招募志愿者的方式共同推进蓝染文化。目前虽然也有许多外国友人，但都是自发的，可以通过一些国际组织系统进行推广合作。

三是目前园区的发展模式非常传统。从模式设计的角度看，它最具备用创新思维和共享理念来实现模式创新。

五、心　　得

乡村民宿，与标准化的酒店相比，具有更多的个性化经营的特色。由于其具备更多的本地特色、丰富的文化和内涵、轻松的社交关系等，客栈民宿逐渐吸引越来越多的游客。

民宿不只是自身的发展，实际上也是乡村的发展。未来乡村发展民宿产业，需从以下几点着眼。

（1）民宿集群，抱团发展。民宿品牌将告别单打独斗，以集群方式落地，聚合成多业态群落生态圈，自成闭环。在这些散布大江南北的集群里，都会有多家民宿入驻，也有餐厅、咖啡馆、茶室、书店及文创等业态空间。过去10年，德清莫干山集聚起530多家民宿，成为中国民宿乃至乡村旅游发展的标杆地，接待人次实现20％以上的年均增长。

（2）重视特色，彰显个性。乡村应根据自身区位条件、地方传统文化特征、村庄风貌特色，来定位民宿度假产品的个性，以吸引与之相对的消费群体。"民宿＋"正为这个行业发展带来更多个性化的可能，未来民宿＋农业、民宿＋户外运动等多行业融合的"民宿＋"经济将日趋完善。

（3）服务到位，品质提升。民宿行业发展迅猛，同时竞争也日益激烈，如何在众多竞争者中凸显，不仅是硬件建筑设施上的优化提升，服务品质也成核心竞争优势，讲求外在风貌与内在精神的配套统一。民宿行业从业者、服务人员将得到越来越专业的培训，人员素质整体提升，增强服务效率、服务品质。

第二章 休闲农业篇

休闲农业自20世纪90年代萌芽发展开始，随着人们生活水平和消费升级，经历了粗放式农家乐发展模式、农业观光发展模式和目前的休闲度假体验发展模式至少3个发展历程。休闲农业目前呈现出以下几个特征。

第一是聚焦。首先休闲农业园区聚焦在特定的消费群体，比如亲子家庭群体、婚纱蜜月群体、老年人疗养人群等，本次案例中的亲子科普类的园区就是聚焦在亲子家庭，为儿童提供体验、社交、教育、娱乐的功能；其次休闲农业的主题性越加鲜明和聚焦，比如日本的MOKUMOKU农场凸显"猪"主题，香世界庄园凸显"香草"主题。

第二是产业融合。休闲农业是一二三产融合型产业，农业是休闲农业的基础，三产是吸引休闲人群的关键，二产是产生消费和利润的核心。本次选取的案例都是一二三产业融合突出的案例，尤其是产业主导类的休闲农业园区，都是以农业一产为出发点，结合二产产品开发，三产休闲体验项目，将一二三产业充分融合而取得高盈利的园区，他们的经验是农业主导型园区在三产融合过程中值得借鉴的。

第三是创意。休闲农业是一个"农业＋"的行业，农业和文化的结合是最难、也是最不可复制的。当一个园区有了文化的灵魂，就会有一群认可文化的忠实消费者，也有了打造百年农场的基础。本篇中的文化创意类园区就是如此，以农业为嫁衣，以文化为灵魂，让园区有了生气和永恒的可能性。

当然，休闲农业在聚焦和精品化的同时，也出现了更多的新业态，比如田园综合体、农业主题公园、创意加工厂农场。新的业态不断涌现，给了休闲农业更多的盈利模式和发展空间。

但是休闲农业也存在一些普遍的问题，比如休闲农业的盈利问题，在建设用地限制的状况下，休闲农业如何通过产品的创意开发、消费体验的加强、盈利模式的设计获得更多的消费者和更多的盈利，打破农业生产的天花板，也一直是园区庄主关注的重点。因此，本篇选择的案例不仅在园区特色上独树一帜，他们的盈利模式更值得关注，在行业普遍亏损和持平的现状下，这些园区如何盈利值得所有的庄主思考和借鉴。

第一节　亲子科普类

休闲农业与乡村旅游处于快速发展阶段，在摸索实践的过程中行业趋于细分、目标人群更加精准。除满足休闲功能之外，还需更关注文化与教育。在全面放开"二孩"政策的背景下，亲子教育在休闲农业中蕴藏着巨大的市场。

经常有家长反映，孩子挑食带来营养不均衡，作息时间紊乱影响健康，缺少同情心欺负小动物，对外界事物缺乏兴趣，不善沟通，接触电子产品过多视力下降……这一系列的问题给父母们带来了强烈的危机感。到大自然中去，让孩子接触土壤、农作物、昆虫动物、花草等，接受自然教育，将会改善孩子的生活状态。对于很多孩子来说，农庄亲子科普活动是他们与大自然亲密接触的重要一课。

本节选取了 9 个案例。田妈妈蘑法森林结合原有环境，打造以"蘑法森林"为主题，集蘑菇文化体验、蘑菇美食品尝、森林角色体验、家庭趣味拓展、儿童手工创作、森林家庭派对等于一体，为 2～7 岁儿童及其家庭提供的新型户外家庭教育休闲基地。郑州森林课堂是一个以森林为主题的自然大课堂，以自然教育为理念，以 3～14 岁少年儿童为目标对象，兼具游乐、体验、拓展等多项功能于一体的大型户外教育基地。日照 Hi 世界农乐园是一个以航天农业与生态旅游相结合的科普性生态园区，定位于"绿色、生态、科技、休闲"主题，依托于"航天农业"为主要产业，打造独一无二的品牌效应，在此基础上，延伸出了"太空农业展览中心"，成为大中小学的科普实验基地。小顽国亲子农庄是农家乐转型亲子园的典范，成为以亲子活动为主题的自然生态乐园，为游客提供传统民俗文化、农耕文化、户外拓展、牧场养殖、手工益智 DIY 等体验服务项目，针对幼儿园和小学，进行订制化的产品策划……

一、田妈妈蘑法森林——田园教育自然农场

田妈妈蘑法森林位于北京市海淀区，以"蘑法森林"为主题，是一家集蘑菇文化体验、蘑菇美食品尝、森林角色体验、家庭趣味拓展、儿童手工创作、森林家庭派对等于一体，为 2～7 岁儿童及其家庭提供的新型户

外家庭教育休闲基地。

1. 基本情况 田妈妈蘑法森林位于北京市海淀区前章村西路，距北京市中心 31 公里，距天津 142 公里，由田妈妈（北京）投资管理有限公司规划创建投资运营，是一家森林亲子乐园，占地面积 300 亩。

田妈妈蘑法森林由蘑法水世界、蘑法森林游乐场、蘑法泡泡、蘑法小镇、蘑仙岛、蘑法嘉年华、蘑法历险记、蘑法数学森林、儿童军旅大世界、温室大棚、戏水区、露营区、森林音乐会、餐饮等功能区组合而成。其中，蘑法森林游乐场中设有彩带迷宫、亲子大蹦床、木桩、轮胎世界、

过家家小木屋、拓展桥等；在 DIY 拓展区可以采集蘑菇，举行森林运动会、手工制作等；温室大棚里种植着很多新鲜蔬菜；儿童军旅大世界里有各类模拟坦克，飞碟打靶，小军事扩展等项目；森林音乐会搭建有一个舞台，定期组织孩子开展各类活动等。

2. **园区特色**　田妈妈蘑法森林以森林资源为依托，分析亲子家庭的消费特点，抓住现代人家庭希望重返自然、追求新奇游乐的需求，着重开发了乐园、课堂、活动、集市、派对五大类爆品项目。

（1）打破传统的自然教育。让孩子们在森林中体验一次次的思维大闯关，用游戏的方式解决数学难题；让孩子们遇见挑战，激发兴趣，主动思考，参加一场丰富有趣的数学嘉年华活动。

中草药传统香囊、威风鼓、昆虫旅馆、植物化石等，让孩子们在了解的同时，亲自动手制作，引导孩子们学会观察自然、热爱自然，体会创作的乐趣。

（2）打造了一处自然乐园。彩带迷宫：田妈妈蘑法森林将"彩带穿

越"做了改进,设计了彩带迷宫,将最简单的道具通过创意发挥了极大作用。

　　大蹦床:在园区里,这是一种很简便实用的游戏道具,可以随时移动到别的位置使用,也有助于设备的更新完善,孩子们可以在四周宽广的空间里玩耍,也保障了安全。

　　轮胎世界:利用废旧的轮胎,就可以组织起一场活动,投入成本很小,不但可以让孩子彩绘,还可以将作品作为园区内的小景观,利用这些景观又可以组织互动游戏,一举多得。这种装扮方式在园区最常见。

户外拓展区：该区是儿童农庄中常见的配备设施，只需要用农业废旧品搭建就可以完成。

戏水区：田妈妈蘑法森林结合园区原有的自然环境，搭建充气滑梯，尤其夏日期间深受孩子们的喜爱，水位设立很浅，保障了儿童安全。

（3）开发各色体验活动。春天，田妈妈蘑法森林推出传统插秧节，大手拉小手，家长与孩子互帮互助，亲身体验种植的快乐和收获的不易，感受大自然的奇妙和伟大；还有星空露营、灯谜知识小派对、安全森林Cosplay、电影之夜……

（4）定期举办森林派对。田妈妈蘑法森林在选址上获得了一定优势，配合优美的环境，可以定期为会员儿童举办生日party、主题活动、家庭聚会。

3. 经营情况　田妈妈蘑法森林通过年费制会员模式、套餐式获得收益，针对个人以会员管理为主，提供众多特别服务和优惠。会员可以优先参加各种田妈妈主办的亲子活动，并且在园区可以为小朋友主办生日派对并享有会员优惠价。对于公司团体、幼儿园学校来说，也提供了专业的活动订制服务，田妈妈蘑法森林主要开展的项目有亲子休闲活动、蘑菇体验、森林科普拓展、自然科普教育、家庭聚会、主题节庆活动订制。

4. 案例点评　田妈妈蘑法森林通过将活动内容和活动方式植入乡村和农场产品中，将教育与自然与生活相融合，与家长建立联系，为儿童自然教育提供平台，它的一些措施值得其他农庄借鉴：

(1) 开发自然课程，打破传统自然教育。蘑法森林还原自然，以树林为承载体，加入了林间的游戏项目。更重要的是，蘑法森林实现了儿童娱乐、体验、教育、社交和拓展为一体，通过自然课堂传递科普知识，通过森林 party 促进独生子女的社交能力，通过与专业机构合作增添更多的科技、绘画、手工、表演等体验项目。亲子农庄首先应有教育意义，家长希望孩子在娱乐中能学习到一定的知识，懂得一些道理，无论亲子农庄是否是教育实践基地模式，富有教育和知识科普的项目是必不可少的；其次亲子农庄应该有集体活动，比如竞赛、分组活动、跳蚤市场、主题 party 等项目，鼓励孩子交流和自行交往。

(2) 关注自然教育投资者家长的需求。田妈妈蘑法森林不仅满足儿童需求，也满足了家长的田园需求，身处一大片杨树林中，成年人也能够在这里享受田园绿色，在生态环境上满足了成年人到郊区的基本需求。同时，田妈妈蘑法森林中专门为父母设立了休憩平台，沿着树林，在溪流旁搭建了高低曲折的木质平台，父母可以在高处一边休憩一边关注孩子的活动。亲子园区在项目设置中，如果有足够的空间，应考虑家长的体验感和舒适度，儿童是亲子园区的娱乐主体，而家长是消费主体。

未来田妈妈蘑法森林还将在会员制运营上发力，与亲子家庭良性互动。田妈妈蘑法森林将从满足儿童在园区现场的需求延展到满足家庭其他各方面的需求。比如田妈妈蘑法森林计划要打通围绕家庭、圈子、社区以农业内容为载体的社交功能，比如未来将通过绘本推送的方式，根据季节、宝宝的年龄、喜好等为妈妈订制餐桌，为宝宝订制食谱，并配合线下体验式分享教学，解决"85后""90后"妈妈们初为人母，无从下厨的痛点；通过互联网解决更多年轻妈妈们在宝宝吃什么、学什么、去哪儿玩、如何学等问题，线上导入配合线下社交分享，提供一站式家庭亲子休闲方案。做到这一点，田妈妈蘑法森林可聚拢大量的会员家庭信息，获得持续性的发展。亲子农庄要想有更大的发展空间，走出有限的农庄范畴，也必须要有会员信息积累，因此亲子农庄建园之初，就要有建立信息档案的意识，通过会员制、二维码扫码、登录信息填写等各种手段获取客户信息。

田妈妈蘑法森林从 2016 年开始正式启动了加盟连锁计划，可是由于田妈妈蘑法森林是一个创意＋活动为核心优势的园区，因此未来扩张过程中的标准化是需要核心解决的问题，人力配备也是短板，尤其在农庄专业人才短缺的情况下，扩张速度将会受很大影响，这也是所有休闲农庄扩张过程的核心痛点，至今尚无更好的解决之道。希望随着新农人的日益增多，跨界人才的逐渐进入，能够大大改善这一现状。

二、野趣童年自然教育基地——亲子教育科普基地

野趣童年是已形成品牌并注册商标，庄络亲子农场是野趣童年下面的一个自营营地。庄络亲子农场是专业的自然教育农园，提供创意活动、农事体验、主题游览、科普展览、农趣 DIY、特色餐饮等服务，是廊坊六大新兴旅游目的地之一，同时也是廊坊市级科普基地、河北省科普基地、京津冀地区知名亲子农场。

1. 基本情况

（1）园区概况。野趣童年自然教育基地成立于 2015 年 4 月 19 日，由崔硕创办运营，占地面积 501 亩。2015 年，她在河北廊坊市广阳区九州镇创办了庄络亲子农场，专为 2~12 岁儿童打造自然教育农园，提供户外创意活动、农事体验、主题游览以及餐饮、民宿等。该农场从亲子角度出发，满足亲子客户群体需求，实现了"亲子＋教育＋乡村旅游"的跨界，自成立以来，共举办 4 000 多场活动，吸引了 10 万个家庭参与，成为廊坊乡村旅游中一道亮丽的风景线。

2016 年，她开创野趣童年品牌，研发野趣童年自然教育课程体系，利用营地的自然资源开展用地教育，让幼儿自己去感知、思考、发现，体验成功，从而培养幼儿的自主性、创造性和协作性，促进幼儿的全面发展。如今，野趣童年自然教育课程已在全国多地农园实现输出。

同时，她还把小顾客转化成训练营小队员，打造可持续的经营项目。"让孩子们抛开手机和平板电脑，过一个不插电、有大自然陪伴的童年。"庄络亲子农场打造的户外乡村教育农园，满足了大众回归自然的需求，是亲子乡村旅游的一个有益尝试。

（2）功能布局。入口集合区、0~3 岁儿童区、4~6 岁儿童区、草药池塘区、7~12 岁儿童区、草坪活动区、游客接待中心、昆虫屋、草药种植区。

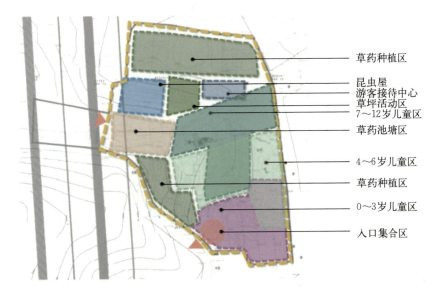

草药种植区

昆虫屋
游客接待中心
草坪活动区
7～12岁儿童区
草药池塘区

4～6岁儿童区

草药种植区

0～3岁儿童区

入口集合区

2. 园区特色　庄络亲子农场以亲子为主要目标市场，开展一系列集认知、体验、亲情、休闲等于一体的旅游活动。

（1）策划多样的体验项目。疯狂原始人：主要是让孩子体验不一样的远古祖先的生活。内容包括装扮原始人（DIY原始人装束、起部落名、画图腾）、搭建原始部落（简易茅屋）、原始体验（钻木取火、净化水源）、部落战争、农耕文化（种植农作物、渐入农耕文化、二十四节气科普）、化石挖掘（化石课堂、恐龙挖掘、带走一片属于自己的真化石）、趣味蹴鞠（体验古人的蹴鞠乐趣）。

少儿自然手工：该手工是庄络亲子农场推出的特色旅游体验项目之一，符合亲子家庭中孩子的喜好，满足家长的需求，锻炼孩子的自然观察力和动手能力，注重体现亲子之间的互动，成品可以带走，给亲子家庭带来美好的感受和回忆。手工课程有：创意树叶画、杂粮画、树叶拓画手帕、DIY草帽、DIY风筝、DIY树枝笔筒等。

少儿自然观察：来到农场给城市孩子少有的亲近自然和田园的机会，通过自然观察学习到自然观察的方法，打开童眼看世界的另一扇窗，发现自然之美，学习自然知识，属于庄络研发的自然教育体系中自然观察课程一部分。根据不同年龄段孩子的喜好和关注点不同，结合农场自身特点设置的春夏秋冬不同的主题内容。如观察树叶、观察植物、观察昆虫等。

亲子自然游戏：这里很多经典的自然游戏引自美国自然教育的教材《与孩子共享自然》，游戏不只是孩子参与，同时强调家长也参与其中，避免当下常见的"孩子参与，爸爸玩手机，妈妈拍照"的现象。游戏有我的树、蝙蝠与蛾子、大风吹、多肉知识剧、盲行等。

亲子烘焙体验：烘焙体验是比较流行的亲子项目，锻炼孩子的动手能力，好玩又好吃，深受家长和孩子喜欢，农场提供的烘焙体验与主题相结合。如母亲节送给妈妈的蛋挞、中秋做月饼等。

　　亲子农耕体验：农场提供农事体验，植树体验，推出了"杏福一家人""梨不开你""番茄联合王国"等主题采摘活动，同时根据农作物的时节推出拔萝卜、挖土豆、刨花生等亲子活动。

　　青少年现代农业科普：作为省级科普基地，面向青少年的现代农业科普推出了参观智能温室、林下物联网种栗蘑、智能蘑菇温室、酵素制作、酒窖等活动，让青少年感受传统农业与现代农业的不同，从小热爱科学。

　　（2）推出各色的节庆、活动。亲子运动会：运动会符合孩子好动的特点，锻炼孩子的体魄，弥补孩子平时运动量不足的情况，远离电子产品。活动有软式棒球、拔河、三人二足、撕名牌等。

　　亲子主题聚会：农场内承接各机构、个人的生日会和客户答谢会等，还有富有特色的主题活动，其中深受欢迎的王子与公主的约会和亲子骑行吸引了很多家庭到访。

　　（3）小动物喂养。庄络亲子农场里饲养着鸡、鹅、羊、兔子等农场常见动物，喂养动物是孩子们特别喜欢的项目，同时也通过近距离的观察和接触了解动物习性。

　　（4）国学教育。亲子农场里孩子们可以穿上汉服到梨花树下颂词国学，传承和发扬中华传统文化的精髓，同时将中华传统节日、节气的典故进行传播。

　　亲子节庆活动：农场每年举办三次大型节庆活动植树节、梨花节、丰

　　收节，都以亲子家庭为对象进行活动内容的设计，套餐包含采摘果蔬、手工、科普、餐饮等，吸引大量自驾游家庭。

　　夏令营活动：农场夏令营活动和10余个机构合作，上千孩子参与其中，内容包括自然观察、自然游戏、自然手工、农耕体验、制作酵素、捉泥鳅、玉米迷宫等。

3. **经营情况** 截至 2018 年，庄络亲子农场已经设计了 80 多种亲子活动，十大课程体系，十大亲子模块，接待了 100 个团体，200 多期活动，超过 20 000 人次参与。亲子农场下设的野趣童年自然学校研发的课程体系输出到了全国的休闲农园，形成覆盖全国的游学网络，收入非常可观。年接待量在 6 万人次左右，年营业收入达 300 万元，利润在 150 万元左右。

庄络亲子农场已建成集采摘、游玩、科普、亲子、烧烤、农耕体验为一体的休闲农业园区。

自然教育盈利项目列表

重要伙伴	价值主张	关键活动	盈利项目
线下幼儿园 线下教育机构 线下俱乐部团体（亲子营、爱宠俱乐部等）	为 2～12 岁儿童户外乡村教育农园 提供儿童户外自然教育课程、主题活动、创意手工坊、农事体验、四季采摘等 为学校团队活动订制以及餐饮、民宿等配套服务	亲子＋教育＋乡村旅游：科普讲座，亲子 DIY 种植等 教育体验＋农事教育＋自然教育：彩色轮胎山，小迷宫，沙子乐园，戏水池，捉泥鳅等	活动费用 年度课程费 会员费

4. **案例点评** 庄络亲子农场通过乡土化的休闲体验和趣味性的乡村娱乐活动，为消费者提供简单、有趣的乡村生活体验；在环境营造上，追求原汁原味，注重对自然、人文景观的保护，尽一切可能将旅游对自然景观的影响降至最低；在交通工具上，以步行为主，观光车、自行车等是最常见的交通工具；在产品设计上，以简单化、原生态和趣味性为主，疯狂原始人、小动物喂养、亲子农耕体验等都是受人青睐的亲子产品。

同时，农场一直研发适合中国国情及基于农场开展的儿童自然教育课程体系，针对幼儿园、中小学生打造了体系化的课程，针对不同季节、不同学龄段制定不同的探索大自然的学习内容。在这短短几年中，农场的体验式活动与课程根据实践与客户的反馈，从最初单纯的农事活动及科普讲解的 1.0 版，发展成体验活动与创意主题节庆相结合的 2.0 版，再到与艺术院校等机构多方合作举办少儿自然手工、自然观察、自然教育、亲子农耕、夏令营、亲子国学教育、农业科普等 3.0 版。

为了更长远的发展，农场还需在体验项目上朝着本土化、年轻化、迭代化发展，对接各种培训机构、幼儿园、团体班等，不断提供个性化、情感化、休闲化、美化的体验，让情怀成为消费生活方式。同时在农业生产的基础上进行延伸和开发具有引导城市家庭体验乡村氛围、田园生活的功能，将儿童农业见学寓教于乐，形成良性持续的到访、增加家庭的黏性和拉动农场相关产品的消费。

三、Hi 世界农乐园——航空农业主题生态园

Hi 世界农乐园位于日照山海天旅游度假区两城街道秦家庄，是山东省首家航天农业与生态旅游相结合的科普性生态园区，占地面积 1 080 亩，定位于"绿色、生态、科技、休闲"主题。

1. **基本情况** Hi 世界农乐园位于日照山海天旅游度假区两城街道秦家庄，是山东省首家航天农业与生态旅游相结合的科普性生态园区，占地面积 1 080 亩，定位于"绿色、生态、科技、休闲"主题，依托于山东首创的"航天农业"作为主要产业，打造了独一无二的品牌效应，在此基础上，延伸出了"太空农业展览中心"，成为大中小学的科普实验基地，通过融合教育进行产业链延伸，提升了园区的价值。在航天产业之外，抓住亲子儿童游乐的广阔市场，推出的 Hi 世界儿童乐园，满足了儿童的游玩心态，吸引了更多的家庭前往。孩子们在 Hi 世界农乐园不仅能够获得"航天农业"的科普知识，而且还可以玩得开心，同时园区既留住了人，也留住了消费者的钱。

园区共分为 Hi 世界航天农业科技园、Hi 世界儿童乐园、Hi 世界欢乐动物园（规划中）三大功能区域。Hi 世界农乐园航天科技馆，占地面

积 4 200 平方米，由航天科技馆、儿童科学馆、航天科技体验、5D/8D 互动影院以及纪念品商店五大部分组成；馆内通过科普展板、多媒体、模型沙盘、互动体验设备、动手实践等形式，全面展示中国航天科技史，航天杰出人物，火箭、北斗导航、遥感、空间站等航天典型成果，普及航天知识，成为大中小学生课外实践的航天科普教育基地。Hi 世界儿童乐园，位于农乐园南部区域，包括卡丁车赛场、丛林探险户外拓展区、圈圈王国、植物迷宫区、欢乐摸鱼区、萌宝儿童摄影基地（花海和国内面积最大的 3D 地面立体画）、萌宠动物园区、森林 CS 野战基地、生态采摘园、淡水垂钓区十大区域，是一个集儿童娱乐、摄影、教育、拓展训练、田园生活体验于一体的综合性儿童主题乐园。

2. 园区特色　Hi 世界农乐园围绕航天农业生态旅游的主题定位，开发了多个爆品项目，通过科普展示、互动体验的方式，寓教于乐，让儿童深度体验航天农业的科技魅力。

（1）建设 Hi 世界农乐园太空农业科技馆。占地面积 8 000 平方米，主要分为太空农业展示区、热带植物展示区、热带爬宠动物饲养繁育区三部分。涉及设施农业、太空农业等国际前沿的农业领域，打造具有科研、生产、示范、展示、宣传、推广等多功能的航天农业示范园、航天工程育种产业示范基地。

热带雨林馆 & 太空农业馆，馆内种植百余种热带植物农作物，品种繁多，更有未来太空农业种植展示。园里繁花似锦，绿荫浓密，认识热带动植物，探索雨林奥秘。

　　航天科技馆，一座集航天体验、互动娱乐、科普教育于一体的航天主题科技馆，通过科普展板、多媒体、模型沙盘、互动体验设备、动手实践的航天科普教育基地。

　　高科技多功能展示中心，占地 1 200 平方米，主要分为航天农业成果展示区、日照特色农产品展销区。

（2）**打造 Hi 童世界主题乐园**。汇聚网红桥，卡丁车赛场、网红摇摆桥、户外拓展区、圈圈王国、植物迷宫区、跑马场、森林 CS 野战基地、生态采摘园、文物堂等好玩的区域板块，是一个集娱乐、摄影、教育、拓展训练、田园生活体验于一体的综合性主题乐园。

建设航天果蔬大棚 80 个，推广种植航天果蔬，采取"企业＋农户＋技术指导＋分红＋代购代销"一条龙的经营模式，发展多种类型专业合作社，增强地区质量意识，提高加工企业、农民种植效益。园区内一年四季均有蔬菜可供采摘。

（3）推出节庆活动，聚集人气。每年定期举办植树节、中华情民俗大庙会等。植树节：踏青植物节活动，春暖花开的季节里，孩子们用双手为地球增添一份绿色。亲手种下一棵挂己之名的树苗。

Hi 世界中华情民俗大庙会：由山海天旅游度假区旅游局、两城街道办事处、德润集团联合主办，上海怡豪文化传播有限公司承办，历时 15 天。庙会活动在保留上届精彩内容的基础上，项目上更加丰富多彩，涵盖广泛，满足不同区域、不同年龄阶段游客的文化需求。民俗表演有秧歌花鼓、抬花轿、骑旱马、跑旱船、踩高跷，让更多小朋友们感受传统过年气息，逛庙会的同时还可以在航天农业嘉年华看火箭、飞船模型等，还可以感受一下在太空中的春节。

3. 经营情况 Hi 世界农乐园 2017 年 5 月开园试营业，至 2017 年 10 月期间，客流量累计超过 20 万人。在 2017 年"十一"期间，短短 7 天的时间里，结合别具特色的动物秀表演、真人秀等活动，更加提升了园区的吸引力，使得园区在整个"十一"期间，客流量直接突破 4 万人。

2019 年"五一"的第一天，东方童世界蝴蝶谷迎来了 12 000 名游客，2019 年 5 月 18 日来自济宁、临沂、潍坊等地 1 800 名学子研学旅行。园区的收入主要靠门票及节庆活动、研学旅行、采摘等收入。

成人门票 68 元/人，儿童门票 40 元/人，还有 288 元/人畅玩大礼包（包含园内多种项目门票）。

4. 案例点评 在 Hi 世界农乐园里，无论是大人还是小孩都能被满足，这里可以在玩乐中汲取知识，还可以享受玩乐带来的乐趣，能更快地掌握技能知识。

园区很好地将航天工程育种、航天农业示范、观光旅游、休闲娱乐、科普教育集于一体。园区在打造节庆活动时，很好的利用各种资源、平台联合一起打造，同时利用名人效应，吸引客流。在首届民宿 & 航天科技大庙会时，邀请了朱之文、刘大成来主持，再度引爆，园区接待游客超 10 万人。

Hi 世界农乐园在研学方面，有专业的教研团队研发课程，让学员们自主选择课程主题，参与活动的计划、管理，亲自在其中体验，提升在里面学习效果的体验式课程。精准的园区定位，合理的打造，丰富的课程体验让 Hi 世界在日照市场站稳了脚跟，赢得了孩子、家长的喜爱

同时，Hi 世界农乐园下一步应改善在"太空农业"产品上的输出。目前，只有产品的采摘，可以设计一些"太空农产品"的蔬菜产品礼盒，游客来了可以购买，节庆时也可以订购。同时 Hi 世界的客流量较大，应把客户的资料整合起来，打造会员模式，做好会员的积累。

四、森林课堂——农庄式自然学校

森林课堂位于河南省郑州市惠济区，占地面积 200 余亩，植物覆盖率 99％以上，是纯天然的森林大氧吧，是河南省第一家以自然教育为理念，以 3～14 岁少年儿童为目标对象，兼具游乐、体验、拓展等多项功能于一体的大型户外教育基地。

1. 基本情况　郑州森林课堂位于河南省郑州市惠济区大河路，森林课堂的庄主曾经是郑州市某重点小学的辅导员，后来从事建筑工程，虽然离开教育行业多年，但是在她的心中，一直保留着儿童纯真之心，也存着一个教育之梦，农庄式的自然学校——森林课堂是她圆梦的开始。庄主打造森林课堂的目的是让孩子们通过野外活动，亲近自然，认识自然，探索自然，增长知识，享受野趣，学习与自然和谐相处，在互动中提高动手与协作能力，在拓展中锻炼胆量和毅力。

森林课堂的主要项目是针对幼儿、小学 2～12 岁的儿童，打造春游、夏令营、毕业季、秋游、幼儿园小学户外拓展、亲子出游等活动。园区和北京首都师范大学、河南农业大学、河南师范大学合作，根据消费群体，设计了专业的课程体系，全面开发孩子的自然探索能力。针对学校团体，园区专门设置了森林拓展区域，森林中的"体育课"是另一番场景，项目中含众多好玩有趣的活动，让孩子们远离都市，充分与自然接触，并且园区内的食材均是产自园区的绿色食品，可谓是将森林教育进行到底！

2. 园区特色　郑州森林课堂，通过对项目地进行改造，与教育、农业类高校合作开发专业课程，及对节庆活动的打造等一系列措施，让一处苗圃摇身一变成了教育研学的森林大课堂。具体举措如下。

(1) 充分利用原有资源，丰富经营业态。森林课堂前身是一片苗圃，

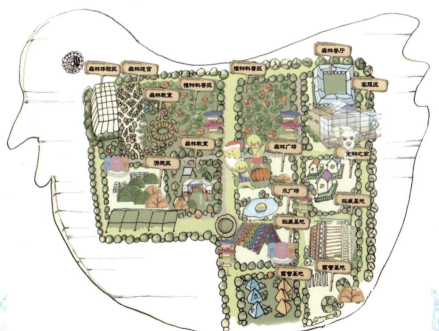

经专业团队的策划设计，保留了苗圃的林木资源，通过对整个功能板块的重新布局，森林课堂成了一个以森林为主题的自然大课堂。园区由森林之门、森林广场、漫步森林、水森林、森林教室、森林体验、森林之家、森林迷宫、宠物之家、森林勇士、露营营地、森林餐厅组成。

在森林之家，孩子们可以一起动手自己搭建帐篷、布置小屋，搭建属于自己的森林之家，让孩子们在搭建过程中学会团队合作，充分体验成功的喜悦。

在神秘的植物迷宫里面，孩子们可以认识好多大自然植物，在这里能够独立勇敢的解救被困在迷宫中的父母，带领他们走出迷宫，穿越迷宫中可以学会保护自己、仔细观察。

针对学校团体，园区专门设置了森林扩展区域，森林中的体育课又是另一番风景。

（2）策划设计丰富的游乐活动。当不起眼的树林铺上草坪之后，就成了游乐广场、集合广场、音乐广场等，孩子们可以在上面进行各种游乐活动，水枪大战等。

夏天酷日炎炎，孩子们可以在水塘里浑水摸鱼。

　　午餐孩子们可以在这里自己动手拾柴、生火、做饭，自己动手丰衣足食，让孩子们自己体验做饭的辛苦，懂得感恩。

　　在森林手工体验中，孩子们可以用捡到的花瓣、树叶，在白色布袋上拓印各种图案，动手做一个属于自己独一无二的手提袋。

在森林课堂里孩子们还可以亲自动手移栽一棵属于自己的植物，这棵属于自己的植物还可以带回家养护。

种瓜得瓜，种豆得种，在播种前老师先带领小朋友认识一下种子的特点，如何进行播种，农具如何使用，将种子发给孩子们，带着我们所吃的食物是如何来的问题，开启"顽强的种子"之旅。

（3）推出多样的节庆活动。五一棒球节：咔扑棒球俱乐部与森林课堂开展春季踏青联谊会。俱乐部的教练个个棒球技术一流，孩子们在平时辛勤播下的种子，在这时候用实力证明自己；植树节：森林课堂制定了《我和小树有个约定》植树节等活动策划，目的是让孩子们通过野外活动，亲近自然，认识自然，探索自然，增长知识，享受野趣，学习与自然和谐相处，在互动中提高动手与协作能力，在拓展中锻炼胆量和毅力。通过精心组织策划丰富多样的专题活动，让孩子们在森林课堂能够感受不同的氛围并获得多种形式的体验。

3. **经营情况** "森林课堂"在6个月的建设周期内，以最小投入，仅仅一年半就获得投资回报，营业一年后就开始扩张，是河南省首家自然教育研学基地。园区的收入主要靠幼儿、小学2～12岁的儿童春游、夏令营、毕业季、秋游、幼儿园小学户外拓展、亲子出游。亲子活动一个大人一个孩子180元，加一个大人收60元，加一个小孩收120元。

4. **案例点评** 森林课堂，从规划设计之初就明确研学教育的主题，紧紧围绕主题，对原有资源进行创意化改造。当不起眼的树林铺上草坪之后，就成了游乐广场、集合广场、音乐广场，朴素的树木换个形状就变成了洋气的"餐厅"，轮胎一装饰变身成了创意的轮胎洗手台。

园区注重与专业人士、专业平台的合作，实现资源的互通。与教育、农业类高校合作，以消费需求为导向，针对学生群体，研发设计专业的课程体系，全面开发学生的自然探索能力；与咔扑棒球俱乐部等平台合作，开展活动，共享共赢。

森林课堂注重产品开发，兼顾教育性与趣味性。在森林课堂里，孩子们不仅可以在森林迷宫中挑战自己，做各种小游戏，还可以认识自然中的各种植物，了解他们的习性，增长知识，收获乐趣，用寓教于乐的理念，为学生们打造一个"森林流动课堂"。

现阶段，森林课堂主要开展户外课程与体验活动，受一些自然因素的影响闲置比较大，未来可以配备一些室内的自然课程，以模拟、演示、讲述的形式感受自然的神奇。同时可以增加一些成年人可以体验的活动项目，增强亲子家庭的休闲互动，增进亲子关系；园区还可以打造会员系统，适时了解课程参与者的信息反馈，对课程的更新迭代积累数据，提供参考。

五、小顽国亲子乐园——亲子主题自然生态农庄

小顽国亲子乐园是一个以亲子为主题的自然生态乐园，主要面向亲子家庭、幼儿园、小学生等客群，开发了传统民俗文化、传统农耕文化、户外拓展、牧场养殖、自然科学教育、手工益智 DIY 等体验项目，为目标客群提供了多样化的选择和服务。

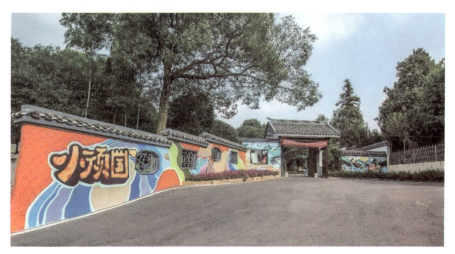

1. 基本情况

（1）园区概况。小顽国亲子乐园位于湖南省长沙市长沙县黄花镇新江村枫木塘组 357 号，"前身"是一家传统农家乐，主要经营内容是吃饭、打牌、钓鱼，为了解决这个困惑，小顽国的创始人雷勇等人 2014 年去台湾考察学习，寻求转型。

2015 年农庄决定转型，最终确定目标群体是 3～12 岁的学生，基本上是幼儿园和小学学生群体。其次，针对目标客群进行订制化的产品策划，随即推出春游和秋游，引起了不错的反响。紧接着又推出亲子游以及毕业季系列，研发了"两天一晚"的毕业产品，产品在 2016 年的 7 月正

式落地，受到了师生们的广泛欢迎。在 2016 年的毕业季，就有 15 个学校和幼儿园进行预约和合作。

之后，农庄重新进行了品牌定位，更名为"小顽国"，口号是：寓教于乐，乐在其中。同时也设计了一个卡通形象——一只小猴子，名叫"顽皮皮"；编写了一个农庄故事，叫"小顽国前传"，成功打造自己的 IP 形象。

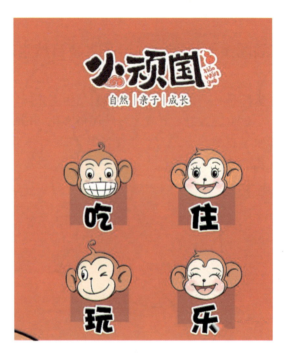

小顽国亲子乐园总占地面积 1 200 多亩，其中 500 亩为有机蔬菜种植基地，700 亩为已建或在建的亲子活动区域，环境优美，风景别致，餐饮、住宿、娱乐等配套设施齐全，风格新奇而独特。

（2）功能布局。园区共分 6 个板块，森林教育区、亲子活动区、DIY小天地、农耕文化体验区、拓展活动区、饮食住宿区。

2. 园区特色　小顽国乐园依托优美的自然环境，辅以各种大型硬件配套设施，结合重要节日和民俗习惯，引入了寓教于乐的理念，精心组织策划丰富多样的专题活动，让亲子家庭来到这里能够感受到不同的氛围并获得多种形式的体验。

（1）开发各种体验活动。农场科普体验：导游带领孩子们游园，身边经过的各种各样植物要介绍给小朋友们认识。如黄秋葵其实也是绿秋葵，可以帮助肠胃消化，还可以对糖尿病有很好的治疗效果。

儿童牧场体验：让孩子们在与动物的互动相处中培养他们的爱心，从中认知生命的奇妙传承。

丛林野炊：树林里，几十口大锅排成两排，四五个家庭在原始灶台上搭伙做饭，采摘的瓜果蔬菜作为食材，家长和孩子一起动手做饭，享受当下的亲子时光。

习俗文化体验：根据中国传统习俗来开展主题活动，让孩子们在充满趣味娱乐的活动体验中感受传统民间风俗。如贴窗花、扎染、包粽子和手工花灯等。

农耕文化体验：根据不同季节开展果蔬种植、培育、采摘等体验活动，孩子们在家人的陪同下认识各种蔬菜水果的生长，让他们体会劳动的意义，感受农耕的辛勤和生命的轮回。

　　户外拓展体验：培育孩子们的安全意识，设立儿童户外拓展训练基地，涵盖多种障碍素质训练，比如高楼逃生、消防知识、火灾逃生、烟雾逃生……让孩子们在体能拓展中激发潜能，达到锻炼胆识、强健体魄等作用。

　　手工 DIY：开设各式各样的手工益智 DIY 课堂，如木工坊、陶艺室、烘焙室等，让孩子们将脑海中的构想通过自己的双手进行创造，建立自信并收获快乐。

　　（2）**打造农家特色餐厅**。园区自产有机蔬菜，绿色健康，提供地道的农家菜。

　　（3）**建造家庭亲子客房**。亲子乐园提供民俗、农耕、农牧、手工、拓展等主题客房，每一个客房都有自己的风格，视觉体验双丰收。

（4）推出特色主题活动。亲子乐园会跟随季节与传统节日策划不同的主题活动，如夏季的这个枪手有点"冷"和"狼、小羊"水塘版和"捕鱼达人"乡村泥塘版活动等；同时也开发了一些亲子活动，如土车大冒险、珠行千里、蹴鞠大赛等。

3. 经营情况　2016 年园区的客流量为 40 000 人次，但是此前一年的客流量只有 6 000 人次；农副产品（有机蔬菜）板块在农家乐的销售几乎为零，而现在蔬菜的销售占到总营业额的 30％。

如今整个长沙有 36 个幼儿园与小顽国进行了合作，不到半年已经超过 8 000 个孩子在这里体验和感受了亲子乐园的生活，旺季每个月的收益达 150 万元。

小顽国亲子乐园收入主要由三部分组成：

（1）住宿、餐饮、娱乐体验活动。

（2）500 亩绿色蔬菜销售。按照当季种植，不种任何反季节蔬菜。一年会有 200 多个品种，蔬菜年产量 30 万千克，外销 20 万千克，乐园体验消化 10 万千克。

（3）亲子活动体验。每个家庭消费 298 元，一天接待超过 200 个家庭，年营业额达 450 万元。同时，周边农民也跟着受惠，从前一亩地种植水稻年收入几千元。现在加入亲子乐园，土地流转费再加上一年的务工费，年收入能达到 6 万～7 万元。小顽国亲子乐园既带动了本地就业，又增加了农民收入。

（4）乐园自制生物有机肥销售。自主研发的农业废弃物生化制肥机已经通过省级科研成果鉴定和农机鉴定，获得了国家多项专利。乐园利用基地的废菜，秸秆等农业废弃物，倒入自主研发的农业废弃物生化制肥机，生产出生物有机肥，其做出的肥料含钾 40％～45％，水果、蔬菜的口感特别好。利用这一技术一年可以消耗 1 200 吨以上的农业废弃物，能生产出 1 000 吨以上的优质肥，仅有机肥就可以年创收 20 万元以上。

4. 案例点评　小顽国亲子乐园是农家乐转型亲子园区的典型代表。国内曾经有一批农家乐是因为个人对家乡的情怀应运而生的，曾经的庄主有着固定的事业，在家乡为自己觅一块清静之地，顺便招待亲朋好友，不太看重盈利。但是随着中国传统经济的衰退，农二代接手项目，他们更愿意以市场化的角度经营项目，诞生了像小顽国亲子乐园这样的项目。从小顽国带来如下启示。

一是庄主学习事半功倍。小顽国在转型前，创始人雷勇首先赴各地学习和考察，学习休闲农业的系统知识。在学习过程中，逐渐聚焦在亲子方向，同时在此过程中，结识国内外休闲农业方面的资源，小顽国最终转型成功，庄主的持续学习功不可没。

二是课程的研发是关键。小顽国没有什么大型的游乐设施，也没有多少室内空间，但是园区却可以收取 200 多元的亲子活动套餐费用，依靠的就是持续更新的亲子课程。小顽国引进芬兰的森林教育、德国的感官教育等前沿的国际化教育课程体系，通过亲子课程，在一片草地、一片树林、一块操场中就可以展开，因此，亲子类园区并不一定需要大投入，但是需要不断的打磨课程，通过课程构建园区的核心竞争力。

三是庄主要具备专注精神和共享思维。小顽国一直专注于幼儿园、小学领域，一旦确定，就始终不渝地坚持专注，这是很多庄主都无法坚持做到的。很多庄主在园区客群获得一定成就后，就开始横向延伸，比如小学生、中学生等，但是殊不知儿童和青少年的需求和兴趣点是截然不同的，越横向发展，越无法满足客户需求，会适得其反。小顽国一直在不断做深做精，并且以共享思维，与国际学前森林教育、德国感官教育等合作共享，发展中高端客群。

目前，小顽国亲子游尚处在初级阶段，许多旅游项目虽然注入"亲子游"元素，但只见"游"，不见"亲子"，发展比较粗放。同时，乐园主要是接待团队游为主，但随着散客市场越来越大，如何吸引散客？周末假期场地供不应求，平日里却冷冷清清，如何实现资源价值的最大化？这是一个值得思考的问题。

六、飞牛牧场——牛主题亲子牧场

飞牛牧场位于台湾苗栗县通霄镇南和里，牧场从刚开始最单一放牧养牛、出产牛奶的"中部青年酪农村"，到综合度假村，已经运营了41年。飞牛牧场以"蝴蝶＋牛"为主题，围绕"生活、生产、生态"三个核心点为游客提供全方位的休闲生活服务。

1. 基本情况

园区概况。飞牛牧场位于台湾苗栗县通霄镇南和里，总占地面积45公顷，属丘陵地形，海拔高度为120～300米，地形富于变化，包括了牧草种植、乳牛养殖及约50亩的营业面积。

农场从1995年开始正式转型，牧场的发展大致经历了4个阶段，从最初的酪农业开始，转型经历了休闲农业，又逐步过渡到绿色休闲服务事业和创意生活产业，直至现在牧场正进一步完善的创意生活产业，飞牛牧场是台湾第一家得到台湾当局认证的综合型休闲农场，其后获得了第二届台湾环境教育奖特优奖。

园区主题，"飞"是生态，"牛"是生产，两者结合，就是生活。飞牛牧场以"蝴蝶＋牛"为主题，围绕"生活、生产、生态"三个核心点为游客提供全方位的休闲生活服务。飞牛牧场分为农业经营体验区、休闲活动区、农业景观及自然生态三个区。其中，农业经营体验区分为牧野风情

区、飞牛广场——大草坪亲子活动区，休闲活动区分为游客服务中心区、农民研习训练区、有机蔬菜展示区，农业景观及自然生态区则分为蝴蝶中心、休闲农场研究发展及计划保留区。

一是农业经营体验区。牧野风情区是专供奶牛牧放，并且设置了马舍及储料舍，用实木围篱，在边缘步道设置了喂食平台为游客提供触摸机会，而飞牛广场——大草坪亲子活动区则是一片草地、是牧场视野最开阔处，此处是为游客提供放风筝及举办各种户外活动的场所。

二是休闲活动区。客服中心区面积约4亩，此处提供园区管理、停车用餐、教育解说及其他服务功能设施。该区集中了牧场中主要建筑，为配合牧场自然风光，其设施以自然材料为主，修葺了集中式住宿系统，同时提供乡土性餐饮、会议室等服务；有机蔬菜展示区则主要是展示有机蔬菜种植生产过程，农民研习训练区则是提供蝴蝶养殖中药药草繁殖等农业发展研习实地训练学习的场地。

三是农业景观及自然生态区。有乳牛、蝴蝶、绵羊、兔子、黑山羊、水生植物等划分区域，其中，蝴蝶生态区，成立于1993年，占地面积约825平方米，目前约有10多种、150~200只蝴蝶，让游客了解蝴蝶从卵、幼虫、蛹到成虫的完整生活，包括温室及网室蝴蝶生态展示园、自然教室、网室繁殖场、标本馆、幼虫培养室、诱蝶植物园、森林观赏步道、赏鸟设施等；休闲农场研究发展及计划保留区则是保留的发展空间。

　　2. **园区特色**　　飞牛牧场作为一座主题童话亲子农场，以畜牧养殖为本业，乳制品生产及营销为辅，将牛奶、奶牛、蝴蝶、有机蔬菜、中草药等农产品通过生产、生活、生态的界面转换成特色畜牧型休闲活动，针对家庭亲子人群，提供科普、教育、休闲体验。

　　一是开发特色的农场饮食。牛奶小火锅、气球布丁：飞牛牧场自主研发的用牛奶为配料煲的火锅汤及放置在气球里的布丁，吃的时候用牙签一扎就破，浇上附赠的焦糖就可以品尝了。

　　二是自产蔬菜。飞牛牧场的蔬菜都是牧场自产的，利用牛的排泄物来改善土壤的条件，提供蔬菜养分，保证了无农药；设计套装行程：主要针对学校户外教学，飞牛牧场设计活动内容；可以体验牛奶冰激凌制作、奶酪饼干制作。

　　三是打造别致的建筑设计。飞牛牧场的宿舍是用牛棚改建的，成为牧场的一大亮点，共分两大类：牧场原憩和牧场原墅，还有小 Q 教室，是飞牛牧场专门用来给孩子们做手工的地方。

四是销售别具牧场特色的衍生产品。牧场制作销售自身品牌的奶产品，对外销售，同时将成熟的有机蔬菜作为绿色食品对外销售，还在蝴蝶、中草药的养殖科研基地制作销售以奶牛或蝴蝶为主题的生活用品、纪念画册、装饰品等商品。

五是设计趣味化的农场体验活动。给孩子们提供饲料，可以亲近喂养牧场小动物。

草料采购点，飞牛牧场在园区里随处设置了这样的小箱子，专为诚实有素养的游客提供方便，购买饲料的地方，体验经济就是这样的。飞牛牧场养殖的奶牛等畜牧动物居多，可以让孩子们体验挤牛奶等活动。

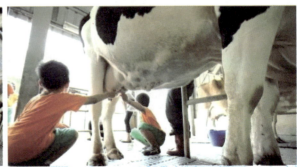

　　飞牛牧场设计了很多DIY创意手工体验，内容丰富，如冰激凌摇摇乐、摇滚瓶中信、牛奶鸡蛋糕等。尤其是彩绘肥牛，是牧场设计的一项游戏体验，让孩子在奶牛身上绘画。

　　游客可以制作个人创意的奶酪产品，可参与泥塑奶牛彩绘飞牛或以飞牛为主题的创意绘画等活动，可参与有机蔬菜的种植、浇水、除草等活动，在蝴蝶、中草药的养殖科研基地进行科普学习；游客还可参与牧场举办的一些以牧场农产品为主题的比赛活动，奖品为牧场特有的农产品、纪念品或免费的其他体验活动等。

　　在飞牛广场——大草坪亲子活动区，可参与放风筝、草地足球、滑草和其他游戏活动，在牧放奶牛的牧野风情区周边设置茶室，游客能欣赏到放牧区的农业风光，可以将奶牛的粪便制作成沼气或有机复合肥料。

　　3. 经营情况　飞牛牧场的收入来源主要有几方面：门票收入，大约

占总收入的 70％；餐饮住宿；牛乳、乳制品及系列衍生品；活动及其他。

（1）飞牛牧场通过创意将奶牛产业进行包装。延伸出牛乳制品的制作过程——DIY 互动，还设计了牛妈妈教学解说、喂牛、牛奶冰激凌制作、彩绘肥牛等能够让游客观看农业生产过程或亲自操作的体验项目，这增加了牧场作为教学基地的实用性。

（2）教育机构与牧场合作的方式。修学旅行，由旅行社去学校推广，牧场为这类团队提供解说和活动组织方面的服务。另一种是牧场成为学校的长期户外教学基地。这时，学校要购买牧场设计的户外教学课程，学生在户外教学结束后也要以答卷、作业等形式完成相关考核。

（3）门票价格。全票 220 元/人；团体票：200 元/人；学生票：180元/人；幼儿票：150 元/人；优惠票：110 元/人（单位：新台币）。

（4）会议室租用价格。

会议室各时间段租用价格

时间段	金额（新台币）
上午（08:00～12:00）	8 000 元
下午（13:00～17:00）	8 000 元
晚上（18:00～22:00）	10 000 元
全天（08:00～22:00）	22 000 元

（每时间段按 4 小时计，如有过时，每 30 分钟收费 1 000 元。）

（5）DIY 活动。

DIY 活动价格

单位：新台币

动手做 DIY	团体专用费用（元/人）	散客专用人数/费用	时长
冰激凌摇摇乐	80	半组（2 人份）180 全组（5 人份）400	40 分钟
摇滚瓶中信	100	每瓶 100	40 分钟
制作饼干	120	半组（4 人份）490 全组（8 人份）960	60 分钟
牛奶鸡蛋糕	120	半组（3 人份）380 全组（5 人份）600	60 分钟
彩绘肥牛	150	每头 150	60 分钟

乐活优惠票 200（元/人）（新台币）；

需 2 人以上 A 券：彩绘肥牛＋摇滚瓶中信；

B 券：彩绘肥牛＋冰激凌摇摇乐超值优惠票 250（元/人）（新台币）；

需 2 人以上 A 券：冰激凌摇摇乐＋摇滚瓶中信＋制作饼干；

B 券：冰激凌摇摇乐＋摇滚瓶中信＋牛奶鸡蛋糕。

（6）住宿。以牧场原墅为例，豪华典雅套房：4 200 元/（间·夜）；顶级精致套房：5 200 元/（间·夜）；尊荣丽景套房：5 800 元/（间·夜）；雅致阖家套房：6 200 元/（间·夜）（单位：新台币）。

【牧场原墅】住宿区

单位：新台币

豪华典雅套房
2 人房　约 26 平方米　1 大床　共 1 间
4 200 元/（间·夜）

顶极精致套房
4 人房　约 26 平方米　2 大床　共 10 间
5 200 元/（间·夜）

（续）

	尊荣丽景套房 4人房　约33平方米　2大床　共1间 5 800元/(间·夜)
	雅致合家套房 5人房　约40平方米　2大1小床　共3间 6 200元/(间·夜)

4. 案例点评　飞牛牧场作为台湾最为知名的园区之一，对农业园区借鉴意义较大。首先，它名称简单，主题很鲜明；其次，其主题在园区各个角落都有支撑点，它的景观小品、形象设计、衍生品等都有可爱的飞牛的影子；最后，它的收益点非常丰富。在台湾飞牛牧场，里面的消费项目和产品很丰富，能够保证园区收益最大化。对于任何园区都要考虑三点：客户人数、消费金额、消费频率。

飞牛牧场形象、园区体验、文化做得突出，自然吸引更多客户来，包括大陆去台湾旅游游学的团体都会把飞牛牧场作为必去之地，这样客户人数自然多，同时消费频率也能够随着特色体验而提升。

但并不是飞牛牧场的模式或项目可以照抄照搬。大陆很多地方的生态环境、市场环境和台湾的差异还是蛮大的。三四线城市的休闲农业园区的庄主，想要打造一个类似项目，想要做得很纯粹，全部做成牛主题的风格，所有的项目都要有牛的身影，其实，这也是陷入一个误区。主题的植入只要有一些特色吸引点即可，尤其在四线城市，消费人群的水平或需求还不能支撑这种项目。

七、MOKUMOKU农场——一二三产业融合的成功典范

MOKUMOKU位于日本的三重县伊贺市青山镇，围绕猪主题，将产业、加工、产品开发、自然文化教育、观光体验等服务内容很好的串联起来，打通线上线下销售渠道，实现一二三产业高效的融合。

1. 基本情况

（1）园区概况。MOKUMOKU农场位于日本三重县伊贺市青山镇，农场总体占地面积1 500亩，核心区占地200亩。

（2）发展历程。农场至今已成立31年，早期是一家腊肠加工厂，面

临过巨大的生存考验，后改变思路转型成集观光休闲、体验加工、餐饮住宿、售卖、科普为一体的休闲农场。在当地引爆市场，深受欢迎。小镇因农场的带动，从只有 8 000 人的贫困村发展成了日本最富裕的乡村之一。

2. 园区特色 农场以"猪"为主题，融合自然、农业，集合生产、加工、观光体验、餐饮住宿、科普教育为一体，主要面向家庭、学校人群，至今接待已超过 80 万观光客。农场年产值 54 亿日元，平均留客时间 4～5 小时，年客流量 150 万人次。主要通过加工产品、体验活动、餐饮住宿获得收益。农场产品开发有近 500 种，设立自己的加工馆，研发不同的产品，同时也将本地的产品引入，通过组合、再加工、统一包装推向市场。此外，设计丰富多样的活动，将产品与活动融合，带来更多的收益。

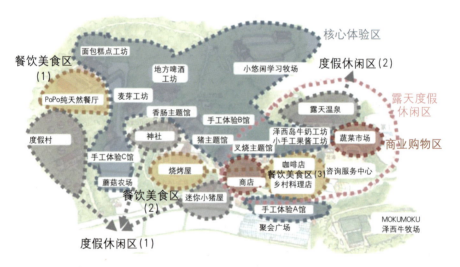

（1）**面积虽小，布局紧凑，项目丰富。** 农场共分为 4 个板块，分别为商业购物区（蔬菜市场、商店），核心体验区（小悠闲学习牧场、手工体验 A＼B＼C 馆、地方啤酒工坊、麦芽工坊、面包糕点工坊、香肠主题馆、猪主题馆、蘑菇农场、泽西岛牛奶工坊、小手工果酱工坊、叉烧主题馆），餐饮美食区（PoPo 纯天然餐厅、烧烤屋、咖啡店、乡村料理店），露天度假休闲区（温泉、度假村、迷你小猪屋、神社）。

（2）**整合当地农产品加工厂，打造成为园区产品提供、教学体验的工作室。** 一是火腿-优胜者研讨会。火腿工作室在 1988 年设立，针对火腿的口味和味道进行工艺加工，制作出 21 个系列产品。

　　二是当地啤酒工作室。工作室成立于 1995 年，主要制造"金皮尔斯纳"麦芽啤酒，强调"麦芽，啤酒花和酵母"组合改变啤酒味道与口感。

　　三是大豆豆腐工作室。工作室使用传统品种"Shibata 大豆"制作浓稠的豆浆。

四是泽西牛奶、小手工果酱工作室。工作室主要制作牛奶与冰激凌。

五是面包工作室。工作室选用三重县当地的小麦，制作农场的优质面包。

六是日本糖果车间。糖果车间选用农场自产的食材，由日本糕点制作商"Yama - chan"精心制作的日式糖果，表现出当地的季节性。

七是西式糖果车间。糖果车间主要在不使用膨胀剂的前提下制作雪纺蛋糕。

八是体验学习课程。学习课程主要有手工制作体验课、小悠闲地学习牧场、蘑菇种植园。

（3）开办农学舍，定期举办 Totonto 节。农学舍也叫 MOKUMOKU 手工工场，主要围绕"农业生活"为游客提供学习与体验的内容，农场会制定"农场建设活动日历"，针对不同的体验游客细分成农场建设员、自然俱乐部会员、综合三类，大家可以在这里居住、体验各项农活、学习农业相关的知识。

农学舍内设有会所，供参与农事体验的会员在这里放松休闲、组织聚会、用餐和办公、沐浴。

　　MOKUMOKU 节庆活动丰富。根据不同季节农场发起的节庆活动，如"春天的两件大事"为主题，组织啤酒与香肠的派对活动。

　　其中 Totonto 节被称为日本最大的"猪节"，节庆上主要有以猪为主题的多样化活动，如香肠手工体验、美食品尝、迷你猪艺术表演、小猪赛跑等。

　　3. 经营情况　　农场的经营收入主要通过产业、加工品、活动、餐饮
住宿、体验项目等内容获得，如种植的大米、蔬菜、果树、香菇等；加工
品类的牛奶、冰激凌、火腿和香肠，当地啤酒、豆腐、面包，西式糖果和
日本糖果等；手工体验、温泉、直营餐厅、教育等；在国庆期间6万名游
客接待量，其中接近一半是中国人，自己的固定会员有5万人，年接待量

约 50 万人，年营业额约 3 亿元人民币。

4. **案例点评**　MOKUMOKU 农场是日本地区发展"第六产业"的一个成功典范，在农场的发展方式上有一定的借鉴性：

（1）*转变思路，提升工厂的观赏性和科普性。*将工序、工艺设计成体验项目，配合体验项目，工厂内的产品都可作为商品组合出售。

（2）*围绕主题进行项目延展，设计动物表演、观赏、饲养等体验。*如，农场的小猪表演、小猪饲养，让游客与动物充分的接触，加深体验感；手工体验内容与农场产业、加工产品密切关联，让体验项目有内容载体，实现有效的表现，杜绝单纯的体验项目，或者与主题无关的项目。

（3）*开发完整的科普教育系统。*将周一至周末的学习活动设计出来，针对不同的客群提供不同的知识内容，将知识趣味化、体验化；建立会员机制，为会员提供产品项目组合，增加会员特有权限的活动。

（4）*建立农场与城市的链接端口，开设直营店，将农场的产品和服务转变为刚需项目。*做出固定的流量，同时城市直营店可作为农场的宣传触角，形成宣传网络。

（5）*构建农场的精神理念。*如环保、健康，传递一种生活观念与态度，MOKUMOKU 农场在提供农场基本服务的同时，也设置了保护环境爱护地球的公益性环节，如对住宿用户的省电行为进行竞赛制的排名，比谁更省电；如果不使用房间内的一次性牙刷，就可以节约 10 元进行公益捐献；设立哺乳室，体现了人性化的一面；设置餐具自助回收分类，梳理垃圾分类处理的思想理念。

八、富良野自然塾——将自然教育融入生活的园区

富良野自然塾位于日本北海道富良野市，是日本著名作家仓本聪于 2006 年创办，针对当地自然环境，开设丰富的课程，培养人才，园区通过创意将教育融入生活，打造独特的场景，成为当地最受欢迎的自然学校之一。

1. **基本情况**

（1）*园区概况。*富良野自然塾位于日本北海道富良野市，前身是一个声援将高尔夫球场土地归还给大自然的公益组织，现在作为 NPO 组织，举办各类保护地球的活动。

自然塾的创办一方面是为了修复当地自然生态，另一方面是让人们在课程中了解到自然的重要性，唤起人们对地球的保护。仓本聪一直关注人们因发展文明而带给地球的破坏，呼吁人们保护地球环境，他经常访问福

岛，在当地创立了"富良野自然风筝"来传播环境教育。

（2）经营情况。仓本聪是一位作家，所以首先面向的人群是演员，他在塾里建立了演剧工场，培养演员学习舞蹈、表演，为脚本注入新血液，提供免费入学。学生一般会在塾里学习并居住两年，在这期间根据不同的季节在当地做一些农务，所得报酬就作为塾里的生活费用，塾里也会组织定期的公开话剧表演，遵循自然塾爱护地球的理念，每年也会选一天断电停水，让学生感受"原始之日"的状态。

在1～10月，自然塾会对外部开放，接待中小学生，孩子们可以在自然塾里学习自然、生态、环保的知识，参与自然修复的体验。

2. 园区特色

富良野自然塾在自然教育上有很强的课程开发能力，根据当地的环境资源设置了不同的课程内容，服务人群也不仅限于儿童，针对创办人的行业背景也开设了相关的延展内容，虽然是公益性的项目，但在很多方面有极强的借鉴性。

（1）立足自然环保，推出一系列着重在"自然、地形、环境"三个维度进行的科普项目。

富良野自然塾以"地球是我们从子孙手里借来的"为理念，结合周边环境、自然资源围绕人的五种感官设计教育活动，在体验过程中引发人们的思考和意识。富良野自然塾的项目如下。

一是绿之教室。在特定的自然环境中，进行趣味化的讲座，分享氧气与树叶、水源与森林之间重要关系的知识，如挑战每个人都可以屏住呼吸的时间，通过这种简单的体验让人们了解氧气对生命的重要性。

二是石之地球。使用直径只有1米的石模板创建微缩立体地球，描述了地球表面的海洋和陆地、绿色的比例、消失的热带雨林的现状等。通过横断面来解释地幔等内部结构，当地球长达1米时，还有一个关于月亮和太阳的大小和距离的测验，从宇宙的角度解释地球的存在。

三是地球之道。在一条460米的路径上，每10米代表1亿年，总体用来解释自地球诞生以来46亿年的历史。

　　四是裸足之道。一条用多种材质铺设的道路，如草地，砾石，沙子，原木，落叶，土壤，需要游客蒙着眼睛赤脚走在上面，让人们体验五种感官的自然环境。

　　五是富良野自然针灸。在仓本聪带领下进行的"自然复归计划"，将原高尔夫球场遗址归还原始森林和使用其田地的"环境教育项目"。至今已有大约 40 000 人从学校游览团体到个人和外国客户种植了超过 6 万棵树。

（2）面向不同对象，设计不同形式的体验课程。

一是企业培训。针对企业团体游客设计的2～3天的培训计划，结合自然塾内设置的各项与地球演变发展的场景项目，带领企业游客进行沟通技巧、表达力量、团队建设、造林体验、农业经验、森林漫步等活动。

二是学校旅行。针对能源、食品安全问题，通过漂流和香肠制作的组合，结合富良野演员的"表达交流计划"设计的学习之旅。

三是环境讲座/职业讲座。在富良野地区的大型场所，提供环境讲座和职业讲座。

四是联合教科书出版。针对小学、初中、高中生发行了一本原创教科书供体验富良野自然针灸计划和旭山动物园之旅使用。

五是与动物园进行商业合作。2016年秋天，富良野自然塾与旭山动物园针对环境教育达成合作，振兴教育和旅游服务。

3. **经营情况**　目前，富良野自然塾属于非营利性机构，主要目的在于呼吁环保，爱护地球的公益事业。在对外开放期间，只收取少部分的活动体验费用，活动人数规模在2～100人，单次活动体验时间维持在2小时内。

活动费用含：初中及以上学生（约人民币185元），小学生（约人民币120元）。

4. **案例点评**　富良野自然塾是NPO组织，非营利性公益性机构，日常的运营仅为了维持正常的运营，但是富良野自然塾的课程体系及活动的开发能力值得我们借鉴学习。

富良野自然塾将知识用很生动的形态表现，每一项科普内容不仅停留在表面的观看，而是注重带入式的体验，将科普做得生动有趣，引起游客的共鸣。此外，自然塾也善于利用自身的自然环境资源，围绕核心理念，打造生动的场景形态，设计多样性的活动，灵活利用地形、植物、周边环境元素与活动相结合，做到了有效的启发。

日本的自然教育有一个共同的特性，就是强调在地体验和感性教育，不以灌输的方式传递思想，而是通过鼓励引导，用实践达到教育目的，课程的开发也根据不同年龄段的学生设计递进式的学习内容，这一点对于国内农场发展亲子教育很有借鉴价值。

九、Rory Meyers Children's Adventure Garden——儿童探险公园

Rory Meyers Children's Adventure Garden 儿童探险公园是世界上最精致的儿童互动花园。这座没有围墙的博物馆设有17个室内和室外学习

室，每个学习室都专注于生命、地球和环境科学问题的特定主题，整个花园有超过 150 个互动展览。

1. 基本情况

（1）园区概况。儿童探险公园位于美国得克萨斯州达拉斯植物园内，成立于 2013 年 9 月 21 日，占地面积约 32 375 平方米，由 Dallas Arboretum 投资运营。它的设计者首先是通过审查国家科学标准，并为每个年龄阶段的人挑选最合适的教学内容，然后再开发教育游戏，研究孩子们喜欢参与的活动类型，最后考虑到项目有教育目的地的特殊性，设计团队以 6 300 万美元的建设预算将 48.5 亩左右的竹林变成世界级的互动学习中心。

从项目本身来讲，Rory Meyers Children's Adventure Garden 也是一个环保的示范点。花园内做到了可持续特性，包括可回收材料，减少热量的种植屋顶，低流量管道，太阳能电池板以及用于回收灌溉的雨水收集池，两个水池提供约 18.9 万升水的存储量，一旦水箱达到满容量，雨水径流将排入白石湖。

（2）功能布局。主要分 8 个板块，分别为入口广场（Enter Plaza）、可食花园（The Incredible Edible Garden）、动物冒险乐园（First Adventure）、植物科学园（Plants Are Alive）、探索中心（Exploration Center）、地球周期观察（Earth Cycles）、清洁能源展示（Pure Energy）、天然湿地（Texa Native Wetlands）。

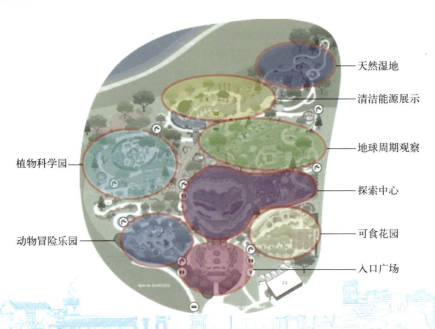

2. **园区特色**　达拉斯城市非常都市化，很多生活在城市的孩子脱离自然，没有兴趣参与户外活动，而 Rory Meyers Children's Adventure Garden 区别于常规户外活动，主要是将儿童与自然联系起来，培养小朋友的兴趣。公园内以多种合理有趣的方式引导小朋友学习了解自然、地理、科学各方面的知识，对小朋友的兴趣培养和成长有积极的促进作用。

（1）*入口广场（Enter Plaza）*。入口广场可容纳 200 余人，园区大门朴素简单，以铁艺为主，提取树叶和蝴蝶等元素来装饰，顶部以一个飘带形式铁艺贯穿，采用对称的形式与公园招牌巧妙结合。园内有一个定时喷泉和大尺寸水景瀑布，瀑布可以在水落下时近距离观察水面。

（2）*动物冒险乐园（First Adventure）*。动物冒险乐园是儿童嬉戏天地，里面设置了许多昆虫和小动物的模型，让孩子们在大自然中玩耍并学习。包含一个毛虫迷宫、一个沙箱、一个盆栽棚、一个树屋、一条潺潺的小溪、一条巨大的昆虫和一些蘑菇座位和桌子等。

（3）可食花园（The Incredible Edible Garden）。可食花园是可食用的蔬菜、谷物的互动展示区，特别为了让城市儿童了解食物来自植物，同时了解它们的营养价值和经济价值。

（4）植物科学园（Plants Are Alive）。植物科学园约 2 400 平方米的户外活动空间是为从幼儿园到二年级的小朋友设置的，重点是让孩子们了解植物的内部结构和不同的组成部分，帮助他们理解植物是如何存活和生长的。如一个约 4.87 米的花盆，设计者将花盆从一侧切开，露出根和植物的内部结构，孩子们按一下按钮，就可以从 LED 灯的轨迹看到降水和营养物质从根到茎、向上延伸到叶子的过程，近距离的观察和了解植物的各个部分是如何一起工作的。

（5）绿洲（The Oasis）。绿洲是一个屋顶花园，每个季节都有不同景色，会不定时根据不同的主题活动来布置场景。同时，位于园区正中心是一个极好的制高点，可以俯瞰整个园区，美景尽收眼底。

屋顶花园的下方是一个室内活动室，采用创新的展览和互动技术，让孩子们参与到生命和地球科学探索的各个方面。功能包括用于实验的植物实验室，智能桌，要解决的 CSI 谜题，土壤实验室和 Omni‐Globe 展示等。

（6）万花筒。万花筒位于一个园艺美丽的地区，专注于展示自然界中的图案、形状和结构，并融合了科学、数学、艺术和建筑的概念，孩子们可以学习曲面细分、对称性和斐波纳契数列。

（7）空中步道（The Skywalk）。空中步道是一条约 73 米长的高架步道，蜿蜒穿过儿童花园中心的树冠，为游客提供独特的视角，欣赏树顶到地面的景观。

（8）地球周期观察（Earth Cycle）。在这个活动中，孩子们积极探索洞穴，岩石、化石奥秘和学习水循环、气象站、太阳系原理。同时，有许多互动展品教授风化、侵蚀、分解、水循环模式以及太阳、月亮和地球的相互作用。

（9）清洁能源展示（Pure Energy）。清洁能源展示主要让孩子们研究如何从自然中获得清洁能源。比如如何把风能、太阳能、水的重力势能转化为能源，并为人类所用；并教授能量塔、射击水枪和太阳爆破器的理论概念。

（10）秘密花园（The Amazing Secret Garden）。秘密花园实际是一个迷宫，孩子们在寻找出口的过程中将获得各种奖励，可移动的面板使得迷宫根据年龄段设置不同的难度，并且在转角处的问题角有助于孩子更快找到目标。

（11）荒野湿地（The Wild Wetlands Walk）。荒野湿地是整个园区最大的户外项目，约 2 880 平方米，巨大的占地面积得以让孩子们沉浸在一个完全不同的生态环境中。这里有木质铺装地面以及草地，孩子们可以在这里观察植物和动物的生活环境，从而了解生态系统的规律及价值。

荒野和湿地有两座木桥连接，孩子们可以在池塘里挖洞，观察大自然中的水是什么样子，知晓哪里能找到鱼、虫子和青蛙。年龄稍大的孩子可以使用电子探针进行水的研究和水质检测，教学站有一个示范表和 60 个平板显示屏，让所有人都能清楚地看到演示情况。

3. 经营情况　达拉斯植物园收入在 2015 年达到了 9 220 万美元，在 2016 年达到了 1.05 亿美元，2018 年，花园吸引了 979 219 名游客，DABS 拥有超过 39 000 名会员。达拉斯植物园的 Rory Meyers 儿童探险花园是园区最大的亮点，作出了突出贡献。

儿童探险公园的主要盈利来源为门票收入。

儿童探险公园收费标准

类别	收费标准
个人门票	成人 15 美元，3～12 岁儿童 10 美元，3 岁以下儿童免费
团体门票（2～10 人）	成人 13 美元，年龄在 65 岁及以上的老年人 10 美元，2～12 岁儿童 9 美元
团体门票（≥10 人）	成人 6.50 美元，年龄在 65 岁及以上的老年人 5 美元，2～12 岁儿童 5 美元

4. **案例点评**　儿童探险公园致力于不断将儿童与自然联系起来，使教育成为其关注的焦点。这个公园俯瞰风景优美的白石湖，是一个经过认证的野生动物栖息地和帝王中途站。园内项目是完全互动和多感官的，可以吸引孩子们的注意力，提高运动技能，促进学习。如园内植物科学园和地球周期展览放大了自然，让孩子们大规模地看到小生物，可以查看小蚂蚁模型、探索化石奥秘等，同时，小昆虫巨型的立体模型复制品定期在公园各处摆放，以增强学习体验，让孩子们像动物一样与大自然互动。

园内每周会定期举行活动，从《变形星期一》开始到《奇迹周末》结束，每一天都会让游客充满新奇的体验。

儿童探险公园通过一个自然农场的方式引导孩子们在愉快轻松的环境下学习科学知识，以设计的活动室引导孩子们主动学习和实践，了解自然、亲近自然。如何让知识转化成让儿童乐于主动接受的形式，真正达到寓教于乐的目的，将是我国文旅项目开发者思考的方向。

儿童探险公园巨额投资打造成以硬件设施为核心的主题乐园，但是再好的硬件也有保鲜期，其硬件升级成本比新建还要高，未来可以多在活动及项目体验上做特色文章，不同季节针对不同人做不同的活动内容。

十、心　得

亲子科普类农庄是近几年伴随着自然教育的兴起而出现的新的农庄类型。"自然缺失症"引发人们对于教育方式的思考，而农庄或乡村，由于其丰富的作物资源和生态系统，是开展自然教育的天然场所。因而，农业与科普的融合成为一种必然。目前来看，休闲农业越来越不能忽视亲子家庭这一重要的细分群体，亲子项目几乎已成为休闲农庄的标配。

亲子科普类休闲农业该如何打造？本节的案例各有其特色，但又有共同之处。这些案例告诉我们，做好亲子科普，需要把握以下几点。

一是寓教于乐的活动。爱玩是孩子的天性，我们在打造亲子体验项目的时候，一定要重视这一点。首先让孩子们玩起来、玩得开心，而不能简单地停留在干瘪的文字图片展示、单纯的物件摆放、空洞的说教示范等层面。在玩的过程中，让孩子们学习到知识。无论是田妈妈魔法森林的蘑菇文化体验、森林角色体验，还是郑州森林课堂的森林之家、森林迷宫，以及 Hi 世界农乐园的儿童乐园，飞牛牧场的牧场体验等，都是牢牢抓住了这一点。

二是无动力设施的利用。无动力设施比较符合自然教育的理念，也是性价比较高的亲子项目载体，在国内外亲子科普类休闲农业中得到了广泛应用。上述四个案例普遍用到了无动力设施，尤其是田妈妈魔法森林、郑州森林课堂、Hi 世界农乐园开辟了专门的无动力设施拓展专区，成为孩子们玩耍、体验的天堂。

三是课程体系的研发。作为亲子科普类的农庄，娱乐设施必不可少，但最为核心的还是课程体系的研发。构建一套符合自身条件的独特的自然教育课程体系，是亲子科普类农庄经营者必须攻克的一道难关。像田妈妈魔法森林的中草药香囊、威风鼓、昆虫旅馆、植物化石等，以亲手制作体验的方式，形成了独特的课程体系。郑州森林课堂的手工体验、移栽体验、播种体验等，都是在专业老师的指导下完成。

第二节　产业主导类

中国是一个农业大国，农业自古以来是国民经济命脉，随着社会经济高速发展，人们对生活的品质不断提高，农业面临着重要转型。中央大力推动供给侧结构性改革，让农业走向一二三产业融合的新形态，承载着打造美好生活的光荣使命，农业不再是单纯的解决温饱，还集合了休闲、健康、教育的多重功能。但农业走向休闲，首先要做精产业，产业是整个休闲农业的核心支柱，对带动农村经济发展、解决农民就业和收益有重要意义，是国家发展全局的重大要求。

近年来，休闲农业的市场规模不断扩大，产业类型愈加丰富，以产业为主导，"农业＋旅游"的形式带动农副产品加工、餐饮、休闲等业态发展，突出地域特色，有效地带动了区域经济效益。但在发展过程中仍有后力不足的问题，主要体现在产业品质参差不齐，深加工和研发能力严重不足，文化属性挖掘不够。本节列举出目前业内 11 个经营成果卓越的案例，每个案例均依托核心产业，遵循当地特色文化，跨界融合多种业态，延长产业链条，以不同的经营模式带动整个农场发展，形成独有的核心竞争力，甚至成为区域标杆，对以发展产业为主导的休闲农业具有极高的借鉴意义。

一、番茄联合国——番茄主题农庄

番茄联合国，汇集全世界的番茄品种达到 160 多种，21 种以上颜色，成为名副其实的"番茄联合国"，是一个集高效设施种植、观光采摘、科普教育、餐饮住宿、蔬菜配送、亲子农耕、宠物互动、康体健身、儿童拓展、文化娱乐等为一体的综合配套型现代都市休闲农业园。

1. 基本情况

（1）园区概况。番茄联合国位于北京市通州区台湖镇北京国际图书城西侧，创建于 2006 年，园区占地面积为 3 000 余亩，以番茄为主题，不仅种植各类番茄，也种植各种有机蔬菜瓜果，由于这里的番茄品种来自世界各地，因此被命名为金福艺农"番茄联合国"。

（2）发展历程。在 13 年的发展历程中，2008 年建成了全国首家数字化农业示范园。2011 年被评为全国设施蔬菜标准园。2014 年通过了全国休闲农业与乡村旅游五星级单位评定验收。

2. **园区特色** 番茄联合国主题鲜明独特，具有多项特色的体验项目与特色活动，打破了传统农业园的运营模式，巧妙地把"番茄"元素艺术化表达。

（1）番茄采摘园。园区内采用番茄与瓜果轮作的种植方式，在农业科研工作者的精心培育下，生产出"五彩番茄""牛奶草莓""水果黄瓜"等主打产品，番茄种植在冬季时采用日光温室，其他季节采用日光温室与春秋棚相结合的方式，保证一年四季均可供游人体验采摘乐趣。游客还可以根据自己的需求认购一小块菜地，打造自我专属的现实版"QQ菜园"。

(2) 番茄生态餐厅。生态餐厅内有一座以番茄为造型的番茄生态餐厅，整体根据金、木、水、火、土的特性建设而成。以番茄为原材料的菜品营养且丰富，有五彩有机番茄、番茄牛仔骨、番茄牛腩锅、番茄甜甜蜜蜜、五彩番茄糖葫芦、番茄水果沙拉等，刺激游客的味觉体验。但 2019 年大棚房整治期间被拆除。

(3) 番茄俱乐部。番茄俱乐部设有室内游泳馆、网球场、台球厅、乒乓球厅、健身房、羽毛球场、篮球场等。

（4）番茄学院。番茄学院成立于 2015 年 4 月，是一个综合性的教育平台，把实践教育作为发展方向，拥有丰富的教育基地资源，如综合性农业科普示范园区、艺术家工作室、创意农场、金福渔汇主题园、直升机博物馆、有百种瓜的"呱呱园"、十万平方米的青花汇、金福艺农特色农庄等。番茄学院内设有番茄图书馆、番茄咖啡馆，为游客提供学习休闲的场所。

（5）番茄客栈。番茄客栈农韵古朴的休闲农庄小院与新颖别致的园林小景，集众多品味生活元素于一体，是游客享受田园生活的理想住宿地。

（6）匠人坊。金福艺农聚集多位艺术家与创意工作者，包括关东海、王耀、李小可等艺术家，设立藏息堂、艺术创作区、国画艺术创作室、服装设计工作室、纤维创作艺术工作室等组成匠人坊，让艺术家们创造出更多的农艺结合的衍生品，让更多人领会到中国传统的工匠精神。

（7）农业物联网程控中心。在专业领域内，番茄联合国是"智慧农场"的示范基地。对观光园温室安装的视频监测系统和温室数据自动采集系统全程监控，有助于提取信息，帮助工作人员整理和分析所采集的温度、光照、湿度等数据，应用于温室的日常管理。另有虚拟数字农业科普系统，利用三维技术、动态建模技术，以形象生动的计算机操作界面，将不同作物的生长过程以三维动画的形式模拟演示出来。游客不仅可以亲自参与其中，享受到温室种植、指尖管理的乐趣，还可以感受到高科技给京郊农业带来的舒适和便捷。

（8）特色活动。北京番茄联合国在每年4月底都要举办番茄文化艺术节，已经连续举办5届，这也是目前北京市唯一一个以蔬菜命名的文化节。文化节立足于番茄主题，将番茄文化延伸，创新多种新奇有趣的活动游戏，如保卫番茄大战、番茄趣味闯关、番茄泡泡水球大战等，不仅可以让游客参与其中，也大幅度地提升了番茄联合国名气。

此外，园区还不定期的举办各种文化节庆活动，如每年3月举办的"喜闹春耕，祈愿丰年"开耕节、"爱在番茄乐在中秋"等，增强与游客的互动体验。

3. 经营情况 园区不仅从世界各地引进了"黑珍珠""绿宝石""千禧""维纳斯""红香蕉"等上百种口味不一、颜色各异的番茄品种进行集中种植，还种植各类水果蔬菜。现在年产各种水果蔬菜 100 多万千克，年销售额达 7 500 万元，年总利润达 3 000 万元。同时，特色餐饮服务与住宿体验，也成为园区的主要收入来源之一，通过举办各种活动吸引人气，促进一产与三产融合发展。

番茄联合国的盈利来源，主要是住宿和番茄产品的销售。

番茄联合国盈利项目

名称	类别	价格
住宿	普通标间	380 元/(间·夜)
	生态标间	580 元/(间·夜)
番茄产品	"黑珍珠"番茄	160 元/千克
	其余品种	70 元/千克

4. 案例点评　北京番茄联合国很早就开始布局智慧农业、数字农业领域，科技手段的提升使全世界多种番茄汇集在此种植，成为休闲农业领域"科技＋农业"的典范，也提供给我们以下几个方面的借鉴经验。

(1)"番茄联合国"的主题定位明确。借力智慧科技打造智慧农业，深挖番茄主题，做精了产业，也节省了大量的人工成本。种植全世界各色各样的番茄品种，成功引起了游客的兴趣，成为园区的一大特色。而且还在文化打造方面做了很多创新体验，让游客在品尝美味的同时还能感受不同的文化。

(2)将艺术深入融合园区，打造多种精致主题场景。番茄的文化融入各个角落，包括景观设计、生产过程、人文艺术、产品设计等方面，如番茄餐吧、番茄菜式菜品、番茄学院等，吸引了广大游客的眼球。

(3)举办多种体验活动聚集人气。活动是衡量一个园区能否吸引游客到此消费体验的重要因素，番茄联合国不定期的举办参与体验性强的节庆活动，如保卫番茄大战、番茄趣味闯关、番茄泡泡水球大战等，为园区带来了大量的游客，成功在竞争激烈的北京消费市场站稳了脚跟。

但番茄联合国仍有值得改进的地方，如番茄联合国盈利模式较为单一，收入主要来源于住宿、餐饮和番茄产品的销售，未来需要进一步拓宽消费渠道，延长产业链。

二、圣露庄园——京城最浪漫的酒庄

圣露庄园以葡萄种植及葡萄酒酿造为基础，拓展休闲体验，深挖文化内涵，以高端消费人群为潜在客群，打造私属高端葡萄酒庄。圣露庄园突破传统酒庄的打造手法，结合现代时尚元素设计，是新型酒庄的代表，同时也是北京都市休闲农业的典型代表。

1. 基本情况 圣露庄园位于北京朝阳区崔各庄乡都市型现代农业示范区内，紧邻首都机场和京承高速，是距离首都市区最近的葡萄酒庄园，也是一座典型的现代都市私属休闲葡萄酒庄园。总占地面积 540 亩，其中葡萄种植总量 220 亩，庄园首次独家培育中国科学院具有自主知识产权的酿酒葡萄品种"北枚""北红"，酿酒品质优良。

在葡萄种植、葡萄酒酿造的基础上，圣露庄园进一步开拓了观光娱乐、酒文化交流、艺术交流、会议会展、婚庆活动、美食和农事体验等系列服务内容，逐步建立起高端时尚的庄园休闲风格。

葡萄与红酒总是与浪漫有关，而圣露庄园恰恰就源于一个浪漫的想法。2000 年前后，圣露庄园创始人刘柔辰，起初因为父母心脏不好开始研究葡萄酒，随着了解的越深入，越为进口红酒在运输过程中损耗的口感和香气而惋惜，便萌发了在地生产，做一款属于自己的葡萄酒，让喜欢红酒的人喝到有着最蓬勃生命感觉葡萄酒的念头。

后来在加拿大考察中，一个玫瑰花园打动了她。女主人用 20 年的时间，请全世界很多知名的设计师和艺术家，用植物创作了很多艺术景观，打造出一个世界级美丽的花园，借此去弥补丈夫因采矿对环境造成的破坏。做一款自己的葡萄酒，还原一片花园，保持良好的生态，创造一个美好的环境供大家体验，成为刘柔辰打造圣露庄园的初心。

圣露庄园从 2008 年建园到现在，10 多年发展，不忘初心，坚持生态种植，成就了"北玫"和"北红"两款优质红酒，成就了庄园内绿茵流水，鸟叫虫鸣；坚持艺术构想，成就了让人惊叹连连的庄园审美，成就了顶级婚礼场地品牌，最终成为京城最浪漫的庄园。

未来圣露庄园会陆续增加更多体验内容，一方面，延伸葡萄的产业价值，增加深度体验项目，如葡萄 SPA；另一方面，加强亲子教育的产品开发，持续回馈会员最优质的生活方式内容。

2. 园区特色　正如创始人刘柔辰所谈及的"10 年的发展，圣露庄园完成了 60% 的使命，打好了基础，种上了葡萄，恢复了土壤"。庄园为了营造浪漫的环境，从最基础的庄园生态开始进行改造，向人们传递爱生态、爱环保的理念，进一步创造独具庄园浪漫气质的理想生活。

(1) 改善庄园生态环境。从 2008 年租地开始，最先做的是改良土壤，所有的种植通过生态防治虫害，完成这一步才种下 220 亩的葡萄和部分蔬菜。目前，庄园的土壤情况已经改良，重金属含量不超标，培育了本土品种"北玫""北红"，每年自产葡萄可酿造 700 瓶庄园葡萄酒，口感非常好。

另外，由于治理友善，很多小动物都在庄园出现，野兔、野鸡、野鸭、青蛙、蛇、各种鸟，土壤里边还有很多蚯蚓，在北京市区最近的地方，创造了一个环境优良的小生态。

(2) 创造庄园的浪漫生活。除去葡萄种植区的 200 多亩，其余的 300 亩空间用于构建真正的庄园生活。包括 1 个五角星中餐厅、1 个艺阁西餐厅、5 个穹顶宴会厅、20 个独栋小木屋，以及大面积草坪广场与人工湖等。

一是五角星中餐厅。五角星中餐厅占地面积 1 000 平方米，可同时容纳 500 人用餐。充满艺术感的设计使这里不仅成为婚庆活动的主场地，也承接了很多大型品牌发布会。

中餐厅有一个特别的设计，将品酒台与地下酒窖入口完美结合，定期举行品酒会成为圣露的核心社群活动。酒窖藏酒丰富，不仅常常作为特色小憩场地，也给很多来这里举办婚礼的客人提供了丰富的酒水选择。

　　二是艺阁西餐厅。艺阁西餐厅占地面积 800 平方米，可同时容纳 200 人同时用餐。餐厅整体白色加栗红色的木质建筑，清新雅致，让环境美学和食物美味都忠于浪漫。最亮眼的是艺阁红酒墙，用 550 瓶波尔多 AOC 红葡萄酒和波隆金古堡酒装饰出令人惊叹的效果，吸引多部影视剧前来取景。

　　三是独立木屋。作为住宿板块，圣露庄园打造了20栋独立木屋，简约舒适，每栋均配备足够宽敞的户外空间，让入住的客人享有真正庄园式度假生活体验。偌大的庄园20栋木屋的住宿体量是远远不够的，但这就是圣露的坚持，少量且精致是贵族庄园的首要品质，要守住这个品质，才能成就真正的圣露庄园。

　　四是草坪广场。草坪广场选用顶级羔羊毛草坪，四季采用纯手工养护，优质的草坪成为举办婚礼的绝佳场地。有节制的造景很好地平衡了活动需要和艺术效果，尤其是每块草坪都有一个核心——有故事的树，继续延续了圣露庄园一贯的浪漫。

　　中央草坪和招凤草坪都各有亮点。招凤草坪上种植着一批法国梧桐，景致怡人；中央草坪面积最大、形状也最规整，背靠湖景，湖中的音乐喷泉更是增色不少。草坪中央的海棠树是很多新人喜欢的拍摄背景，这棵海棠树还是刘辰柔特意从故乡辽宁移植而来的故土之木，有着特别的乡土情怀。

连接各大草坪的是玫瑰广场，在中央草坪上举行仪式，再坐着庄园提供的马车或南瓜车经由玫瑰大道回到宴会厅。

每一对来这里举办婚礼的新人，都会受赠一份圣露庄园非常有仪式感的喜礼：一棵专属新人的爱情葡萄藤。婚礼过后，新人可于闲暇时到庄园里采摘、培土，待一年后收成之时，庄园用这棵葡萄藤结成的葡萄酿成一瓶葡萄酒，再送给新人。优雅的格调，极致的服务，让圣露庄园很快成为京城高端婚礼庄园，最多的一次，一天排了 5 场婚礼。

五是家庭农场。庄园专门开辟 60 亩菜地，为庄园度假人群提供增值服务。度假客免费采摘体验，目前生产的有机蔬菜瓜果除了提供庄园餐饮，还为会员提供家庭配送服务。会员缴纳 9 999 元包年费用，圣露庄园每月配送 3～4 次新鲜应季蔬菜。

3. 经营情况　园区主要盈利来源于婚礼，尤其是草坪婚礼。圣露庄园采用分块定价的方式，将依傍湖面的草坪按面积分成 300 人内小型婚礼区和 1 000 人内大型婚礼区。其中，招凤草坪可容纳 300 人，适合举行精致的小型婚礼，定价 2.5 万元；中央草坪可容纳 1 000 人，配合音乐喷泉，更适合举行大型婚礼和庆典活动，定价 3.8 万元。2018 年全年承办 200 多场婚礼，达到了 2 000 万元的收入。

4. 案例点评　圣露庄园是非常典型的定位清晰，且始终围绕定位创造精致内容的庄园业态。起步是红酒庄园，决定了它中产及以上的潜在用户群体，要服务好这类人群，用艺术赋能是很有效的方法，这恰恰符合红酒的高雅属性。因此，圣露庄园的角角落落无不体现其艺术审美。尤其是园区的造景手法很高级，极致的简约，大面积的留白，却创造出丰富的视觉层次感，让它夏季不喧嚣、冬季不颓败。

用婚庆提升红酒产业的附加值。虽然核心产品是红酒，但圣露庄园并非单纯的制酒售酒，而是以红酒创造庄园生活方式，这帮它开启了婚庆产业的大门，红酒顺理成章成为婚庆活动的一个必备品，更重要的是，庄园环境成为最大的卖点。所以，草坪广场一年排期满满的。

美中不足的是，圣露庄园的高门槛使得它必须承担高额的运营成本。目前园区员工 100 多人，但赢利项目依然十分缺乏，因此，还需要着力深挖核心用户的需求，持续提供丰富的体验内容，加强会员黏性，开拓更多的营收渠道。

三、天葡庄园——京城第一葡园

天葡庄园是一个以葡萄产业为主导的休闲农庄，也是北京盈利能力最强的农庄之一。其业务范围涵盖葡萄销售、葡萄加工产品销售、餐饮、住宿、活动体验等。天葡庄园以葡萄生产、种植为基础，不断向二产、三产延伸，走出了一条产业融合的发展之路。

1. **基本情况**　天葡庄园有三大基地，其中密云基地位于北京市密云区巨各庄镇巨各庄中学南 200 米；延庆基地位于北京市延庆区沈家营镇河东村南 500 米；大兴基地位于北京市大兴区长子营镇李堡村村东。

天葡庄园密云基地占地面积 300 余亩，是北京市规模较大的设施农业园区，也是密云区第一家利用现代农业设施大面积种植鲜食采摘葡萄的园区。依托密云区打造"绿色国际休闲之都"的战略，园区定位为：发展高效特色农业，打造国际顶级的休闲农业产业园，成为中国葡萄主题休闲农业第一品牌。

天葡庄园进行优质、安全、高端的鲜食葡萄、酿酒葡萄种植及种苗培育，是集农产品生产、种苗培育、红酒酿造、科技研发、科教培训、商务会议、生态休闲、观光旅游、特色餐饮为一体的现代科技农业产业园，专注打造葡萄主题文化产业链，实现一二三产业的融合发展。拥有"美丽的葡萄王国"科普体验馆、橡树堡民族特色国际酒庄、葡萄加工生产基地、农产品品牌展示厅、特色餐饮、书画院等产业板块及功能区。

天葡庄园致力推动葡萄全产业链创新发展，打造天葡品牌，输出品牌模式。目前在河南汝州市、贵州赫章县拥有品牌加盟基地，成为当地重点发展项目，受到政府高度重视。

2. **园区特色**　天葡庄园紧紧围绕葡萄产业，在做好高端鲜食葡萄种植的基础上，逐步过渡到葡萄酒及相关产品的开发、葡萄主题休闲体验活动的开展等方面，丰富了园区的产品体系，延伸了葡萄产业链。

（1）**葡萄种植园**。葡萄种植园是天葡庄园的主要生产区域，也是一个集葡萄景观、生产、采摘、体验于一体的复合活动空间。

葡园景观：园区通过大面积的葡萄种植、各类苗木、果树形成葡萄长廊、锦绣之路、桃花源、百瓜廊、菊花台等优美景观，漫步在葡萄园中，置身于风情田园，让久居城市的游客获得一种前所未有的放松和舒心。

葡萄绘画：以葡萄画葡萄，用酿酒、榨汁多余的葡萄汁当作颜料来画葡萄，让小朋友天马行空地涂鸦。就连剪枝剩下来的葡萄枝也妙笔生花，变成上面趴着的几只小蜗牛的工艺品。

葡萄科普与红酒酿制：在葡萄生长季，将葡萄农事生产和农业休闲旅游项目结合起来，开展葡萄科普之旅、红酒酿造 DIY 体验活动。

（2）科普体验馆。"美丽的葡萄王国"科普体验馆位于天葡庄园主体建筑的一层，是葡萄文化与葡萄酒文化的集中展示、体验空间。体验馆整理葡萄及葡萄酒相关的科普知识，并开发了互动体验项目，通过交互软件，游客一年四季可以通过虚拟绑藤、模拟机械埋藤了解葡萄种植过程。

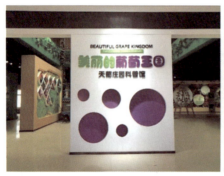

（3）农产品展示厅。农产品展示厅位于主体建筑的一层，与科普体验馆是同一个空间。用于展示、售卖天葡有机农产品和加工产品，如葡萄干、葡萄醋、葡萄酒等。

（4）橡树堡国际酒庄。橡树堡国际酒庄是天葡庄园重点打造的三产融合项目，2016 年，橡树堡酒庄曾获"中国十佳最具潜力酒庄"称号。橡树堡酒庄包括酒庄酒窖、酿酒车间、办公区、屋顶花园等几个部分。

　　酒窖与酿酒车间是葡萄酒品鉴和酿制的主要场所。由酿酒师带领游客参观酒庄、酒窖，讲解葡萄酒的品鉴；醇香浓厚的美酒香气袭人、醉人心田。园区提供酿酒坛，有专业的酿酒师来指导，游客可以在葡萄园里亲自采摘新鲜的葡萄，然后手工酿葡萄酒。完成酿酒工序后游客可以选择将葡萄酒寄存在庄园进行发酵，夏季发酵时间为 21～30 天，葡萄酒酿好后，游客可以选择带家人朋友来园区品尝。

　　屋顶花园位于酒庄的顶层露台。可以沐浴落日余晖，眺望天葡庄园和

远方风景。也可以举办各类发布会，是天葡庄园的颜值中心和打卡地。

（5）田园餐厅。位于葡萄园的田园餐厅，提供特色餐饮，自种时蔬，搭配密云本地水库鱼等，美味绝伦。天葡庄园有北京唯一的红酒烤全羊，全羊经过葡萄酒的腌制，经炭火焖烤，肉汁四溅、鲜嫩可口。并佐以天葡庄园精酿的红酒，可以让游客得到超凡的美食体验。

（6）游乐场。游乐场利用大棚之间的空地建设的小型儿童游乐空间，有秋千、滑滑梯等，孩子们可以在大自然的怀抱里尽情地玩耍，体验到不同于城市里的乐园。

3. 经营情况 天葡庄园的主要收入来源为葡萄及其加工产品销售、餐饮、住宿、活动体验等。其中，鲜食葡萄销售是天葡庄园的主要收入来源，占据了园区的半壁江山。加工产品主要为橡树堡酒庄的红酒，以及葡萄干、葡萄醋等。餐饮主要体现为田园火锅、红酒烤羊等。活动体验主要体现为葡萄科普、红酒 DIY、红酒酿造参观等活动。

天葡庄园近几年保持了稳定的发展态势。2018 年园区接待游客约 3 万人次，营业额约为 1 500 万元。其中，葡萄销售收入为 800 万元左右，二产产品销售约 600 万元左右，三产销售 100 万元左右。

4. **案例点评**　天葡庄园是一个典型的以一产起家，逐渐向二产、三产延伸的葡萄主题庄园。它对农业产业的高标准、高要求和对农产品的极致追求，造就了"京城第一葡园"的美誉，也造就了它的"天价葡萄"，即使卖到200多元/千克，依然供不应求！2018—2019年，在大棚房治理背景之下，天葡庄园难免受到波及，几个主题大棚如葡萄餐厅、葡萄书吧、书画院都被拆除，度假木屋也被清理，但好在庄园的根基——葡萄种植还在，不至于伤筋动骨。这也充分说明农业产业的重要性，在任何时候，休闲农业的根本——农业产业不能丢！

天葡庄园对产品的极致追求，还体现在以创意的手法，玩出葡萄休闲的新花样！如庄园的葡萄树景观，制造出绿树成荫的观感；如园区内循环播放的《天葡之歌》，让葡萄每天听着音乐长大，营造绝佳的生长环境；如园区屋顶花园的葡萄发布会，以充满仪式感的方式，让人印象深刻！

天葡庄园以葡萄种植为依托，延伸出了葡萄酒、葡萄干、葡萄醋等周边产品，又以互动式体验的方式，延伸出葡萄科普、红酒DIY、葡萄酒品鉴等活动，让农庄的产业生态逐步丰富起来，实现了一二三产业的融合。尽管三产收入只占据了极少的一部分，但系列的体验活动，却极大地提升了天葡庄园的人气指数，反过来促进了一产和二产的销售。

难能可贵的是，天葡庄园的目标不限于京城，还实现了品牌输出，将"天葡"模式、技术、管理复制到河南汝州、贵州赫章等地！品牌农庄的复制并不容易，这是源于产品和项目的非标化，以及休闲农业消费的属地特征。但并非没有可能，品种、技术及模块化的内容，是有可能进行复制的，关键是规范化、标准化的打造，并形成一套行之有效的固定模式。天葡的努力，证实了这一点。

未来，天葡庄园还有很多优化和提升的空间。比如相关文创产品的开发、主题体验活动的创新和迭代，以及以会员制为基础的用户体验的强化等。

四、雨花谷——浪漫芝樱花海

雨花谷摄影基地，种植有百亩芝樱花，盛开季节，整个园区宛若多彩的海洋，把大地渲染得缤纷美丽，吸引了众多游客到此一睹花海的风采。自2017年开始，每年举办的芝樱花节，聚集大量客流，成为当地的一大盛况。

1. **基本情况** 雨花谷位于河北省唐山市迁西县栗乡湖（大黑汀水库）东岸北孙家峪村，大黑汀水库东岸，占地面积 300 余亩，是一处集婚纱摄影、休闲度假为一体的休闲观光园。

园区由春雨、夏花、秋实、冬雪 4 个半岛组成，以花海为特色，栽植芝樱花、油菜花等各种花卉，游乐设施丰富，有 3 000 余平方米人造沙滩和草坪、荷兰风车 2 座、多功能实景摄影棚 2 个、木屋 1 个、钓鱼台 1 个，园区定期举办各种演出展览、沙滩烧烤、露天电影、星光卡拉 OK 等活动，是夏季山水露营胜地。园区由迁西雨花谷生态观光园投资和运营。

2. **花海特色** 雨花谷对园区进行精心设计和管理，打造了一片精品花海，同时点缀精致的景观小品，成就了园区的高颜值、高吸引力，游客竞相前往、拍照打卡，极大地满足游客拍拍拍的需求。

（1）打造精品花海，确立颜值中心。芝樱花海：芝樱花不是"樱花"，其学名叫作丛生福禄考，因其花型和樱花相似，又像草丛一样匍匐在地上生长，日本人就把这种花叫作"芝樱"，而"芝"这个字在日语中就是草地的意思。

雨花谷芝樱花海面积超过 300 亩，是大空町芝樱公园的两倍多！目光所及，望山时花海接蓝天，望湖处花海连碧水。依地势起伏变化，构造出丰富的芝樱花海景观效果，包括：北岛中国红区域、苏格兰方格色块区、如同飘带一般绕过水湾的粉色丝巾区、沙滩上方的混色花毯区、望湖山上的深粉山坡，南岛的蓝白水粉区。各个区域自然相连，又在地形变化处自然过渡，色彩丰富，造型新奇。

每年 4 月至 5 月，漫山粉黛成一色，伴一潭春水映蓝天。芝樱花盛开，如同一块厚厚的花毯，铺在山野之间，色彩鲜艳烂漫，站立在花海之中，如同置身于梦幻世界，令人如痴如醉。

油菜花海：油菜，别名芸薹，原产地在欧洲与中亚一带，植物学上属于一年生草本植物，十字花科。

油菜花既有重要的经济价值，又有观赏价值，是观光资源。油菜进入开花季节，田间一片金黄，余邵诗云："油菜花开满地黄，丛间蝶舞蜜蜂忙；清风吹拂金波涌，飘溢醉人浓郁香"。油菜花竞相怒放，花粉中含有丰富的花蜜，引来彩蝶与蜜蜂飞舞花丛间。浓郁花香令人陶醉，美丽风景让人流连。

（2）点缀精致小品，营造浪漫氛围。花海中屹立的荷兰风车红黄相

间，高达 8 米，是雨花谷基地的标志性景观，营造异域风情的浪漫。而位于北岛水岸边的爱琴海风车，则在绿草之间，水岸之畔，另一派优雅情境。园区开发的 3 000 平方米人造沙滩，完全营造了热带海岸风情，白沙、椰树、草亭、躺椅、沙滩车、比基尼、瞭望台、木码头，一张裙角飘飘的景象，一派假日闲情的浪漫。

　　（3）引入摄影机构，记录幸福时刻。雨花谷婚纱摄影基地以自然环境为依托，将 3 个半岛分别打造成花海、沙滩、瀑布主题拍摄区域。在雨花谷，可发现多达上百组拍摄场景，让婚纱照的拍摄成为难忘的记忆！

　　（4）举办芝樱花节，打造园区名片。2017 年 4 月底，首届芝樱花节开幕，漫山遍野粉黛芬芳，如花瓣巨毯覆盖山坡，磅礴震撼，近观如碎玉满地惹人怜。2019 年 4 月 10 日至 5 月 25 日，第二届芝樱花节盛大开幕，"五一"期间游客络绎不绝。

　　3. 经营情况　　雨花谷的主要盈利来源于门票和消费项目。2017 年，雨花谷仅在"五一"期间接待游客近 10 万人次，实现旅游收入 800 万元。

　　一是门票。成人门票 60 元/张，优惠票价 30 元/张。

　　二是消费项目。雨花谷提供各种免费服务：包括专业摄影师、化妆师拍摄服务（摄影免费、化妆收费）、撞撞球、水上步行球、沙滩拔河比赛、沙滩大屏幕卡拉 OK 嗨歌、花海摄影道具等。还有一些收费项目：各式古装、民族服装任意穿 10 元/次，观光小火车 5 元/位，喂吃奶鱼 5 元/次。

4. **案例点评**　雨花谷作为优质高端花海，有很强的引流能力。它在以下几个方面的做法，值得花海园区借鉴：一是规划先行，定位精品花海。对园区进行整体规划、明确主题定位，以芝樱花为核心，围绕其展开园区的美学设计，以粉色为主色调，以浪漫氛围的营造装点景观小品，打造园区的颜值中心，确立"中国北方最大的专业芝樱花海景区"的区域品牌名片。

二是以节为媒，聚集客源人流。每年的 4 月、5 月，园区都会举办芝樱花节，借助"五一"小长假的短途旅行热潮，吸引人流，形成园区的一个客流小高峰。

三是线上宣传，引爆线下体验。借助互联网、移动互联网平台，展开多渠道、全方位的新媒体宣传，分时段进行活动预热，内容翔实、资讯多样，对园区进行系统全面的介绍，以最大的可能接触目标客户，为线下的休闲体验活动导流。

四是丰富项目，延长逗留时间。徜徉于花海之中，更多的是满足游客视觉感官，园区中开辟 3 000 平方米的人工沙滩，布置趣味化的休闲体验项目，延长游客的逗留时间，增强游客的体验互动感，也增加园区的消费盈利。

但也存在一些不足，有待进一步提升：一是季节性强，淡旺季明显。由于主栽品种——芝樱花的花期仅为 3 个月，如何保证淡季经营的有效性成为难点。可以考虑错季，开放部分区域种植速生花卉，延长经营周期。

二是产品开发不足，缺乏标志性。园区的主要收益来源还是传统的门票、餐饮、体验消费项目，对于独具园区烙印的产品开发较少，未来可以进行文化的挖掘和创意创新的引入，开发高频消费的产品，填补此块空缺。

三是一二三产业融合度低。未来可以研发或引入精油、香皂、花茶、干花制作等工艺，丰富园区业态，同时可开办相应体验活动，增加消费项目，扩大收益。

<h1 style="text-align:center">五、香世界庄园——香草主题庄园</h1>

香世界庄园是一家以"香"为主线，打造出的香草、香花、垂钓、实战电玩，并把香花、香草嫁接到美食上，追求天然食材的色、色香俱全的完美餐饮，集美食、游乐、观赏为一体的综合性庄园。走进香世界庄园，犹如走进世外桃源，满园都是奇花异草，各自绽放着不同的笑脸，体现各自的芳香，让人心旷神怡。

1. **基本情况**　香世界庄园位于海南省海口市龙塘镇铁龙路永朗村，是海南香世界科技开发有限公司旗下一个将芳香产业融入休闲农业的示范项目。该项目相继从世界各地引进木本、藤本、草本、水生、蜜源等各类应用型芳香植物598种，集芳香植物科普、亲子娱乐、户外扩展、芳香餐饮、园林设计、商业服务等多种业务于一体。

香世界庄园的创始人是一个"80后"的美女庄主——陈宝迪，她来自中药世家，所以香世界将香草植物与食疗结合，让游客在享受芳香的同时还可以健身强体。香世界庄园计划总投资 3 000 万元，分 2 期开发建设完成。第一期已完成投资 1 200 万元，其中农业投入 680 万元，旅游业投入 520 万元。休闲、餐饮区已营业面积 120 多亩，苗圃基地 300 多亩，员工人数 150 人，参与农户 300 户。

香世界庄园先后荣获"世界饭店协会理事单位""中国四星级休闲农业企业""海南最具影响力的芳香品牌""海南最佳芳香园林餐饮庄园""最美乡村""海口美丽乡村旅游名点"等称号。

2. **产业特色**　香世界庄园是目前国内独一无二的芳香主题庄园，围绕香草产业，通过丰富经营业态，布局消费项目，开发创意产品，打造品牌节庆的方式，致力于将园区打造成以芳香主题集旅游观光度假、香草美食、香草苗圃、园林工程、科普教育、休闲娱乐于一体的新型生态香草园。

（1）开发养生的香草美食。香世界庄园的餐饮将香草、美食和养生结合起来，开发出数十种香草菜品和香草茶品，开创了海口香草系列菜品。如香世界庄园以香草入味，做出了香草油焖蟹、香草油焖虾、香草炒农家鸡等招牌美食。每一道菜都搭配适合的香草，香草不仅提味原本食材，还融入了香草自身特有的养生功效，让每一道菜都是食疗圣品。香草油焖蟹中加入的罗勒对于治疗头痛、伤风，减轻忧郁方面有药用功效。食物中加入桂花的极品——天香台阁，有止喘美颜的功效；加入百里香，有提高免疫力的功效；加入香蜂草，可以排毒止咳等。用甜叶菊泡茶，有抑制糖尿病的效果。

（2）引入生态种养殖。园区内种植无公害的蔬菜瓜果，一方面用于园区餐饮自给，另一方面销售给游客，同时这些蔬菜也有养生效果，比如庄

园最为推崇的鹿舌菜，天然、野生、绿色、无公害，富含各种维生素、矿物质，具有祛热生津、降血压、减肥胖的功效。

同时园区引入绿壳蛋鸡，绿壳蛋鸡素有"滋补胜甲鱼、美容如珍珠、养生赛白鸽、保健似灵芝"的美誉，毛黑、皮黑、肉黑、骨黑、内脏黑，所产蛋为绿蛋，是一种集天然黑色食品与绿色食品为一体的世界罕见珍禽极品。园区的绿壳蛋鸡全程以香草进行喂养，因此庄园出品的绿壳蛋鸡，肉质都带有一股清香。绿壳蛋鸡对于女人有美容养颜，对男人有滋补肝肾，对小孩有补脑提神，对老人有滋养保健的功效，可谓是鸡中的"战斗鸡"。

（3）开发香草系列产品。园区根据香草主题，销售香草系列产品，如香草精油、香草枕、香草护肤系列、香草茶等。园区还根据时令，定期推出节日类香草产品，比如香草粽，香世界庄园的香草粽分为香草肉粽和香草椰子肉粽两个单品。香草粽精选火山泥生产的糯米、庄园自养的农家猪肉、加积鸭咸鸭蛋、庄园自产有机香草为原料，香草椰子肉粽还添加了海南本土盛产的浓香椰丝入料，使用香草水进行 12 小时的烹煮而成，成为端午节的爆款产品。

　　（4）推出香草活动节庆。香世界庄园四季有花，精致舒适，因此也是团队聚会和室外婚礼的最佳选择。园区经常接团队聚会的活动，根据团队需求安排钓鱼、赏花、餐饮等活动。同时，香世界每月都组织相应的园区活动。比如春节组织"跨年婚宴"，通过打造冷泉花园、连心门与红唇花瀑等多种精致浪漫场地，为游客带来童话般的婚礼；比如5月举办"香草节"，持续两个月的时间，除了赏花，还组织各种形式的活动，有面向花草爱好者的香草科普展；有亲子互动的游戏；许愿桥上挂祈福牌；草坪童画写生活动；还有为手作爱好者设计的插花课程、手绘香草花盆、芳香精油皂DIY等。

3. 经营情况 香世界庄园的收入来源广泛，涵盖餐饮、体验、产品等多个方面：一是特色餐饮，150～300 元/人；二是射箭达人，双人每人15 只箭，30 元；三是垂钓，不限时，提供单人钓具和鱼饵，30 元；四是DIY 冰皮月饼，60 元/人；五是手绘花盆，50 元/人；六是香草产品销售，15～150 元。

4. 案例点评 香世界庄园作为一个以"香"为主题打造的园区，让业主感受到了它的用心。

香世界庄园是一个女人打造出来的庄园，也是女人喜欢的庄园。休闲农业园区经常会忽视的人群是女人，所以很多园区的风格都很硬朗，难得见到鲜花，而女人往往对花、对香味没有抗拒力。香世界就是抓住了女人客群，女人是家庭消费的主导者，她们往往决定了家庭周末游的地点、家庭就餐的地点，所以香世界庄园先用花吸引女人，然后用特色香草餐饮再抓住女人的胃，最后就成了家庭出游、聚会、就餐的选项之一。

香世界庄园是一个小而精致的园区。香世界庄园面积小但精致，每走一步都有一个故事，一个可以停留的地方。在香世界庄园，你每走一步主人都会给你介绍一种香草，随手摘下一片叶子都能告诉游客它的功效，闻一闻，拍拍照，讨论一会儿，停留在园区时间越长，就会产生越多的消费。所以香世界庄园虽小但人均消费力不小，客户可停留的时间也不短。这和很多大型园区形成鲜明对比，很多园区占地上千亩，但是只能让客户停留 2 个小时，归其原因就是可拍照的地方少，可停留、可消费的项目少，同时消费体验的项目不聚焦，客户往往是走马观花。

香世界庄园以活动不断冲击客户消费欲望。香世界庄园可以做到月月有活动，推出不同月份的不同主题活动，不断向客户推送，一年至少 12场活动，总有一款活动会打动你，依靠活动增加客户复购率，这也是很多园区欠缺的。其他很多园区属于一次性消费，游客来过一次，没有留下客户信息，没有留下消费，也没有留下深刻印象，客户复购率不高，这样会增加园区的营销难度，增加客户获取成本。

目前，香世界庄园主要经营的还是香草餐饮、香草衍生产品，实际结合香草文化、园区资源而开展的休闲体验活动比较少，未来可以增加充满仪式感、体验性、趣味性的体验项目。

六、多利农庄——绿色有机田园生活样板

多利农庄以绿色有机农业为本底，旨在提供"有机健康的田园生活方

式"，以"田园环境为基础，郫都文化是灵魂，多利产品增特色"的组合思路，通过自建、合作和招商等方式导入文旅康养等产品与服务，实现农业、文旅、康养的产业融合，创造并提升乡村的多元价值，共筑田园梦想，助力乡村振兴。

1. 基本情况　多利农庄位于四川省成都市郫都区红光镇白云村，即原先的"郫县"，著名的郫县豆瓣就产自这里。

项目为三村（社区）连片规划建设，三村分别为红光街道白云村、三道堰街道的青塔村和秦家庙村，总规划面积 10 659 亩。其中，一期核心示范区占地面积 2 650 亩，已于 2017 年 3 月 25 日正式开园。已累计投资近 10 亿元，现拥有 3 400 平方米的工厂化有机蔬菜生产玻璃温室、840 平方米现代化低碳环保集装箱管理及办公区域以及露天 40 亩有机转换期设施菜田及相关配套设施。由上海多利全资子公司——多利（成都）农业发展有限公司投资运营。

项目自建设以来，陆续获得"成都市科普基地""四川省省级休闲示范农庄""全国青少年农业科普示范基地""成都市 50 佳休闲农业乡村旅游目的地"等荣誉。

2. **园区特色** 多利农庄以绿色有机农业为产业基础，对园区进行整体的规划设计，进一步丰富亲子娱乐、田园养生、休闲度假、科技种植、智慧管理等业态，成功的融合了生态农业、休闲农业、智慧农业三大功能，实现了生态、生活、生产的和谐统一。

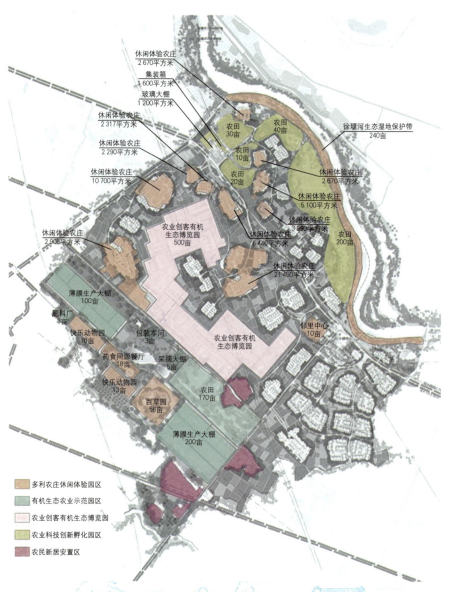

（1）大力发展生态农业。在业态上打造了生态种植设施农田、家庭农庄、多利桃花源高档田园别墅区、农村新型社区等。其中多利桃花源，由成都多利、平安集团、协信集团投资，绿城集团负责代建，打造成高端生态居住社区；应用家庭农庄实践共享农业理念，统一对原有农民住宅进行规划改造经营，配套周边农田，向游客租赁，进行生态种植体验和农事活动，有效集合了生态种植、农业共享、生态居住、社区农产品供应等功能于一体。

（2）进一步拓展休闲农业。打造包括邻里中心、有机生活体验馆、休闲体验农庄、百草园、快乐动物园、药食同源餐厅、度假酒店等项目。

度假酒店由成都多利投资建设，建成后由全球著名的法国 LUX 酒店管理集团负责运营管理，营造乡村旅游度假新体验。目前，已启动一期4 000 平方米 LUX 主题酒店建设，后期将通过回租产权式经营性农庄进行更大面积酒店运营管理，酒店配套的 LUX 咖啡吧现已正式对外开放，实现了农业观光、主题游乐、餐饮购物、文化创意、休闲度假的复合化发展。

多利农庄·绿道童园是多利农庄专门开发的田园亲子体验区，包含农事体验、萌宠乐园、自然乐园、有机餐厅、有机小课堂环节，以真正寓教于乐的方式，向家长和孩子传达多利的有机健康生活方式。小朋友们体验

完农事活动，可到坐落在草坪上的萌宠乐园，这里汇集了小香猪、羊驼、小兔子、孔雀、山羊、金刚鹦鹉等诸多温顺可爱动物，乐园以一种生态牧场的半开放形式呈现给体验家庭，给体验家庭与动物更多亲密接触的机会。

（3）*深度融合发展智慧农业*。打造了包括都市农业科创中心、文创空间、智能温室、成果展示中心、产品分拣包装中心在内的农业科技创新业态。首期已形成 300 亩大田、100 亩塑料大棚、10 000 平方米智能温室大棚及 2 000 平方米文创空间的农业双创载体平台，其中的农业文创空间，集聚了一批创意农业企业；"都市农业科创中心"由中国农业科学院、四川农业大学和上海有机蔬菜工程技术研究中心合作成立，承担工业化种植、农产品生产加工、科技成果转化、科研孵化、有机蔬菜行业标准研究的功能，并为入驻的农业创客、合作社提供技术辅导和支撑服务。相继引入了创客咖啡吧、有机蔬菜沙拉吧、farm 私房菜、园区合作社和家庭农场等 30 多家市场主体入驻园区开展创业创新。

其中，"创客咖啡吧"和"有机沙拉吧"由海外回归的米其林三星主厨从事经营，为游客提供醇正的咖啡及服务。将农庄自产的新鲜有机蔬菜加以美味调配，让市民享受在城市难以体验的健康绿色大餐，让游客吃得新鲜，吃得放心，吃得健康；"Farm 私房菜"同样由从莫干山法国山居回归的著名大厨亲自烹饪；"家庭农场"会让市民全方位享受乡村风情体验，可以种菜、插秧、垂钓以及从事更多农事活动。

　　园区内现已有完善生态系统建设和数字化灌溉系统、露天种植园区、现代化设施种植大棚、信息化智能玻璃温室以及多功能集装箱管理中心。其中，信息化智能玻璃温室已投入生产运营，温室内所种植的多个品种均已获得南京国环有机产品认证，露天种植区也正处于有机转换阶段。多利农庄正逐步开展有机土壤改良、建立高标准蔬菜储存冷库和商品化包装车间、成立有机蔬菜质量控制和研发中心、完成设施有机蔬菜大棚和露天蔬菜种植园等各项工作，项目整体建成后，预计有机蔬菜产销量将达 5 640 吨。此外，农庄运用先进的物联网和云平台等技术建设"智慧农庄"，搭建"生产自动化和可视化、质量保障化、仓储保鲜化、物流信息化、质量可追溯化"的现代农业系统综合管理体系，为企业的规模和集约化发展提供基本条件。

　　3. 经营情况　　多利农庄的收入主要由农产品销售、住宿、休闲体验、土地整理等项目组成。

　　（1）农产品产销。有机蔬菜的产销是园区收入的重要环节。构建"农业龙头企业（多利公司）＋有机生态蔬菜产业园区＋园区农民合作社＋联盟成员单位"有机衔接的产业链条和利益链接机制。通过成员间在产业、品牌、市场和科技等方面的叠加融合，采取品牌支撑、科技援助、农资配送、流通环节利润返还（按多利销售加盟单位产品净利润的 5%～10% 返还）等方式，与规模特色的单品生产合作社、家庭农场和农业公司形成稳固的单品购销关系和利益分享机制，让合作社和农民分享流通环节的增值收益。已有 29 家新型农业经营主体加入产销联盟，其中 12 家合作社已与多利公司形成固定单品购销关系，并享受了 10％ 的单品销售净利润返还。

（2）特色化文旅。大力推进"农业＋文化＋旅游＋养生"等新模式新业态，逐步实现特色化、产业化、集聚化。

（3）增值地产项目。通过土地整理，集体上市，获得利润。农民以确权后的土地承包经营权入股成立资产管理公司——成都利云土地股份合作社，与多利农庄合作，通过整理节余的集体建设用地挂牌出让，实现土地整理项目收益和农民股东利益分配。目前，项目一期 128.38 亩农村集体经营性建设用地挂牌成交价 69 万/亩，成交额达 8 858 万元。

（4）特色园区。与高校联合，设置农业高新技术园区，为科教单位和入园企业科技产业的"孵化"和"后熟"提供了重要的基础平台，大大促进了农业科技成果的转化和辐射推广。另外，引入教育农园、科技农园、研学园、安全教育基地以获利。

2016 年，中国平安集团投资控股多利农庄，依托保险资金"大资本、低成本、周期长"的优势，有效解决了都市现代农业"投资大、周期长、回报慢"的难题。运营中，多利农庄成为"平安好生活"的承载主体，依托平安 140 万销售团队及 7 000 万高端客户资源，拓展新销售链条和营销网络体系，2016 年销售额首次突破 5 亿元，2017 年销售额突破 10 亿元。

4. 案例点评 成都多利农庄是一个集农业休闲康养于一体、生产生活生态相融合、六次产业全链条增值的乡村田园综合体，它在经营建设的过程中，有以下几点值得借鉴。

（1）产村相融三产互动，首批示范农庄和有机生活体验馆对外开放。项目结合农业供给侧结构性改革，以机制创新为动力、市场需求为导向、质量效益为核心、绿色发展为根本、农民增收为目的，遵循"特色化、差异化""高端化品牌化"的理念，突出"市民农庄""乡村创客""造梦乐园"主题，激活都市农业的多业态价值、乐游价值和安居价值，打造集农业休闲康养于一体、生产生活生态相融合"宜业宜游宜居"的都市有机农业小镇，形成产村相融、三产互动、城乡统筹的综合示范效应。

（2）保险资金进入农业农村，探寻破解"三农"难题的新路径。成都多利农庄项目，也开创了现代农业项目融资发展的新渠道。2016 年，中国平安集团投资控股多利农庄，依托保险资金"大资本、低成本、周期长"的优势，有效解决了都市现代农业"投资大、周期长、回报慢"的难题。同时，依托其强大的会员体系，为产品销售锁定基础客群。

（3）农村集体经营性建设用地入市改革，农民分享改革发展红利。当地农户以确权后的宅基地及集体建设用地入股，组建村集体资产管理有限公司，与多利公司合作，自主开展土地综合整治和农村新型社区建设，通过整理节余的集体建设用地挂牌出让，实现土地整理项目收益和农民股东利益分配，为项目的持续稳定经营储备人力资源。

（4）注重科技化、品质化的经营，开辟研学、度假市场。从产业出发，打造高品质精致农业园区，采用农业高新技术，与科研院所合作，为打开教育研学市场奠定基础；引入高端度假酒店，打造第一个入驻中国乡村的全球性度假酒店的名片，形成热点，吸引人气。

七、梅子梦工厂——梅子产业与乡村创意的极致打造

位于南投信义乡的梅子梦工厂园区，早期为南投信义乡农会的食品加工厂，经政府开放民间酿酒之后而转型为梅子酒庄，成为台湾第一家取得制酒执照的农会酒庄。园区结合酿酒文化、现代视觉艺术博览、产品创意主题活动等，将产品做到极致，逐渐发展成为以产品为中心的综合休闲观光农场。

1. 基本情况

（1）园区概况。梅子梦工厂位于台湾省南投县信义乡明德村，是由信义乡农会规划建设的，由于地处玉山山麓，日夜温差大，十分适合梅树生长，所以青梅成了农庄的代表特色农产。

（2）发展历程见下图。

在农业转型、"精致农业"等农业发展战略观念的指导下，信义乡开始将梅子产业延伸至加工业，设立食品加工厂，不仅销售信义乡青梅产品，同时销售经由加工形成的系列工业化梅子产品

整合在1989—2006年间成立的食品加工厂、酒庄、驿站等资源，从一个青梅到"梅子梦工厂"，信义乡的梅子产业整合了区域自然资源、文化资源、技术资源、人力资源、组织资源，形成了传统农业产业、工业、服务业、文化创意产业四大产业体系的高度融合，并在管理上采用以"梅子梦工厂""为企业品牌主体的现代管理体系和品牌架构

| 1952年 | 1989年 | 2002年 | 2007年 |

信义乡成立了农会，对梅子生产采用集约化生产管理方式，使得信义乡成为全台湾地区最大的青梅产地，被称为"梅之乡"。新鲜梅子的生产和销售，一般属于传统的农业范畴。而传统农业的生产与销售方式，在20世纪80年代，已然呈现出与消费环境不相符的问题，因此信义乡的梅子产业也面临着重大的调整

政府开放民间酿酒，取得全国第一家农会民间酿酒执照

（3）功能布局。梅子梦工厂所处的信义乡是岛内面积第二大的乡镇，园区内的区域分布、外观布置、室内设计及随处可见的雕塑，共有九大区域，幸福酒窖、山猪迷路亲子休息区、长老说话伴手礼馆、忘记回家酒庄、梅子跳舞工坊、Talugan 驿站、迷宫酒窖、半路店、花语小径。

❶停车场　　　　❹尿山猪　　　　❼记回家酒庄　　　❿酒室厂房
❷半路店　　　　❺梅子跳舞工坊　❽长老说话伴手礼馆　⓫梅子醋工坊
❸Talugan驿站　❻日晒屋　　　　❾坚持咖啡馆　　　⓬山猪迷路亲子休息区
　2F原住民馆　　　　　　　　　　❿WC洗手间　　　⓮花语小径
　1F玉山纸箱动物园
　B1石板酒窖

2. 园区特色　梅子梦工厂用一颗小小的青梅，串联起一系列的产业。梅子梦工厂因为文创转型，从原来单纯的青梅种植，发展到梅子加工、休闲观光和文化创意等新兴产业链，将梅子产品做到了极致，打造了多个爆款项目。

（1）颇具颜值的文创产品。梅子梦工厂根据故事世界里的形象设计了文化衫、棒球帽、杯垫等纪念产品。同时开发梅子酒，结合设计与 Hello Kitty 制作的饮料，以及因电影海角七号蹿红的"马拉桑"小米酒等梅子衍生产品。

(2)"**梅子跳舞**"工坊。在该区域会有工作人员扮演熊族老大，带领其他扮演熊族成员的工作人员加工梅子产品、进行商品包装。这个名称来源于在梅子采摘时节，人们将采摘来的梅子倒入背篓时，此起彼伏，在山谷间回荡的声音。每每这美丽声音响起时，身旁的小狗都会情不自禁地跳舞与唱歌，像是与梅子一同跳舞，欢庆丰收。

（3）"山猪"品牌代言。"山猪迷路"是信义乡一个谷类精酿的品牌名称，信义乡农会富有创意地创造了"山猪"这一形象，并制作了专门的动画，画面和故事带有台湾特有的精致和趣味。同时，"山猪"也从一个虚构的角色成为梅子梦工厂园区的代表形象之一，在园区的入口处有"尿尿山猪"洗手台，园区里也随处可见腰部别把小刀的山猪塑像，还有专门开辟的"山猪迷路"游戏区，"山猪"已成为园区必不可少的景点。

（4）专业品酒教室。梅子梦工厂还设有两间专业品酒教室，用于教游客学习品酒，每张桌子都有一片雾面玻璃，透过玻璃下的观察灯可以观察酒的色泽，桌子中间的水槽可以清洗酒具或是吐酒，教室的温度也控制在一定的范围。

（5）幸福酒窖。是梅子梦工厂设立的酿酒室，有多个恒温发酵槽，也可供游客参观。

（6）石板酒窖。这里储存了丰富的藏酒，主要存放的是威士忌、白兰地和红葡萄酒。酒窖设计也很特别，形似长鬃山羊、山猪和黑熊的脚印，并且橡木桶上有很多名人的签名，游客也可以签名，留作纪念。

　　（7）台湾少数民族馆。信义乡的台湾少数民族大多是布农族，所以这里展示了布农族居住的石板屋、服装、生活用品及狩猎器具，以及台湾少数民族创作的皮雕、纸雕作品。

　　除此以外，梅子梦工厂还有很多可供游客观赏的景致。如农庄里丰富的卡通造型，和可供孩子玩耍的纸箱及其他游戏体验，都很受人们喜爱。

　　（8）节庆活动。每年 12 月下旬到第二年 2 月上旬，信义乡农会定期举办"踏雪寻梅"活动；每年 3 月下旬至 5 月上旬，南投县开始组织"梅子节"活动，可以制梅 DIY、梅姿容颜摄影展及梅产品展销等。2008—2010 年连续 3 年，南投县"梅子节"都是在信义乡梅子梦工厂园区开幕；2009 年，信义乡农会举办的一场宣传品牌的活动，制作了一个变形金刚放在梅子梦工厂园区门口做"守护神"。同时，农会受到启发，研发了去子的梅产品，创造了"变形"这一全新的梅子品牌。

3. 经营情况 园区占地面积 10 亩，主要通过销售梅子酒系列、伴手礼、梅子衍生产品及民宿住宿、参观考察等，园区年收入 1 亿元。

部分梅子产品：梅子酒，290～2 499 新台币（64～551 元）；乌梅汤：39～49 新台币（8～10 元）；精强梅精：600～7 200 新台币（120～1 432 元）；梅子料理：99～250 新台币（22～55 元）。

40%山猪迷路(婚宴酒)700毫升
900新台币

40%谦杯700毫升
980新台币

40%长老说话100毫升
290新台币

50%狂野600毫升
650新台币

50%狂野十五年纪念酒750毫升
2 499新台币

50%窖藏狂野480毫升
999新台币

精强梅精（12赠1）
原价8 400新台币
会员特价7 200新台币　加入购物车

精强梅精
原价700新台币
会员特价600新台币　加入购物车

春梅梅精
原价900新台币
会员特价800新台币　加入购物车

精强梅精丸
原价800新台币
会员特价700新台币　加入购物车

精强梅精丸（12赠1）
原价9 600新台币
会员特价8 400新台币　加入购物车

精强梅精胶囊
原价800新台币
会员特价700新台币　加入购物车

梅精胶囊（12赠1）
原价9 600新台币
会员特价8 400新台币　加入购物车

梅精梅
原价160新台币
会员特价150新台币　加入购物车

MaLaSun乌梅黑麦汁礼盒
原价299新台币
会员特价199新台币　加入购物车

梅精壮氧饮料礼盒
原价259新台币
会员特价249新台币　加入购物车

最强-梅精硬糖
原价140新台币
会员特价130新台币　加入购物车

最强-梅精硬糖（25入）
原价3 150新台币
会员特价3 000新台币　加入购物车

最强-梅精软糖
原价140新台币
会员特价130新台币　加入购物车

最强-梅精软糖（25入）
原价3 150新台币
会员特价3 000新台币　加入购物车

梅精梅仔饼
原价50新台币
会员特价40新台币　加入购物车

山采马告
250新台币

爱问梅子粉
99新台币

爱问乌梅粉
99新台币

按酱-梅果酱
150新台币

4. 案例点评　梅子梦工厂是典型的台湾管理模式。农会投资，企业化运营，独立品牌，世界营销。虽然这种管理模式有一定的台湾独有特色，但我们仍然可以从中借鉴其投资与运营管理分开，品牌运作的思想。

（1）定位明确，主题鲜明，发展思路清晰。以青梅产业为基础，从加工业起步，形成系列产品，再以梅子酒庄休闲农业起步，最后以梅子梦工厂这样的综合休闲园区开发系列休闲体验板块，逐步形成一二三产业融合的农业主题乐园。梅子梦工厂发展思路清楚，产业构成清晰。

（2）从消费者角度设置功能区，休闲项目丰富有趣。梅子梦工厂是典型的休闲园区，因为已经有很好的产业基础和品牌知名度，再做这个园区似乎是给所有的品牌故事找个落点，是极为顺理成章的。园区功能区不复杂，虽说有九大区域，但从功能上只有三类，一是产品体验类，像梅子醋工坊、幸福酒窖、忘记回家梅子酒庄、长老说话伴手礼馆等，以产品销售为目标设置；二是游戏娱乐类，如山猪迷路游戏区、梅子跳舞工坊、迷宫酒窖等；三是休闲小憩类，如 Talugan 驿站、半路店、花语小径等。所以，围绕消费者需求设置功能区才是正确的思路。

（3）**主题相关的衍生品极为丰富**。农业伴手礼的创意开发是我们最应该向台湾休闲农业好好学习的。从产品创意设计到产品实现，再到产品营销是一条产业链，虽然内地的休闲农业尚没有形成这样完整的产业链，但每个农园都应该对自己主题的相关衍生品进行开发，也许前期成本高难挣钱，但久而久之会形成独特竞争力。

（4）**深挖文化内涵，处处品牌为先**。梅子梦工厂一向以会讲产品故事著称。从其开始成立加工厂生产出来的梅子品牌名称便可见一斑了，"酸甜姐妹花""青梅竹马"等；后来，成立梅子酒庄，其梅子酒的品牌就更有趣味了，像"山猪迷路""长老说话""忘记回家""小米唱歌"等，每一个产品品牌背后都有可以讲述的故事。再到后来梅子梦工厂的每一个板块都对应其品牌故事，像"山猪迷路休息区""长老说话伴手礼馆""梅子跳舞工坊"等。农庄的产品也是可以挖掘出故事的，只要认真去做，也可以创意出很好的品牌故事。

学习中需要注意之处，切忌生产和产业尚未成熟便大量投资休闲项目。对于以产品切入休闲农业领域的园区而言，将已有的产业做得相对扎实，再根据消费者需求逐步扩展休闲项目是正确的路径。即使没有成熟的产品，进入休闲农业领域也需要找到产业特色，确定休闲主题后再进行投资。

进行农业衍生品开发时要设计共赢开发模式，避免成本过高。农业衍生品的开发是一条产业链，在开发过程中要有清楚的成本测算和销售预估，充分利用第三方资源整合，设计共赢模式，集合各方力量共同打造产业链。避免各个环节都由自己来做，造成成本过大、销售不足的问题。

八、橘之乡观光工厂——玩转加工，突破传统的加工工厂

橘之乡观光工厂位于台湾宜兰县焦溪乡，以橘子加工、文创开发为核心，通过体验、娱乐、科普、产品售卖等形式，将最初的食品加工工厂成功的脱胎换骨，成为当地具有文创气息、科普体验、观光休闲等多功能为

一体的观光工厂。

1. 基本情况　橘之乡观光工厂位于台湾宜兰县焦溪乡，占地面积仅有 13 亩，金橘产品从宜兰县种植金橘的农户手中收购，分为蜜饯加工区、产品售卖区和橘之乡形象馆 3 个功能区。

橘之乡观光工厂从 1979 年至今，已经拥有 40 多年的发展历史，由最初的蜜饯生产加工企业，到如今的观光工厂，提倡"做自己敢吃的东西"，面对越来越多的化工产业生产制造的蜜饯产品，为了让国人更了解如何挑选好的蜜饯，及认识到食品安全卫生问题，经营者通过自我反省和改变，从传统的加工企业转型成为观光工厂，成立了国内第一家蜜饯观光工厂——橘之乡蜜饯形象馆，打造了全透明的蜜饯工厂参观回廊，制造出消费者观看过加工生产过程以后，依然敢放心吃的产品，将橘之乡的日常生活凝聚为被消费者认同的品牌文化，让消费者切身感受到甜而不腻的感觉。

消费者在橘之乡观光工厂不仅可以体验金橘的制作过程，还可以感受金橘的历史、文化和台湾的文创精神。

2. **园区特色** 橘之乡观光工厂打破加工工厂的单一形态，将工厂转变成具有观赏性、休闲性、娱乐性的场所，将加工的过程做成文化知识，设置多样的场景体验带动消费，对大陆的加工类园区具有较高的借鉴性。

（1）紧紧围绕橘子加工，趣味化呈现全过程，形成特色观光工厂。消费者越来越顾虑食品卫生安全问题，因此，橘之乡观光工厂打造了透明化的蜜饯工厂参观回廊，消费者可以在这里目睹新鲜金橘经过"水洗、分级、针刺、盐渍、漂水、杀青、真空糖渍、热风干燥、卫生包装"的全过程，变成令人垂涎欲滴的金橘蜜饯产品，完整而透明化的流程管控，便能解决心中对于蜜饯食品安全的疑问。

（2）设计游客制作体验环节，提升科普参与感。金橘手工 DIY 体验。每一位来参观的消费者，在橘之乡工作人员的带领下，亲手制作一罐金橘产品，感受橘之乡的品牌文化和理念。

（3）围绕金橘，强化形象设计，提升园区时尚度。打造橘之乡形象馆。橘之乡形象馆内有一处比较开放的会议空间，橘之乡的经营者在这里为参观的游客讲解橘之乡的发展历史及经营理念，进行经验交流的同时，也将自己的品牌文化传播出去，让更多的人更加深入地了解橘之乡观光工厂。

设计 AGRIOZ 咖啡馆。为了跟上时代的潮流，橘之乡抓住新型中产阶级的消费需求，打造了时尚的咖啡馆，吸引时代的主流消费人群。

3. **经营情况**　橘之乡观光工厂打造出了 10 个种类 40 种细分产品，实现年产值达 5 000 万元，每年接待 30 万人的客流。橘之乡的大部分营收主要通过产品售卖获得，少部分是通过手工 DIY 体验。主要盈利内容有如下。

一是咖啡馆费用。价格为 22～26 元/杯。

二是橘子 DIY 手工课。每隔 20 分钟开 1 次，价格为 33 元/人。

三是产品售卖。产品售卖馆内产品约 100 多种，价格为 20～200 元。

4. **案例点评**　橘之乡创意观光工厂是台湾一家以橘子加工为核心内容的创意观光工厂。面积虽小，却涵盖了农业产业拉动、体验增加价值、围绕主题打造丰富产品、强化品牌价值等多个学习点。更以极高的利润讲述了主题创意工厂的成功发展路径，可借鉴学习之处如下。

（1）定位清晰，主题鲜明。以金橘为主题方向，金橘蜜饯为核心产品，面向相对年轻的而又有健康理念的消费群体。从园区形象和产品设计上都契合目标人群的需求。

（2）注重体验，强化价值。园区内最重要的体验项目就是金橘蜜饯的制作。如果让消费者完全完成蜜饯的整个制作过程是不太可能的，因此，以已经加工成半成品的蜜饯金橘为原料，用工具将其挤碎，仅加入糖、盐等作料，加以搅拌便可按自己的口味制成相应的产品。再选择自己喜爱的包装装饰封口，就可以得到 DIY 后浓浓个性标签的产品。

所以，当我们围绕主题发展 DIY 产品时，一定要注意以下几点：一是体验过程一定要简单易操作，体验时间 30 分钟左右为宜；二是一定要有一些环节是可以自己选择的，如产品的甜度，包装的纸样等；三是所体验的产品一定是可以随后购买的，以增加购买的意愿。

（3）产品丰富，延展性强。产品销售是这类园区最重要的利润来源。因此，之前所有的环节都是为了更多地将产品以更好的价格卖出去。产品的主题相关性非常重要，由于你来到了金橘创意工厂，所以与金橘相关的产品才会成为有足够理由购买的产品，其次，与之相关联的产品也会成为次系列产品。

（4）讲好故事，注重文化。不管是在游客游览之前的分享，还是在游览过程中的产品加工工艺科普以及停留的休闲场所，都能看到农场主对产品故事的情感注入和产品文化的精心挖掘。

（5）注重营销，产品输出。通过营销让更多的人知道橘之乡的品牌，而后通过各种渠道拓展进行产品外销，一个园区内一年的游客总是有限的，但如果品牌打造出来后，让产品通过线上和线下的渠道卖出去，才能实现更大的利润。

九、胜洋水草休闲农场——玩转水草主题文化的农场

胜洋水草休闲农场位于台湾宜兰县尚德村，以水草为主题，打造水草产业，对产品进行深度创新，挖掘水草文化展开科普教育，增设水草餐厅提供具有特色的文化美食，成为产业转型标杆。

1. 基本情况

（1）园区概况。胜洋水草休闲农场位于农场密集的宜兰县尚德村，占地面积 50 亩。

（2）发展历程。20 多年前，农场以养殖鳗鱼为主业，后来因鳗鱼销售市场萎缩，开始转型发展水草养殖。自 2000 年开始发展水草休闲产业至今，历经了 3 个发展阶段。

经过2年时间环境资源调查整合，2002年开始入局水草休闲观光产业。早期主要以初级观光、手工制作为主，期间扩充水草品类，设计水草景观，陆续从最早只有二三十种水草增至400多种，全台湾有2/3的水草供应来自农场

近年来农场再次聚焦水草产业，发展创意产品，不断实现口碑营销再发展；与高校合作深耕水草核心产业，持续开发文创产品，如原木钢笔制作；农场还与大项目、大企业达成战略合作，为其提供"设计-建造-维护"一条龙服务以获得持续收益；创新农场的经营模式，吸引更多有创意、有思想的年轻人共同开发农场文创产品

2002年　　2008年　　2016年

为了延长产业链，对农场进行了整体设计规划，从养殖到餐饮到DIY销售，打造全产业链平台；投资建设了水草主题餐厅，主打水草创意料理；打造了具有休闲功能的水草文化馆、水草创意商铺和水草DIY体验区，将水草的知识性和趣味性有效输出

2. 园区特色

胜洋水草深挖主题，对项目板块进行丰富，增强游客的体验感，将水草产业链延伸，打造爆款产品，带动园区的收益，具体有以下几点借鉴。

（1）打造一个水草国度。胜洋水草从水草出发，设计建设生态区、养殖区、文化馆、水草餐厅、水草 DIY 场区、水草精品馆、戏水区、钓鱼区、摸蛤区、甲虫区、贩卖部、包装区、水草温室 13 个项目板块。

（2）创意延展主题，打造美轮美奂的水草体验。如水草餐厅，农场养殖了多种可食用的水草，将水草的元素融入餐饮中，烹制精致的水草料理，深得游客喜爱，餐厅的空间环境也以水草生态瓶和相关元素布置，营造出浓厚的水草文化氛围。

（3）设计水草主题文创产品，开拓更多收入渠道。

水草文化馆：水草文化馆是农场的科普空间，内部有水草景观以及手工体验项目，水草瓶是农场的爆款产品，遵循生态微循环，将夏威夷火山虾、水草、消化菌放在瓶中，形成一个微小的自循环世界。馆内还有多种可食用、药用的水草展示。

水草创意商铺：农场开发了几十余种的水草创意商品，如各类水草生态瓶、水草艺术灯、开运球、魔术花等，产品琳琅满目，深受欢迎。

　　农场游客也可以 DIY 制作很多产品，如开运球、幸福藻球、海水生态瓶，以及用当地特有的树木，制作创意原木钢笔等。

　　3. 经营情况　　胜洋水草主要通过水草产业、餐厅、水草文创产品、活动、体验等几个方面获得受益，农场盈利主要由文创产品、餐饮、水草产业、活动构成，每年接待量 10 多万人。目前已开发的文创产品近 50 种，总体年收入近 4 000 万元，三大板块营收占比是三三三结构，农场员

工 40 人左右。

4. **案例点评**　胜洋水草是一家以水草为主题的科普休闲园区。属于台湾农二代传统产业转型的成功案例，可借鉴学习之处如下。

（1）主题鲜明独特。水草主题有罕见的独特性，因此，胜洋水草便在主题方向上拔了头筹。从入园开始的水草生态讲解、水草餐厅，到水草为主题的系列产品，处处在讲水草。可见，一个鲜明独特的主题，能让消费者更快记住你，而且难以忘记。

（2）强化生态科普。如果不进行系统讲解，胜洋水草有许多不起眼的地方，但经过讲解人员细心讲解，水塘中到处充满了知识。台湾地区大部分园区都有精心准备的导览，这一点尤其值得我们认真借鉴。

（3）产品亮点突出。水草产品系列中，尤以圆形水草灯最为突出。此外，将水草拟人化，装入容器，赋予情感，可以形成形形色色的产品。在胜洋水草，这些水草主题的衍生品可谓大放异彩。

（4）投入产出性价比高。水草属于价值较低的产品，而整个园区硬件简单，投入较少，除了餐厅等建筑物外，绝大部分都靠软性价值吸引消费者。再加上除水草系列的产品外，目前又开发出手作木制钢笔等个性化产品，作为对外输出的主打产品。因此，园区整个成本控制较好，性价比高。

十、大王山葵农场——精耕单品庄园的典范

大王山葵农场位于日本长野县安昙野，以山葵种植及加工为基础产业。

山葵对温差、水质等环境条件要求严苛，因此农场选在了依山傍水、生态环境优异的山脚下，非常适合开展生态观光业务。经过多年经营与开发，如今俨然成为有品质、有亮点的生态观光农场。

1. **基本情况** 日本大王山葵农场位于长野县中部的安昙野市，是日本规模最大的山葵园，园区创立于 1917 年，距今整整 103 年。

农场总面积 15 公顷（225 亩），有 11 个足球场那么大。农场以种植山葵为主，每年可收获 150 吨的山葵（俗称绿芥末或辣根），以打造特色活动及山葵特色美食吸引游客。这里是黑泽明导演电影"梦"的拍摄地。

农场生产区域是一大片连绵不断的芥末园。因为山葵植物对水质要求较高，这里的山葵不是种在泥土里，而是长在水里。

大王山葵的生产环境，清澈见底的溪流来自周围山脉积雪融化的雪水，每年的降雪渗入地下，经过 10～15 年的沉淀，带着丰富的矿物质营养元素涌出地面，形成栽培良质山葵的水源。这里清澈见底的河流是按照人行走的流速进行设计的。常年流动的清洁水源，昼夜较大的天气温差。这些优越条件使得那里出产的芥末品质卓越。

农场基本设施包括：山葵农场、水车亲水广场、大神殿、阿尔卑斯观

景台、山葵田小径、大王窟、钟楼、幸运桥、茶室、餐厅、蓝天广场、荞麦加工场、李子园等。园区内绿意盎然、生态环保，历史故事传说遗址也吸引很多游客驻足观赏，增加了农场的文化底蕴和神秘性。

2. **园区特色** 大王山葵农场园区没有封闭，也没有门票，仅仅通过加工特色产品、开发山葵美食、设计休闲活动等作为发展乡村旅游的卖点，来吸引游客，但大王山葵坚持精耕细作，将每一项都做到极致，这也成就了园区每年的高客流量和高收益。

（1）生产加工特色山葵产品。园区有不同的零售超市，现场可以购买各种类型的山葵伴手礼；产品也通过其他渠道进行分销。

（2）开发山葵特色餐饮。农场有自己的特色餐饮，芥末主题的日本料理，同时还有芥末啤酒、芥末口味的冰激凌。

（3）设计趣味体验项目。园区有清澈见底的河流，在河流里可以玩水上皮划艇的项目。橡皮艇因为脚下透明，可以清楚地看到河中的景色，游

客在划的过程中能遇到各种河鱼、鲤鱼、鳟鱼以及水草，这使得整个体验多了一种趣味。

3. **经营情况**　大王山葵农场已传承到第四代掌门人，历经几代人的艰苦创业，生产供应全日本 10% 的顶级山葵，且供不应求。大王山葵农场现在每年游客达到 120 万人，没有门票，赢利项目主要集中在产品售卖、餐饮、娱乐项目上。其中通过邮购销售到全国各地的产品占据很大比重。大王山葵一年产值达到 8 亿日元左右，业已形成一个完整的产业销售体系。

4. **案例点评**　大王山葵有以下 3 个值得借鉴之处。

(1) 农业产业观光。农业产业自成景观，山葵种植成规模，在清澈的水中生长，风景宜人，这就具备农业观光的价值。

(2) 产业配套合理。农场配套有宽敞的美食餐厅和商店。游客可以尝试传统的主食，如芥末荞麦面（当地特产）和芥末天妇罗（油炸大虾和蔬菜），还有本地特色口味的山葵冰激凌和芥末啤酒，这些都是吸引人的关键，同时有琳琅满目的芥末衍生产品，在主题的衬托下会进一步强化购物欲望。

(3) 文化挖掘深入。园区入口处有百年纪念馆，主题就是"与水共生"，因为对于山葵而言，水如其命，水是山葵生存必需品。这个百年纪念馆以百年历史为主轴，聚焦最早开创者以及 40 万农民，让人们见证他们的奋斗史。这种文化见证进一步强化了大王山葵产业和产品的附加值。

还有一处是幸福桥，这座桥横跨山葵种植园，因为山葵花语是"运送幸福的花""觉醒""开心的眼泪"，顾名思义取名为"幸福桥"，也预示着情侣走完之后能够一生幸福。这也预示着未来农业产业必须嫁接文化、嫁接情感，强化文化体验，这样才能让游客印象深刻。

十一、大湖草莓休闲酒庄——草莓王国

大湖草莓休闲酒庄以草莓文化园为核心，融合当地温泉资源，展示当地草莓文化及特色草莓衍生品，成为大湖乡草莓观光体验的引擎产品，是台湾名副其实的"草莓王国"。

1. **基本情况**

大湖草莓休闲酒庄位于台湾苗栗县大湖乡，南毗卓兰镇，东接山地泰安乡，北连狮潭、公馆乡，西北与铜锣乡，西南与三义乡为邻。占地面积约 9 083.94 公顷，其中草莓种植面积约 500 公顷，产量约占宝岛的 80%，由大湖农会投资运营。全乡地形状似短筒马鞋，鞋跟在马拉邦山，鞋尖则

在鲤鱼潭水库土石坝下游，是台湾著名的休闲农业主题农场之一，2002年对外运营。

经过 10 年磨砺，年营业额过亿元，现已成为当地乡村的地标性建筑，以生产制造草莓酒为最大特色，是亚洲第一个草莓酒制酒产地，也是全世界除了加拿大和美国以外，第三个草莓酿酒厂，酒庄所酿的草莓淡酒，更曾荣获布鲁塞尔世界酒类评鉴金质酒。大湖酒庄作为台湾农会转型经营最为成功的案例，以地区农会牵头的产业化龙头企业，将价值链开发和品牌运作糅合在一起：生产、销售、研发、推广、文化创意、节庆休闲，环环相扣，将一个貌不惊人的草莓产业做得风生水起。

2. **园区特色**　大湖草莓休闲酒庄以草莓文化馆为核心，融合当地温泉资源，展示当地草莓文化及特色草莓衍生品，为游客提供多样化的采摘体验项目，成为大湖乡草莓观光体验的引擎产品。

（1）打造颜值中心——大湖草莓文化馆。文化馆共有 5 层楼，一楼是各式草莓纪念商品及农特产品展售区；二楼是放映室及礼品区（草莓娃、草莓马克杯、草莓抱枕），另有 DIY 纸黏土教学；三楼是草莓生态展示区；四楼、五楼是具有田野风味特色的餐厅及空中花园，游客既可享用美食（草莓果酱、草莓酒香肠、草莓冰激凌、草莓蛋糕、草莓布丁、草莓火锅）、品茗、喝咖啡等，也可鸟瞰大湖地区的美景。

（2）多空间贩售系列衍生品。酒庄外观古朴，内部机械化程度极高，整个仓库依照不同年份、不同类别分区陈列着美酒。内设有制酒中心及品酒中心（贩售农特产品、酒品区）。同时，它是台湾九大酒庄里唯一不接受批发订购的酒庄，消费者需要亲自走访文化园，才能购买到酒庄出产的酒类产品。

伴手礼馆，提供各类以草莓为核心的加工及创意产品，可谓琳琅满目，令游客流连忘返。

　　酒庄销售自产水果酒、农特产品、加工冰品、咖啡和纪念品。目前推出 6 种酒品："湖莓恋"的酒精浓度 11％，香醇的滋味和鲜丽的色泽，迷人的酒香令人陶醉，饮用时也可搭配海鲜或鸡肉，更有另一番滋味；"陶然红"李子酒，酒精浓度 11.5％，又名美人酒，可增进食欲；"真爱 99"酒精浓度 13％，淡橘色的酒品，与湖莓恋同为草莓酒；"典藏真爱"酒精浓度 16％，是 2003 草莓纪念酒，适合加入冰块饮用风味更佳；"典藏情莓"酒精浓度 16％，是 2004 草莓纪念酒，琥珀色泽十分迷人；"醉佳情李"酒精浓度 16％，是 2004 李子纪念酒，特殊的立方瓶身值得收藏。

（3）整合资源打造温泉会馆。整合了当地温泉资源，以自然、生态为经营理念，为游客提供休闲、放松及度假体验。

（4）提供多样化草莓采摘体验。平地草莓园采摘，平地草莓园区周边种植美丽的花卉，让园区显得朝气蓬勃。许多游客来到这边，边采草莓边拍照，随处都是取景的好角度。

高架草莓园采摘，全兴草莓农场高架草莓园区让游客可以站着轻松采草莓。高架草莓的土壤用天然介质栽种，生长的情形良好，草莓又甜又大，味道极好。

3. 经营情况　大湖草莓休闲酒庄业务景气时，草莓园经营者人均年收入达 60 万～100 万元新台币。草莓季过后，不少果园还能在同一土地上换种柑橘、梨、柿子等。

　　此外，大湖草莓休闲酒庄充分利用草莓资源，以新鲜草莓采摘售卖来获利，并将草莓制成各种副产品销售，扩大并提升效益产业链。一年产值将近4亿元。

　　草莓文化园区针对旅游消费的新特点，不断研发出更加个性化、高附加值的体验型乡村旅游产品来获得盈利。如草莓园采摘、草莓烘焙体验、运动休闲活动、美食体验、原创美食、经典美食、特色度假居住、农家民宿、特色民宿、购物、特色文创、特色农产品。

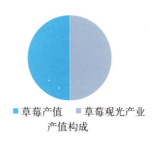

■ 草莓产值　■ 草莓观光产业
产值构成

　　4. 案例点评　大湖酒庄在当地政府积极辅导栽培下，已经成了一座集人文景观与文化内涵于一体的多功能主题文化休闲园区，带动了当地经济的繁荣。探究其成功原因离不开以下4点。

　　（1）**一产与当地特色旅游资源相融合**。以草莓产业为基础，结合温泉等生态资源，融合农副产品加工、文化创意、商贸节庆、特色服务等二三产业，相辅相成。

　　（2）**农会牵头，完善运营机制**。以大湖农会为主要推动者，在当地政府支持下，对区内草莓园和相关项目进行引导和共同推广，将价值链开发和品牌运作相结合，生产、销售、研发、推广、节庆休闲相继展开，丰富游客体验。

（3）突出自身特色，做出个性产品。大湖草莓休闲酒庄凭借着在地特产"大湖草莓"，依靠传统种植的草莓采摘和草莓酒研发，发挥文创优势资源，打造多种多样的相关周边商品，大力挖掘草莓品牌的商业潜力，如一年一度的草莓节就拉动上亿元新台币的产值。

（4）旅游业与当地产业联合互促发展。草莓农业与草莓主题旅游品捆绑销售，以农产品售卖渠道带动旅游营销，以旅游活动带动农业等相关产业商品销售。

大湖草莓休闲酒庄前期开发已形成一定规模和拥有一定数量的种子客户，亟须提档升级，因此在后期开发中应集中力量打造品牌，走高起点、精品化的发展道路，以高质量的品牌效应带动整个产业竞争力的提升。

十二、心　　得

休闲农业的高效收益关键在于产业，而不是单纯的体验或其他独立的项目，任何休闲项目都是在提升产业价值，产业是发展休闲农业的核心基础。通过深加工将产业开发成丰富的品类和种类，延伸至链条的多个环节，延长生命线，如梅子梦工厂、大湖草莓休闲酒庄的产品种类均可达上百种，拓展到消费者生活的多个角落，将单一的产业做成日常的消费品，走向刚需消费的形态，产业的快速变现，保证持续资金流是维系农场的生存准线。

休闲农业的价值赋能不是简单的配套休闲项目，无论产品还是服务内容上都要注重内在精神价值，农场希望借助某个项目或者产品告诉消费者什么？梅子梦工厂的每一个品类下的产品都针对不同的人群，做了不同的文化内容设定，全部文化内容的组合可展现出农场完整的价值观，这才是休闲农业的灵魂。在这一点上，台湾的休闲农业做得较为出色。

休闲农业是一个综合性的业态，实质意义是为人们提供一种接近自然、健康的生活方式，作为城市与乡村的连接桥梁。所以要在坚持自然生态的基础上，与现代生活方式有效结合，除了将产业做精，加工产品做丰富，承载精神文化，也要注重消费者的需求，与多种业态跨界融合，跳出农业做农业。

第三节　文化创意类

当农业加上"休闲"一词之后，农业就从一个传统的技术偏好型产业转身成为一个好玩、充满想象和创意的产业；当休闲农业再植入创意，休闲农业就成为一个跨界产业，可以和各个产业之间产生共鸣，实现农业产业资源的优化配置，更重要的是将农业与美好生活更紧密连接，如一段小小的玉米芯被创意改造摇身一变就成为高贵的红酒塞；流传千百年的传统民俗创意为一场人气鼎沸的乡村节庆。农业元素可以无处不在的点缀生活，创意改变农业，也创造美好生活。

创意农业的"创意"大致可以分为四种模式，第一种是创意农产品，比如掌生谷粒，通过创意包装和文化重新诠释农产品和生活；第二种是创意科技，如通过太阳能和 LED 做植物工厂，太空农业，带上脚环的跑步鸡；第三种是创意景观，通过农业创意种植形成大型景观效果，通过现代化的生活设计手法改造民居宅院；第四种是创意文化，将国际文化、中国传统民俗文化、田园文化通过创意手法体现在休闲农业园区中。在这四种模式中，创意难度最大的是第四种——文化创意型休闲园区，文化是最无以言表却能感受深刻，要把文化表象化和具体化是极具考验创意能力的，因此，本节重点将文化创意型的典型园区摘录出来，探索农业园区或者乡村如何通过产品、活动和项目诠释文化内涵，让顾客可以体验到独特的异域风情和地域文化。

意大利农场是一个意大利风情的园区，意大利的建筑、意大利原汁原味的餐食，甚至是意大利的厨师、意大利的调料，意大利友人都会感叹的农业园区；田园梦想农庄是一个充满田园文化的农庄，大到橡胶林下的餐饮、茅草屋，小到挂在墙上的滚铁环，处处都能唤起儿时田园的记忆，是一个田园梦想实现的地方；白鹿原虽然是白鹿原文化影视城，却在影视拍摄之后仍然保留下塬上文化，并通过丰富的演艺活动、场景布置进一步彰显文化；玉川酒庄是归国学子马清运对家乡和父亲的情感表达，葡萄红酒文化和家国情怀完美结合；蓝调庄园是充满浪漫主义文化的，薰衣草花海、花海温泉、完美婚礼，让朴实的农业披上了一层浪漫的外衣；清境农场正如其名，清静之境界，让人放下执念和嘈杂之心，获得片刻安宁；花露休闲农场是一个花的世界，小路、房顶，甚至是卫生间都是花境；薰衣草森林是两个女孩的梦想，她们将向上的、乐观的文化植入园区每个角落，从进门到出门，游客会收获一份属于自己的幸福。

文化说来简单，显性很难，细品本章节休闲农业园区如何彰显文化主体，希望能有所收获。

一、蓝调庄园——爱的伊甸园

蓝调庄园创建于 2008 年，被誉为中国最浪漫的田园，又称爱的伊甸园。蓝调庄园在规划建设阶段特聘请法国普罗旺斯香草专家进行指导，完整还原了法式薰衣草庄园的风格。庄园独创的以视觉、听觉、嗅觉、味觉、触觉五感来激发游客情感，创造深度体验。庄园自创建以来，聚集餐饮、住宿、会议、商务、采摘、温泉、婚纱摄影、婚庆婚宴、儿童农庄等业态，成为北京人喜爱的、时尚浪漫的休闲农园。

1. 基本情况　蓝调庄园位于北京市朝阳区金盏乡楼梓庄，距首都机场 12 公里，距离北京市中心 25 公里，与北京市城区形成了"隔而不离""离尘不离城"的天然休闲度假距离。庄园整体占地面积 1 200 亩，其中薰衣草田达 300 亩，是亚洲面积的最大的香草观光主题景区，做到了真正的一望无际的紫色薰衣草花海。

蓝调庄园由北京德铭酒店管理有限公司运营，由传统休闲农业提升到喜庆文化创意产业发展，以休闲农业体验为特色，以文化创意为核心竞争力，以城市居民的需求为重点，形成了具有蓝调特色的喜庆文化创意产业发展模式。经过几年的发展，初步形成了以樱花园观光、薰衣草园观光、农业采摘、特色餐饮、主题客房、温泉、滑雪、蓝调喜庆文化创意园（包含婚纱摄影，婚礼策划，婚庆婚宴等）、青少年科普实践基地、马术等多种业态。蓝调庄园在保持原生态田园风光的基础上，增加了浪漫的元素，为崇尚自然、热爱生活的人们提供了一个回归自然、参与体验、修养身心、表达情感的平台和空间。

　　2012 年被国家旅游局授予 AAA 级旅游景区称号，2013 年被农业部评为休闲农业与乡村旅游五星级企业，2014 年被农业部和国家旅游局授予"全国十大休闲农庄""中国十大美丽田园"。蓝调庄园顺应时代需求，紧扣浪漫主题，2014 年投资建设了国内最大、能同时举办 21 场婚礼的蓝调国际婚礼中心，推出了以婚纱摄影，婚礼策划，婚庆婚宴的一站式婚礼服务，为新人做到省时，省心，省钱，让新人享受婚礼筹备"无忧模式"。蓝调庄园为新人举办过薰衣草花园婚礼、空中花园婚礼、柳岸草坪婚礼、教堂婚礼、马车婚礼、直升机婚礼等各种中西式特色婚礼，深得新人的喜爱，成为北京市第一家集婚纱摄影、婚庆婚宴为一体的一站式婚礼服务基地。

　　2. 园区特色　　庄园在发展过程中确立"以农业生产为基础，以休闲体验为特色，以喜庆文化创意为核心竞争力"的发展思路，经过 10 余年的不断完善，形成了以薰衣草文化产业链和喜庆文化产业链为核心项目的盈利体系。

（1）打造蓝调精品薰衣草园。蓝调薰衣草园中种植了大面积的薰衣草，形成大景观，园内每一条路都充分考虑有景可赏，趣味十足，达到移步换景的效果，给到访游客强大的视觉冲击，让紧张的身心得到放松。

香草餐、香草茶是蓝调薰衣草园的特色餐饮。香草餐种类繁多，营养丰富，不论视觉、味觉、嗅觉都能感受其自然之美，如果你深入蓝调庄园美食的世界，一定会被各种香草的浪漫新奇所吸引。百种香草与各种美食相伴：迷迭香中夹杂着清新的木质感及甜甜的香气，罗勒叶中带有丁香般的香气及淡淡薄荷味……以香草的不同搭配调制的香草茶，不光味道独特，更有美容、养生的综合疗效，是爱美女士的最爱。

（2）开发蓝调餐饮美食。蓝调壹号的餐饮特色是蓝调意境菜，以薰衣草色调为主，可同时容纳 700 人用餐，能接待各种不同档次的商务宴请，

设备齐全的宴会厅能承办各种大型宴会。

　　蓝调贰号经营面积 6 000 多平方米，餐饮以烤全羊为特色，以融合菜为辅助。共有包房 19 间、宴会厅 1 间，可同时容纳 500 多人就餐。蓝调贰号的建筑风格很有特色，将北京传统的四合院与欧式装修完美结合。

　　(3) 提供高品质的蓝调客房服务。蓝调薰衣草主题客房主要以蓝紫色调为主，房间内装饰、装修都采用薰衣草系列产品，拥有薰衣草主题客房标准间 22 间，VIP 客房 4 间，内部装修风格各具特色，五星客房带有独立温泉池，可容纳 500 人住宿，最大限度满足不同客户的要求。

　　（4）建设蓝调温泉养生中心。蓝调温泉养生中心采用欧式田园风格建筑形式，推出全国首家纯天然薰衣草主题温泉，温泉掩映在一片紫色的花海中，泡着融入薰衣草精华的热汤、闻着淡淡的薰衣草花香、与薰衣草亲密接触，远眺是一大片紫色花海，这种新体验绝对是尊贵的享受。这里的温泉是经国家地质工程勘察院鉴定，综合了送检的钾、钠、钙镁等 52 项热矿泉水项目分析，已达到《天然矿泉水地质勘探规范》（GB/T 13727—92）规定的命名条件，被命名为氟型淡温泉水。其中微量元素偏硅酸对皮肤有洁净、洗涤及消炎作用，氟水可以提高人体的免疫能力。

　　温泉养生项目内容丰富。地热理疗、特色中药浴、盐石浴、盐浴、玛瑙浴、玉石浴、香薰房、保健按摩、美容美体、香薰 SPA、影视休闲大厅、养生自助餐、薰衣草美疗等，是集视觉、听觉、嗅觉、味觉、触觉融为一体的幽静而温馨的舒适空间。

（5）承办各式蓝调婚礼。蓝调庄园 2014 年投资建设了国内最大、能同时举办 21 场婚礼的国际婚礼中心，是一座将时尚建筑与专业服务理念融为一体的婚礼殿堂，温馨的西式婚礼、浪漫的草坪婚礼、主题性的创意婚礼、传统的中式婚礼，无论任何风格、任何想法，都能在这里尽情展示。

中心配备 180～1 000 人不同规模的 21 个独具风格的婚礼大厅、4 座神圣的证婚仪式堂和 15 块清新浪漫的草坪，营造出不同的唯美风格。宴会厅内配备的各式专业设备设施、专业舞台、现代 LED 大屏幕让宴会厅的风格多样，新人们可在这座梦幻王国里找寻自己的专属婚礼。除此之外，国际婚礼中心拥有的主题策划团队集结了十几年的婚礼服务精华，成功的经验铸就了中西婚宴、专业婚礼服务、个性婚礼策划，礼服、摄影、DIY 喜品等优质前卫的一站式服务理念。蓝调庄园为更好地做好一站式婚礼服务，除了人们所熟知的婚礼策划服务，还提供婚礼实景展示、鲜花装扮、婚礼蛋糕、婚礼喜糖、请柬、喜饼展示等服务，将更多的时尚元素融入婚礼，将一站式婚礼服务做得细致入微，更好地为新人提供高品质服务。

欧式复古宴会厅的代表——维多利亚厅，长31米，宽19米，总面积589平方米，能同时容纳300人就餐。

现代时尚宴会厅的代表——金色大厅，长39米，宽38米，总面积达1482平方米，可以同时容纳近千人用餐。

中式婚礼宴会厅的代表——吉祥如意厅，长31米，宽18米，总面积为558平方米，能同时容纳300人就餐。可举办温馨的西式婚礼、浪漫的草坪婚礼和特色主题婚礼，还可以提供传统中式婚礼、婚纱礼服订制、摄影摄像录制、DIY喜品等。

（6）配套四季果庄、蔬菜大地。以蓝莓、草莓等特色果蔬为主，搭配其他特色蔬果种植，成为当地绿色地标。给游客普及"水果时刻表"倡导吃新鲜、应季、健康的蔬果。音乐草莓、音乐蓝莓采摘的创意深受大家的喜爱、追捧。

（7）经营蓝调马术俱乐部。这里的马性情比较温顺，不会主动攻击人类和其他动物。马的主人每月都来看马儿，一匹马、一个人，没有话，

只是那样一圈一圈地走着。这种长时间的付出、深度的陪伴才是人和动物相互依存，彼此依赖的源泉。

（8）设置亲子研学体验项目。蓝调薰衣草庄园小蚂蚁农庄，农庄儿童体验项目 20 余种，让宝贝亲身体验每一项活动的鲜活乐趣，在游戏中快乐成长，在撒野中享受最珍贵的孩提时光。具体项目有如下。

民俗彩绘：脸谱彩绘、石膏彩绘、石头彩绘、泥叫虎彩绘、兔爷彩绘。

能工巧匠：葫芦烙画、玉石加工、稻草人制作、音乐盒制作。

互动娱乐：饲料加工、垂钓龙虾、喂养松鼠、开挖掘机。

传统文化：风筝制作、扎染工艺、舂米体验、草编艺术、织布体验、活字印刷、竹简制作、鱼皮工艺品制作。

考古挖掘：纯露提炼、显微镜观察。

美食空间：自助烧烤、鲜榨果汁、泥煨鸡、棉花糖、星空棒棒糖及饼干制作、石磨豆浆、压面条等体验。

（9）推出各色主题节庆。蓝调庄园打造油纸伞艺术文化踏青节，由上万把五彩缤纷的江南油纸伞，配合全国各地美食、老北京技艺美食、七彩风车、乡村稻草人、动人樱花、绚丽薰衣草等打造了一个唯美浪漫的世界。

（10）**推出滑雪场及水上项目。**蓝调庄园滑雪场设施全部采用国际化统一标准星级化管理，将滑雪与戏雪相结合，雪道占地2万多平方米，室内面积800多平方米，分为租赁区、更衣区、休息区、售卖区、餐饮区等。蓝调庄园滑雪场可同时接待游客700人更衣、休憩和用餐。

3. 经营情况　蓝调庄园主要盈利来源于门票、餐饮、住宿、温泉等。

薰衣草庄园：门票60元/位。

蓝调餐饮美食：人均消费80～100元，婚宴3280元/桌。

蓝调客房收费标准：680～1280元/（间·夜）。

蓝调温泉：268元/位。

蓝调婚庆宴会大厅收费：19 000～66 000元/天。

蓝调四季果庄：100元起，根据实际采摘量收费。

蓝调马术俱乐部：儿童体验课程88元/位，教学、装备加骑马500元/位。

亲子研学：280元/位。

主题节庆收费：60元/位门票，消费项目自理。

滑雪场：门票30元/位，89元/平日全天，158元/周末4小时，188元/周末全天。

4. 案例点评

（1）**案例可借鉴之处。**园区主题定位清晰，紧紧围绕婚恋主题，打造为爱而生的高颜值庄园。园区种植大面积的薰衣草花海，形成大地景观，特点浪漫、温馨、清香怡人、与"爱"相关。给游客带来视觉上的冲击，情感上的共鸣，愉悦放松、释放自我，具有身在普罗旺斯浪漫、唯美的感受。精美的景观小品点缀其间，高颜值是蓝调庄园的主要特点，大大地满足了"80后"、"90后"主流客户的需求。

（2）**待改进项目。**服务需要提升，蓝调庄园面积大、项目多，但是整体服务配套还有待完善；休闲农庄在关注景观、项目、产品的同时，应该注意提升服务质量，关注顾客的感受，毕竟赢得客户才是赢得市场。

二、北京意大利农场——北京首家意式风情农场

北京意大利农场位于北京市顺义区，是北京首家全面体现意大利文化的度假农场。农场内的园林、建筑充分按照意大利田园风格打造，是集种植、养殖、餐饮、住宿、娱乐、休闲于一体的绿色度假农庄。

1. 基本情况

（1）园区概况。北京意大利农场位于北京市顺义区马坡镇白各庄，紧邻京顺路，距离三元桥仅 30 公里。曾于 1999 年始建于顺义区南法信镇的十里堡村，后来由于首都机场扩建征地，在 2005 年 11 月，农场迁址于马坡镇白各庄村进行重建。重建后的农场，占地面积为 210 亩，包含 110 亩的休闲观光体验区和 100 亩的果树培育基地。

（2）发展历程。农场有近 20 年的发展历程，2007 年从意大利引进 60 余种优质品种果树，采用有机种植的方式，逐步形成果树培育示范基地。接着农场开始进行大规模的农产品加工，包括奶酪、果酱、果酒、果汁等自制产品。然后紧紧围绕意大利文化特色建设农场迷你动物园、农场主题餐厅和会议中心、农场欧式风情壁炉客房，针对中等收入群体创造体验式

消费场景，实现农场的差异化经营。

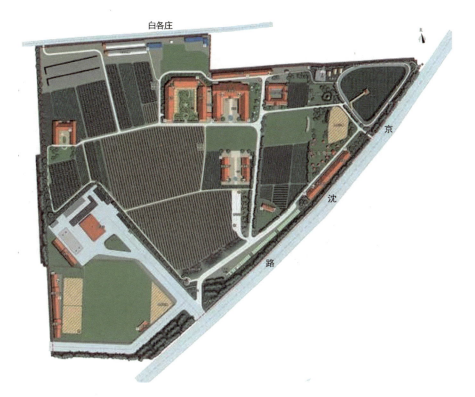

2. 园区特色 农场主要由休闲观光体验区和果树培育基地两大部分组成，以农业项目、餐饮住宿项目、儿童游乐项目三大类特色项目为主，包括生态种植、果树认养、餐厅服务、意式客房、户外住宿、非遗文化展示以及亲子活动等系列具有吸引力的特色项目。

（1）以果树蔬菜种植、采摘、租赁为主的农业项目。主要是进口果树的生态种植，以及果树菜园的认种、认养，让游客体验绿色生态种植与采摘。

农场培育了 70 多个品种，1 000 多株进口品种果树（包括杏、李子、苹果、樱桃、西洋梨、葡萄等），以及 20 多种西餐厅佐餐香料，采用一园一景的建设宗旨，建设景观园、科普园、生态园，辅助种植大棚水果和蔬菜，保证为游客全年提供有机水果与蔬菜采摘。游客也可以根据自己的喜好订制一块属于自己的菜地或认养一棵果树，租金为 1 000 元/年，农场可代为打理。在果实成熟的时期，农场会提前通知认养的游客前来采摘，也提供采摘后快递邮寄到家的服务。

（2）**餐饮住宿项目**。餐饮住宿作为农场主要收入来源之一，包括主题西餐厅、中餐厅、意式客房、房车营地、全景星空房等，使游客在国内也可以享受到原汁原味的意式生活。

主题西餐厅：餐厅占地 2 000 平方米，层高 9 米，建筑及装修由意大利设计师设计，采用复式结构，配备标准的欧式厨房和特色壁炉，从整体到细节完美体现意大利托斯卡纳风格。并且由专业的意大利西餐团队对农场食材严格挑选，搭配经典的意式配料，为游客带来纯正的意大利美味。西餐厅室内外共有 300 个餐位，拥有 2 间相对独立的多功能厅，可满足宴会、会议的多种需求。

中餐厅：即装潢古朴淡雅的中意轩，餐厅以高档宴席、精品菜式为主要特色，深研国宴创新菜品菜式，为宴会提供订制服务。中意轩自助餐厅仅周末开放，可满足 120 人同时用餐。为游客提供中西餐美食与农场鲜果时蔬，夏季晚上还提供特色夜场烧烤晚宴。

意式客房：共 28 间意式房间，采用真火壁炉加木头、红砖、石头的托斯卡纳家居装修风格和全欧式 LOFT 布局，带有独立的庭院花园，并用大量的原木和石料进行装饰。墙面涂了比较厚的釉料，意大利风格的陶器和黄褐色的地板、地砖、铁艺旋转楼梯，基本还原了意大利乡村民居的风貌。

房车营地：来自美国进口的 Forest River（林河）房车，房车空间较大，配置客厅、厨房、冰箱、浴室、空调电视系统，带给游客全新的欧式田园露营生活体验。

全景星空房：农场还有具有现代建筑风格的全景星空房，360度全景视野体验，让游客感受不一样的意大利风情田园生活。

（3）儿童游乐项目。该项目由家庭活动中心、非遗体验馆、迷你动物园以及国际马术俱乐部等组成，主要针对亲子家庭，互动体验性较强。

家庭活动中心：意大利农场家庭活动中心是一间专业的针对亲子家庭游客群体的厨房体验中心。不仅拥有一整套完整的欧式现代化加工设备（包含专业面包房、果酱果酒果汁加工、意大利冰激凌制作车间等），还提供家庭式厨艺培训，亲子家庭游客在专业厨师的指导下，一起动手制作意式家庭比萨、曲奇饼干、意式面包、冰激凌等，并且还可以为有设备采购意向的游客提供项目整套复制服务。

非遗体验馆：非遗体验馆内容比较丰富，主要面向在农场度假的客人，以传统非遗为主，包括陶艺、扎染、蜡染、纺织、造纸、手绘脸谱、兔儿爷制作、青木工坊、银饰体验、素坯彩绘等，能满足 50 人同时参与体验制作。每个项目根据时间制定不同的收费标准，收费标准一般在 100 元左右，制作出来的物件可以留在农场展示，也可以作为纪念品让游客带走。

迷你动物园：园内养殖鸵鸟、羊驼、松鼠、孔雀、山羊、绵羊、兔子、珍珠鸡、鸭、鹅等十余种观赏动物和家禽家畜，孩子们可以与可爱的动物近距离接触，还可以在农场内购买饲料和蔬菜亲自喂养小动物。

国际马术俱乐部：俱乐部拥有国际化标准的比赛与训练场地，从事马术赛事交流与培训服务。俱乐部马的品种是来自欧洲的纯种、混血马，加上专业的教练培训团队，为游客量身打造专业的马术教学与安全的驾骑体验，也为爱马人士提供优质的代养和训练服务。

3. **经营情况**　农场凭借意式风格和京郊优势，吸引北京客户群体，每年游客接待量达 18 万～20 万人次，在 200 余亩的土地面积上创造出了 4 000多万元的年营业额，平均每亩地产值达 20 多万元。农场的收入来源主要分为两大部分：一是休闲消费，包括餐饮服务、客房住宿以及家庭活动中心，其中餐饮收入比重最大，占据农场全年营业额的一半左右；二是商品销售，包括对外合作销售农场自身农产品、自制产品、进口产品和进口设备等。

北京意大利农场的盈利主要来源一价全包门票和单住宿，具体见下表。

北京意大利农场盈利项目

名称	人数/房间类型	价格	优惠幅度
门票一价全包	2 个大人＋1 个小孩	660 元	一日游
	2 个大人＋1 个小孩	1 388 元	一日游＋住宿
	2 个大人＋1 个小孩	2 088 元	一日游＋住宿＋菜地认领
住宿	托斯卡纳套房	849 元	4 份早餐、多床
	花园复式房	670 元	双份早餐、大床/双床

4. **案例点评**　北京意大利农场凭借其鲜明的意式主题与 1 小时车程的独特京郊优势，牢牢锁定北京中产阶层，农庄的环境以及消费项目都是在主题引导下，从消费者的角度设定，围绕主题打造吃、住、行、游、购、娱等方面的特色消费项目。我们可以从中汲取几点经验。

（1）精准定位，主题明确。农场完美体现意大利乡村田园风光，原汁原味的意大利风格客房环境与意式餐饮满足中产阶层对欧式文化的向往与体验。

（2）创造情景消费，各类亲子活动新颖有趣。针对家庭亲子市场，设计众多亲子活动项目，建立与小朋友的情感联系，进而锁定家长。从意大利进购的 70 余种果树，品种丰富，加上各类手工体验活动，以及乡村动物园中各种有趣的小动物，无疑抓住了亲子家庭客群的视觉焦点与需求痛点，并且提出认购认养果树或者菜园活动，建立了与客户的情感交流，扩大了农场的影响力。

（3）产品开发多样，包含多种进口特色商品。意大利农场利用其丰富的国际商贸资源优势，以农场为体验平台，为游客展示多种欧洲进口的特色商品与食品。进口特色商品包含婚礼装饰糖果、橄榄油、各式意面、健康宝宝饮用水、知名红酒，以及依托进口加工设备所制作的各种鲜果产品等，满足以休闲度假为主的中产阶级的各种需求。

意大利农场是北京盈利能力最强的休闲农庄之一，它在主题打造、产品研发、项目设计等方面都值得我们认真学习。但市场在变，消费者的需求也在变，意大利农场只有适应这些变化，对产品和项目不断迭代升级，并建立起与消费者的情感纽带，增强用户黏性，才能不断创造奇迹。

三、田园梦想农庄——记忆与梦想中的乡村美学

每个中国人的心中，都有一座田园，都有一个田园的梦想。田园梦想农庄利用乡村美学落地记忆与梦想中的乡村。熟悉的场景、惊叹的细节，处处流露的是庄主对乡村独到的见解。

1. 基本情况

（1）园区概况。田园梦想农庄位于海南琼海市大路镇文头坡村，农庄所在地——文头坡村，有49户人家，共计266人，其中年轻人大多数外出打工，属于典型的留守村；全村有坡地300亩，农田200亩，主要种植水稻、蔬菜、瓜果、槟榔、荔枝等农作物。

农庄以生态农业休闲观光为业态，基于海南岛屿田园风光和乡土文化底色，融合农业三产融合、乡村振兴、村落文明，民宿业态、生态餐饮、自然教育、生活美学为一体的田园综合体。

以绿色环保、健康无毒、精致生活为核心，以农业为主题，延伸产业链，集结吃着美食、住得休闲、玩得开心等农创体验，促进农庄迈向产业化、规模化、观光化、精致化、体验化，形成一个一二三产业融合发展的共享海岛田园农庄。

探索新兴6次产业融合格局与产业价值提升之路，以共享农庄的概念，将农业的生产、加工和体验，以图文、展示、体验等多种方式呈现，赋予第一产业故事、美学、体验、休闲、社会教育的功能。

（2）发展历程。

2013年2月，由博鳌"海的故事"的创办者蒋翔回到家乡发动创建

2014年9月正式对外营业

2018年琼海市政府将文头坡村选定为美丽乡村重点打造村，首期预投入800万元进行整村开发，同时，田园梦想也被定为海南第一批共享农庄重点示范基地

　　农庄近期规划 60 余亩，投入资金约 500 万元，目标打造一个集循环农业、创意农业、农事体验于一体，以农业和民宿共享为主要特征的特色田园综合体。

　　远期规划 500 亩，目标打造以田园梦想共享农庄为主题特色的乡村田园综合体，打造过程将以田园梦想农庄的成功经验为借鉴，以点带面，充分利用文头坡村特色资源，打造海岛东部农耕乡土文化特色的乡村文旅度假地。

　　如今的田园梦想农庄，具有餐饮、田园观光、瓜菜采摘、农耕体验、休闲垂钓、乡村民间工艺展示等服务功能，是海南海的故事旅业发展有限公司继成功打造博鳌海的故事休闲酒吧主题公园之后，又一创意力作。

　　2. **园区特色**　农庄以自然生态环境资源、村落景观和大路牛肉、大路稻米为基础，现已由一户农家、一片土地的田园梦想起步，逐步建成了民宿、农家园林餐厅、无公害菜园、槟榔鸡园、田园风光农耕体验、田塘

垂钓、民间手工艺等服务体验项目。

（1）**主题民宿**。现有特色树屋客栈供游客体验。未来农庄与内地消费者众筹共建民宿一处（15 间客房）。因村内留有 20 世纪珍贵烧窑乡土文化财产，故定位为"陶艺主题民宿"。

（2）**乡土餐饮**。打造了林下餐厅、老爸咖啡，加之融入乡村美学元素，吸引了众多游客参与品尝。

（3）**农产品售卖**。依托无公害菜园、槟榔鸡园等农特产品生产区，游客可购买高品质农特产品。

（4）**民间手工艺**。依托文头坡村的陶艺产业历史，开发了陶艺产业，吸引了一批优秀的内地陶艺师驻村创作，带动了本地年轻人就业，丰富了乡村产业业态。

3. **经营情况**　现阶段经营内容：田园乡村观光、农家餐饮、树屋客栈住宿、休闲体验配套（环洋骑行、池边垂钓、亲子菜园、写生摄影）。

自 2014 年 10 月农庄开业以来，凭借在地原味的乡村风貌和独特的田园气息吸引了众多游客前来观光、休闲、写生、摄影等，初具雏形的产业链促成了当地 26 名村民通过从事农庄建设、服务业、餐饮业等解决了就业问题，拓宽了农民的收入渠道。截至 2018 年 10 月，已吸引约 9.3 万名游客前来旅游观光，旅游总收入约 280 万元。

田园梦想农庄经营发展三步走的战略：第一步是提供田园风光、品尝农家美食、体验乡村生活等服务功能，现日接待能力达 200～300 人；第二步是开发特色民宿供游客居住，利用当地特色资源开展民间工艺，借力海南共享农庄建设专项行动，开展共享项目，如开发一块区域将土地租给城里人自己种菜，自产自收，体验"采菊东篱下，悠然见南山"的劳作乐趣；与此同时，开发多元化在地吃、住、游、娱等配套项目；第三步是以田园梦想为核心带动整个文头坡村发展乡村旅游，带动当地村民返乡创业，促进增收致富。

农民利益机制。由合作社出面，将闲置民居租下来，经中介机构评估，以农房资产折价入股加入农房农业专业合作社实行按股分红，假设一套房子 400 平方米，前 3 年每年能获得近 5 万元分红。3 年过后，视经营情况，还会有每年不低于 5% 的二次分红。

4. 案例点评 田园梦想农庄正逐步实现人与乡村共同成长的美好愿望，主要体现在：一是通过复兴乡村传统文化，引入乡村美学，塑造新一代乡村人的精神风貌，并为村民提供民宿、餐饮、乡创等专业培训，实现了人因事业而成长，营造了幸福的乡村居住空间；二是以三产融合发展为核心产业模式，深入开展乡村空间营造及乡村文化建设工作，推进了乡村振兴和可持续发展。

（1）可借鉴学习之处。

一是农庄主题化。田园梦想是一个乡创平台，乡村美学是乡愁主题化手段，立足特色资源，链接外部资源，如吸引各类艺术家、利用品牌设计、故事挖掘、艺术再造、农业科普等文创艺术方式，实现乡村再造复兴。

二是文化创意在乡村落地生根。发掘打造具有乡村特色的文创产品，保护传统文化形式，回归耕读文化，在发展中保护，在保护中发展，并找到了可持续发展的原动力。

三是分期规划建设。农庄以三产融合为产业发展目标，初期选择从一户农家改造出发，以点带面，不断丰富业态，逐渐扩展开发建设外围区域，实现了整村致富发展。

四是人才队伍建设。内部人员技能培训，成立文头坡乡村旅游合作社，培养乡村游经营、管理、服务、导览等方面的从业人员；外部优秀人才引入，吸引了一批优秀的内地陶艺师驻村创作，提升了村子未来发展的内生动力。

五是整体和长远的营运思维和商业模式。农庄作为海南海的故事旅业发展有限公司子品牌，把公司三大品牌"海的故事—田园梦想—海口故事"整体联动发展，最终将发挥更大的社会效益和经济效益。

（2）改进提升之处。

一是业态单一、单价较低。农庄目前还是依托休闲观光、餐饮等消费项目，产品和体验项目的缺失导致现阶段发展处在初级阶段，未来可考虑增加特色项目和产品，延长消费者逗留时间，提升乡村旅游盈利水平。

二是乡村美学与产品设计脱节。目前，田园梦想的乡村美学主要体现在景观设计上，未将其独特的设计理念运用到农产品包装设计营销中，后期可根据客户需求订制农产品，实现乡村美学与产品设计相结合。

三是共享模式传统。从共享模式设计的角度看，它是最具备用创新思维和共享理念来实现模式创新的，未来可依托企业多品牌忠实会员的联动，带动农庄进一步发展。

四是主题景观偏隐形。乡村美学是个相对抽象的产品，因此在景观形象表达上比较难。未来可考虑引入 IP 形象，以 IP 统领农庄产品研发、景观设计，突破现状观光单一问题。

四、白鹿原影视城——关中特色大型影视城

白鹿原影视城是以荣获茅盾文学奖作品《白鹿原》为文化载体打造的一座大型影视城，是一座明清关中古城镇。整个区域集影视拍摄体验和文化展示于一体，使游客真实体验电影拍摄场关中建筑风貌及文化。在这里，可以与陈忠实大师零距离接触，感受片中人的悲苦离合和小说中所描述的荡气回肠与迂回凄迷。

1. 基本情况　白鹿原影视城位于陕西省西安市蓝田县前卫镇 S107（关中环线）将军岭隧道西 1 公里处，是由陕西旅游集团结合陈忠实老先生的著作《白鹿原》打造的集影视拍摄、精彩演艺、文化创意、美食民俗、休闲游乐为一体的综合性主题乐园。

影视城通过展示关中建筑、历史、宗法文化和居住、饮食、曲艺等民俗形成影视拍摄区，打造了白鹿村、滋水县城、景观步道、创意文化区、游乐园等多个主题区域，同时选用关中周围最为典型的"武关、萧关、大散关、金锁关、潼关"五个关口合围，形成"身在白鹿、远望天下"的景观。

2. 文化特色　白鹿原影视城，通过五大功能区的打造，还原小说中的关中建筑，重现影视剧中的经典场景，展示关中文化的魅力内核，让游客沉浸式体验小说中的塬上生活，领略关中风情。

（1）重现白鹿村。白鹿村以陈忠实《白鹿原》小说为原型，还原了关中传统的自然形态及生活形态，形成具有关中风情的游览和展示区域。白鹿村也是白鹿原影视剧的真实拍摄场地，如白嘉轩家、鹿子霖家、祠堂、戏台、关中广场等。此区域主要为游览、拍照之地，还有一些小吃及其他盈利项目。

（2）还原滋水县城。滋水县城不仅还原了《白鹿原》中关于滋水县城的相关环境场景，也形成了以关中传统风貌、生活形态、民间习俗等为核心，集游览、体验、美食等为一体的空间。滋水县城内有多个关中小吃、美食餐厅，也有场景体验，如背着枪巡视现场的士兵等。

（3）**打造创意文化区。**创意文化区是融合"创意、影视、艺术"于一体的创意文化基地，是首创性、创新性、概念性文化展示的聚集地，包含首创概念演出的《黑娃演艺》，西北首家轮胎主题公园，国内首创机械式兵马俑，全感官视幻喜剧秀《陕西八大怪》等，是影视新型文化基地。此区域是园区的核心爆点区域。

（4）**完善景观步道。**景观步道是园区的一条重要风景线，也是园区的一条导引线，以陈忠实故居为起点，连接十大作家雕塑群（包括路遥、陈忠实、贾平凹等）、七十二民俗浮雕群、竹林、池塘、月光舞台、白鹿云梯等项目，至巨幕影院为终点。

（5）**建设游乐园。**游乐园主要由关中巨幕影院、欢乐剧场、动物剧场组成。关中巨幕影院具有文化展示、影视观赏、影视体验和影视休闲功能，游客可以用直觉的视觉冲击体会清末民初的关中民俗、感受渭河平原五十年的变迁、亲近关中地区的风土人情；欢乐剧场引进国内外知名儿童主题娱乐设施。

3. 经营情况 影视城的主要盈利来源于套票和消费项目。一是影视城套票：门票＋《二虎守长安》演出成人票 60 元/人，白鹿原影视城黑娃演义＋电影科技馆＋观光车＋扶梯/观光车票成人票 148 元/人，白鹿原影视城滑道＋鬼屋＋滑索票 88 元/人；二是影视城内消费项目：美食小吃 10～30 元/人，餐饮 60～120 元/人。

白鹿原影视城占地 10 600 亩，计划投资 30 亿元。2016 年 7 月 16 日试运营，2017 年"五一"期间接待游客超过 30 万人次，2018 年"十一"期间每天接待游客超 8 万人次。但是从目前园区的盈利反馈来看，仍处于亏损阶段。

4. 案例点评 从业态上来讲，白鹿原影视城是一个旅游类产品，不是传统的休闲农业与乡村旅游，但是白鹿原却代表着影视类乡村的发展方式和发展路径。

一是白鹿原保留着影视类乡村的原型用于参观和游览，并还原更多的同时期历史场景。做得最突出的是通过演艺和沉浸式情景体验让游客体验白鹿原的塬上民俗文化。白鹿原影视城不仅一天安排了不同的场景演出，演出观众也可以有机会参与，同时，在影视城中还有背着长枪巡逻的士兵等场景出现，游客可以吃着关中美食，逛着关中民宅街道，体验关中塬上文化，文化体验感很强。

二是白鹿原不仅有影视城场景化项目，还根据游客需求，设置了游乐区、民俗住宿区等项目，满足游客一站式需求，这也是白鹿原不同于传统影视城的做法。相比于传统影视城，白鹿原的项目设置更像是塬上乡村旅游的打造方式，更加接地气。但是白鹿原影视城仍需要在景区配套服务、整体项目布局、周边环境打造、周边资源整合和盈利模式上进一步完善。

五、玉川酒庄——艺术精品酒庄

玉川酒庄，由知名建筑师马清运创办于 2000 年，位于西安市蓝田县境内，坐落于秦岭南麓的山坡之上。作为中国主要的商业和文化中心，这座古城被认作是"中华文明的摇篮"，到处都是迷人的风景。玉川酒庄作为中国极少数庄园酒庄，始终致力酿造结合当地气候、人文、传统和创意的顶级中国葡萄酒。

1. 基本情况　玉川酒庄位于陕西省蓝田县玉山镇，也被称为玉川酒庄，得名的原因是酒庄所在的玉山镇是帝王之石——蓝田玉的产地，多条千年古河流经秦岭汇聚于此，因此该区域也被称为"玉川"。

玉川镇是马清运的故乡，马清运本人是国际著名的建筑设计师，23岁毕业于清华大学，27 岁成为美国宾夕大学的客座教授，41 岁成为美国南加州大学第一位华人院长；2014 年被美国建筑学会评为 21 世纪最杰出的建筑师之一（全球 10 位，亚洲仅 1 人）。因为对故乡无法割舍的情怀，2000 年，马清运回到故乡，创办了玉川酒庄，称为最独特的中国葡萄酒产业基地之一；2004 年，马清运花费了 3 年时间，为纪念父亲而建造的一栋石头房子竣工，这成了玉川酒庄的第一栋房子，取名"玉山石柴"，在国外的建筑杂志上，它叫"父亲的宅"，而当地人则称它"石头房子"，因为最基本的建筑材料都是附近河里的石头。2008年，酒庄"井宇"一号建成，被美国《建筑实录》评为2010"世界七大经典住宅之一"。

玉川酒庄现拥有葡萄园800亩，年产量10万瓶，包含黑比诺、梅尔诺、赤霞珠、品丽珠四种红葡萄品种，以及常相思和霞多丽两种白葡萄品种。从2009年起，玉川酒庄更是"引进"了加利福尼亚州纳帕谷的顶级酿酒团队，包括顶级酒庄"作品一号（Opus One）"的主酿酒师 Michael Silacci 的弟子 Victoria Coleman 的加盟，在酒庄酿酒师维多利亚·科尔曼（Victoria Coleman）的建议下，玉川目前使用法国的 Tonnellrin Baron 橡木桶（也是 Opus One 等名庄使用的橡木桶），黑比诺使用228升的勃艮第桶型，赤霞珠混酿使用225升的波尔多桶型。

2. 文化特色 玉川酒庄的设计颇有地域特色，其建筑采用当地传统的材料和建造手法；玉川酒庄的葡萄酒果香浓郁，散发出宜人的芬芳，受到许多国际一流葡萄酒大师的赞许。玉川酒庄也正是因为这两点，受人瞩目、吸引客流。

（1）知名建筑师操刀进行建筑设计。"父亲的宅"是马清运送给父亲的礼物，此建筑全部采用当地的石材，使用本地的工匠，历时3年建成。父亲的宅最吸引人的地方是房子的外墙，使用当地的河流——清峪河的鹅卵石，鹅卵石由于经过百年的冲刷，表面十分光滑，并呈现青、黑、白、褐的不同颜色，因此父亲的宅被当地人亲切地称为"石头房子"。

井宇是玉川酒庄的标志性建筑，井宇四周都是葡萄园，井宇的外墙采用传统的灰砖，谦逊低调。井宇之名来源于关中民居最常见的坡顶形状，但是又打破了"房屋半边盖"的传统，创造了一个"坐井观宇宙"的空间。第一座井宇于2006年建成，以蓝田玉为建筑主材，现在，井宇二号、三号也已经落成，玉川酒庄的私人会所——玉域会就坐落其中。

　　酒厂是由一个旧面粉厂改造而来，酒厂保留了原有的砖墙、席顶，甚至墙上"收粮"的标语，酒厂从 2004 年开始酿制葡萄酒。之后，酒厂又改建了"酒舍"，由 19 位艺术家匠心创造，用玻璃盒子的造型，其通透高挑的造型创造一个名副其实的艺术酒店。此外，酒厂还在广场上建造了一个葡萄架，葡萄架上种植了多品种的葡萄，架下放置着长木条桌椅，是招待酒友的最佳选择。

（2）**专业团队酿制精品葡萄酒**。玉川镇是上天赐予的世界级地质公园，是一百万年前人类的祖先蓝田猿人在此繁衍生息的净土，同时与世界葡萄产地法国勃艮第处于同一纬度，又盛产蓝田玉，风光旖旎，土质、气候、阳光均适合酿酒葡萄的种植。酒庄葡萄种植有 800 亩，山地种植，葡萄种植采用有机绿色种植技术，为了保证葡萄酒的品质，葡萄严格控制产量，精品种植，大多数葡萄均用于酿酒使用。

2006 年，玉川酒庄开始对外销售葡萄酒，玉川酒庄的葡萄酒果香浓郁，散发出宜人的芳香，受到国际一流葡萄酒大师的美誉。从 2009 年开始，玉川酒庄又开始酿造水果酒，从陕西当地的柿子开始研制"柿子酒"，又与北京平谷合作研制"桃酒"，与山东莱阳合作酿制"梨酒"，并以此创立了"果然 Fruit of Course"全发酵水果酒品牌。

3. 经营情况　玉川酒庄最大的盈利项目是葡萄酒，葡萄酒采用会员制方式，会员费从几十万到一百多万不等。按照不同的会员等级可以优先购买当年的葡萄酒并储藏在酒窖中，同时，玉川还为会员酿制专属葡萄酒，并配以个性酒标，成为会员的珍藏。

4. 案例点评　玉川酒庄是对父亲的赤子之心，也是反哺故乡，对家乡对土地的一种情怀，这也是许多庄主做休闲农业的初衷。但是这种初衷可以代表一时的决策，如果没有好的盈利模式则初衷会逐渐被消磨，直至黯然退出。玉川酒庄则是将马清运的个人品牌、个人优势与酒庄很好地结合在一起，既满足了情怀，又带动了家乡的产业兴旺。

（1）马清运以个人的建筑设计优势开启了故乡再造。马清运借助最擅长的建筑设计，利用故乡的石头、河流和风景，建造了"父亲的宅"，引起了行业及周边对故乡的关注。

（2）以国际化的眼光选择了当地的气候和土质条件，种植葡萄，开始葡萄酿酒。酒庄的运营不是所有人都能够驾驭的，它需要庄主有国际化的视野、高端的消费者资源、充裕的资金，这些都是马清运多年积累的个人优势，通过葡萄酒得以放大。因此，玉川酒庄才可以通过会员制的方式迅速笼络了一批高端消费人群，为酒庄运营奠定基础。

（3）酒庄在具备基础保障后，再次回归田园。建造田园风的酿酒车间、田园民宿，聚集艺术家，开展研学教育，在葡萄树下品酒畅谈人生，让酒庄平民化和在地化。

从玉川酒庄的发展历程来看，启动、定基础、发展，都有其独特的借鉴之处，酒庄也经历多年的发展，带动了当地休闲农业与乡村旅游的发展，真正实现反哺家乡的初衷。

六、清境农场——"瑞士风情"主题农场

　　清境农场位于台湾地区南投仁爱乡，它利用所处地域的优越环境，以"瑞士风情"为主题，通过创意设计，针对家庭、青年、旅游出行人群，提供游览观光、特色民宿、餐饮、农产品、休闲娱乐的综合文化创意农场。

　　1. 基本情况　　清境农场位于台湾南投仁爱乡，清境农场海拔1 748米，地势高，出产高山蔬果、花卉、茶叶及畜牧养殖等。

　　清境农场原是台湾退辅会所经营的公营事业，原名"见晴农场"。1967 年，时任退辅会主委的蒋经国到农场视察，认为此地"清新空气任君取，境地优雅是仙居"，退辅会将此地更名为"清境农场"，并沿用至今。农场将自然景观与农牧生产相结合，开启发展休闲农业的旅程。

　　整个地块总面积达 800 多公顷，其中清境农场面积约有 760 公顷。规划有畜牧区、花卉区、茶园、步道、草原等，农场内设有国民宾馆、青青草原、畜牧中心、旅游服务中心、游客休闲中心、寿山园生态区、清境小瑞士花园。

2. **园区特色**　清境农场以瑞士风情为主题，通过合理利用环境地理优势，结合文化创意为游客提供异域风情的体验，打造清新雅致的田园景区，策划别致有趣的表演活动，成为当地有名景点。策划爆点吸睛体验活动，如绵羊脱衣秀，清境农场模拟新西兰市场拍卖及剪羊毛等活动，整个表演时间约 40 分钟。

泡温泉，望星空，由于清境农场地理位置以及环境很好，晚上可以看到璀璨的星空景观，在这里开设露天温泉，游客可以边泡温泉边欣赏夜空。

夏季风车节，清境农场在草原上设置了风车，每到夏季都会定期举办风车节，还会有当地云南哈尼传统舞蹈表演，以及台中市青少年交响乐团的精彩演出。

景点风情观览，清境农场规划了很多景点，比如摆夷文化风情、云端上喝咖啡、山上听民歌、游酒吧等，吸引众多游客前去饱览一番，还有一些新人的婚纱摄影也会选在这里；此外，还有马戏表演、滑草、团体游戏、露营等多种体验活动。

3. 经营情况 清境农场收入主要来源于门票、餐饮住宿、场地租赁和伴手礼及纪念品销售。

门票。平日成人票160元新台币/人、儿童票80元新台币/人、假日成人票200新台币/人、儿童票100元新台币/人。套票分两种，一种是256元新台币/人，包括埔里—松岗（清境农场）往返车票1张、国民宾馆—青青草原单程车票1张、青青草原（清境农场）购票优惠券（凭券入园可享购团体票价），国民宾馆住宿优惠券平日6折、假日8.5折；另一种是600元新台币/人，包括台中—埔里往返车票1张、埔里—松岗（清境农场）往返车票1张、青青草原（清境农场）入园券1张、国民宾馆—青青草原单程车票1张，国民宾馆住宿优惠券平日6折、假日8.5折。

青青草原门票，平日160元新台币/人，假日200元新台币/人（寒、暑假皆以假日计费）。

小瑞士花园门票，120元新台币/(次·人)，其他项目：①幼狮区露营收费150元新台币/次，可烧烤，共39个营位；②普通区平日600元新台币、假日1 000元新台币，不可烧烤，可使用园外烧烤区，共30个营位；③乐活区平日800元新台币、假日1 200元新台币（提供8人住宿的木栈板），不可烧烤，可使用园外烧烤区，共15个营位，提供电源插座。服务项目包括场地租借、停车、烧烤、电源供应等多个分类。

4. 案例点评 清境农场和台湾其他知名农场一样，有许多值得学习之处。

一是借力名人。1967年，时任退辅会主委的蒋经国到农场视察，认为此地"清新空气任君取，境地优雅是仙居"，退辅会将此地更名为"清境农场"，并沿用至今。如果一个园区能够借力名人的评价或者言论对园区的品牌形象和宣传是有很大帮助的。比如北京的天葡庄园，园区的歌曲是阎维文作词作曲的，所以他们在宣传时经常说，葡萄是听阎维文歌曲长大的，能不好吃吗！

二是节庆打造。清境农场的风车节属于策划过程中从无到有的创意典范。一条普通的上山路，通过两排手工风车的装点，一下子变成了一种特色景观，同时形成一个具体品牌特色节庆活动。农场要懂得打造属于自己的品牌节庆，很多情况下，不是受限于你有什么，而是你能够想到什么。

七、薰衣草森林——打通产业链的标杆农场

薰衣草森林位于台湾地区台中市，是一家故事感很强的农场，有精准的用户人群，依托香草精油产业，打造了婚庆、餐饮、住宿、精油产品、旅游多个板块，极大程度的覆盖了年轻女性群体的生活。

1. 基本情况

（1）园区概况。薰衣草森林位于台湾地区台中市新社区中兴街 20 号，是一家故事感很强的农场，占地 3 960 平方米（台中市新社店）。

（2）发展历程。创办源于两位女生的创业故事。在 2001 年，故事的

两位主人公詹慧君和林庭妃相遇，一位原在台北花旗银行上班，另一位在高雄做钢琴教师，因同一个梦想走到一起。她们在台中县新社乡中和村种植了一片薰衣草，以新台币200万元投资创办了自己的第一家咖啡馆，传递梦想与勇气，让更多的年轻人在这里能感受到温暖与能量。在17年的发展过程中，2004年新开设新竹尖石薰衣草森林，2008年开设苗栗明德薰衣草森林，共打造了3家薰衣草森林园区（台中新社店、新竹尖石店、苗栗明德店），1个爱情合兴车站店、10个品牌，整个旗下共计开设了26家店铺，员工人数达200多名，以青年人为主。创始人注重年轻人的培养，这与薰衣草森林的精神气质有极大的关系，各大店长几乎都是"80后""90后"，整个企业充满了生机。

2. **园区特色**　薰衣草森林围绕主题故事，将精神与情感、文化渗透在园区每个板块，在市场中不断研究用户需求，更新创造新的服务内容，并形成独立的品牌，实现连锁性，将园区的营收渠道做宽，在场景、产品、品牌的打造上具有极强的借鉴性。

（1）围绕品牌精神，打造品牌生态。薰衣草森林在发展过程中，不断培育新的项目，进行产品迭代，从第一家台中新社店到后面的新竹尖石店、苗栗明德店，均能看出项目布置和内容植入的越渐丰富，至今3家园

区中都有标准化的核心项目，但由于地域的不同，针对性不同，各园区也有自己独特的项目板块。同时经过多年经营，基于园区也孵化出 10 个品牌，分别为：薰衣草森林园区，森林岛屿（文创产品），缓慢（民宿品牌），缓慢寻路（民宿孵化平台），缓慢文旅（提供订制式的旅行服务），好好（餐饮空间），香草铺子（产品店铺），心之芳庭婚宴主题园区，桐花村（客家餐饮品牌），漂鸟（青年交流平台）。

（2）用小巧精细的设计，呈现梦想与勇气的品牌理念。薰衣草森林园区的基础服务内容有森林咖啡馆（花园料理）；许愿树供游客在这里寄托自己的梦想；景观花田、景观布道和户外娱乐项目供人们游览散步；在园区的不同区域，也会点缀一些小型的娱乐设施，如森林旋转木马，同时还有香草市集和香草铺子，售卖上百款香草及周边产品，一亩田是餐厅的配套，主要用于园区内部餐饮食材供应，创意邮局供人们将自己的心事或者梦想记录在明信片上，可以邮寄给未来的自己，或者自己身边的亲朋好友。生活小铺主要提供生活中的系列产品售卖。

（3）薰衣草森林还开设了丰富的手工体验，如初衷小屋设在台中新社店，是 3 家园区中最大的手作体验馆，是邀请 2014ADA 新锐建筑奖特别奖得主的自然洋行创始人与设计总监曾志伟设计的，遵循融入自然的理念，整体由人工搭建完成，在这个空间中，为游客提供手磨咖啡和阅读的体验。森林手作馆设在苗栗明德店，面向孩子人群，提供进行木作、绘画的手工体验。

（4）在外围空间，针对旧车站进行了文化改造，如爱情合兴车站，原本是一个运送石灰石的车站，2000 年停运，后一对夫妻买下车站，也通过此事引出了两个人曾经在这里的爱情故事。后由薰衣草森林入驻打造设计，与周边景观结合，打造了爱情主题园区，设置园内站点提供观光体验、文创产品服务。车站路线，小婚礼广场-苦练爱情树-回到爱情-香草铺子-许愿钟-勇气塔-爱情月台。

3. 经营情况 薰衣草森林，成长速度很快，在 2014 年时营业额就达到了约 5 千万元，到了 2018 年做到了 1.2 亿元的收入。薰衣草森林的主要盈利来源是丰富的产品和特色餐饮、民宿。通过不断的构建产业链，根据消费需求拓展盈利渠道，增加了农场的收入。

4. 案例点评 薰衣草森林以两个女生的梦想起步，注重文化和体验的挖掘，将生意变成了文化，文化变成了品牌。她们不仅贩卖梦想，更懂得体验的变现，商业模式的构建和品牌的打造。其品牌精神集合了年轻人的勇气和冒险的特征，找准了核心人群。薰衣草森林的发展不限于农场的服务内容，也根据品牌精神脉络，将服务延伸到了多个领域，构建文旅、住宿、餐饮、城市店铺、手作等多个独立的品牌板块，增加了多个产品变现的渠道，各品牌彼此之间相关联，对理念体系进行更广的延展，在客户心中形成深刻的品牌烙印。

薰衣草森林的产品设计是通过两种方式进行的。一种是针对产业进行深加工，开发多品类产品，如香薰、护肤、餐饮、便携茶品、盆栽等；另一种是根据品牌理念开发的治愈系产品、旅行性产品、文化用品等，极大化的拓宽产品线路，带来更大收益。

只有自己走得更快，才能在这个世界寻得立足之地。如今的薰衣草森林通过围绕人的体验方式，以第一速度构建了多个子品牌，形成不折不扣的品牌家族和品牌帝国。

八、花露休闲农场——将主题做深做透的农场

花露休闲农场位于台湾地区苗栗县卓兰镇，以香草产业为核心，主打"花"主题特色园区，开发了丰富的香草产品，将精油的加工提炼做成科普内容，将香草知识做成文化内容，根据主题设计场景化营销，以此拉动园区的发展。

1. 基本情况

（1）园区概况。花露休闲农场位于台湾地区苗栗县卓兰镇西坪里，占地面积 50 亩，种植了近 300 种香草植物，集合了观光、体验、产品售卖、餐饮住宿多项服务。

（2）发展历程。农场成立于 1987 年，创始人陈基能原是退伍军人，后因对农业的热爱，喜欢花草，买下了这块土地，种植一品红，通过不懈努力开发出"用灯光调节开花时间"的技术，突破了一品红开花时间短的问题，后转型做休闲农场，将精油产业引入农场，至今 32 年历程。

2. 园区特色

花露休闲农场打造全产业链，从种植、加工到周边休闲服务一应俱全，并立足主题，将每一个项目板块的功能进行定位，围绕核心内容，提供给游客系统的服务，在各个项目的打造上具有很好的借鉴性。

（1）花露农场围绕香草产业，注重场景营销，在环境上融入主题，打造了丰富的消费内容。如农产品售卖展示区主要提供季节性花展；餐饮区有原木餐厅、养生餐厅提供特色美食；雨林部落提供西式餐饮；休闲体验区主要有精油萃取室、精油主题博物馆、精油城堡民宿，提供多样的体验和住宿，周边有薰衣草田提供景观。

入口景观区
1 停车场
2 售票亭
　农场入口
3 迎宾景观水池

中式合菜养生料理区
8 餐厅
8-1 餐厅
8-2 原木餐厅

雨林部落区
11 西式套餐
　咖啡 花茶

鼻香香树区
4 农产品展售区
5 香草能量花园
6 精油故事馆
7 精油鼻香区
9 二便文化概念馆

花卉区
10 薰衣草花田
　1月至4月

民宿区
12 精油城堡民宿

花露休闲农场导览图
(Flowerhome Guide Map)

（2）*产品丰富，琳琅满目*。精油主题博物馆是花露休闲农场的特色项目，也是台湾唯一一家精油博物馆。农场将精油的来历、加工过程、萃取用具都进行了展示，同时设置了精油萃取的体验，精油理疗体验等。博物馆内种植了大量不同种类的香草，也有一些稀有品种，各自都有不同功效，如防蚊、宁神、可食用等。农场将香草进行了深度加工，开发了上百款香草产品，如香皂、洗发水、护发素、各类功效的精油，可防止晕车、有助睡眠、缓解衰老等。

　　精油展览馆，看得见摸得着的观光工厂，多达 40 余种产品，游园体验过后，产品信任得以建立，游客购买欲望激增。

　　（3）强化芳香美学，设计打造精油城堡民宿。房间的设置按照现代化的风格，融入空间美学，设计了王后房、香氛房、桐心房 3 种主题房型，内部细节进行了精致打磨，选用高品质的生活用品，精油产品在房间中成为标配，供客人体验。

　　（4）开发花的创意应用，打造二便文化概念馆。融入了花草造型的洗手间是花露休闲农场的一大亮点，每一个细节都用花、蝴蝶、猫头鹰等元素进行装饰，让游客尽情"浇花"。

3. 经营情况 园区年营业收入 1 363 万～1 590 万元（6 000 万～7 000 万元新台币），其中，产品销售额占 50%。农场盈利板块主要由餐饮、住宿、产品等构成，产品销售占营业额的 50%。

4. 案例点评 花露休闲农场以花卉生产起家，园区花卉、香草植物种类繁多，并延伸开发出以香草植物精油为主体的创意商品，具有非常明确的主题特色。农场内的建筑设计，也强调与花卉结合，包含洗手间、走道，乃至园内每张桌上的装饰，皆有新鲜花卉，不但融入周围环境，也深具环保意识。整体规划以原生（回收）概念为基础，并以竹木、漂流木等回收素材为主要材料，加上自然农法、有机耕种等作为实施，呈现出极具现代化环保观念的农业精神。

花露休闲农场是一个将花主题打造成极致的园区，所以它带给我们最大的学习价值就是领悟如何把主题做深做透。

（1）园区到处充满主人精心创意的花样美学。几个破缸巧妙搭配，组成美丽盆景；铁皮屋经由木头和绿植装点，成为情调满满的果茶厅；不时喷出的水雾，营造出一种仙气和神秘感。

（2）爆点节点的打造可谓用心。园区的"二便文化概念馆"，男女卫生间的水龙头各用了翩翩飞舞的蝴蝶及象征智慧的猫头鹰造型，而男性卫生间更是充满花样，每个小便兜都变成美丽的花朵，这叫如厕有文化，去小便就是去尽情地"浇花"。

（3）园区的花样产品开发可谓极致。经过园区体验后，进到精油馆，人就有了无限的购买冲动。可见，因爱而生，心甘情愿买单是园区设计的最高境界。

一方水土养一方人，农业是不可复制的。相比我们身边充满商业痕迹的水果采摘、垂钓，或者生态观光，如何走出同质化竞争雷区，围绕"农"的天然优势，在创意上下功夫，玩转个性化，打造自己的品牌，才是我们乡村旅游应该深度思考的问题。

九、心　得

文化创意性的休闲农业园区虽然文化植入需要创意和用心，但一旦园区文化深入人心，就会在消费者心中形成深刻的品牌烙印，顾客的复购率就会高于一般的休闲园区。所以，以上案例的园区都经过了时间的检验，至今仍荣盛不衰，且一直保持稳定盈利。

分析以上几个典型文化创意性休闲园区，有如下一些启示：

（1）文化原汁原味。目前有很多园区打着文化的名义，但这些所谓文化大多是写在纸上，挂在墙上，只是做的表面形式，没有渗透文化的精髓，这样的文化园区是虚假文化繁荣。意大利农场倡导异域文化，就将意大利原汁原味的文化引入，甚至为了保持意大利美食的地道，从意大利请厨师，园区内的果树从欧洲引入，调味品、红酒等都是意大利进口，因此园区开园之初吸引了大批北京的欧洲人士和曾经在欧洲留学的国人前来就餐休闲。文化创意型园区既要保持文化的原汁原味，也要考虑文化的在地转化，可这种转化更应该是润物细无声，无形中转化，留给游客的仍然是深刻的主题文化。

（2）文化场景化和仪式感。场景化和仪式感是文化的最佳展现形式，如白鹿原的场景演艺，还原抗战期间攻打县城军民奋起反抗的场景，且随机选择几名游客共同换装参与，游客参与度高，自然就能感知塬上文化。再如薰衣草森林在许愿树旁边有一个大大的铃铛，挂上许愿牌之后要拉响铃铛，仿佛愿望已经传送出去，这种仪式感会大大增加许愿的感受。因此，在植入文化的同时，要时刻考虑这些文化应该用什么样的场景布置和仪式形式才能表现出来。

（3）文化在细节中见真章。文化的体现需要细节的打磨，就像花露休闲农场一样，农场到处都能看到花草的影子，屋顶、道路两旁、池塘中，甚至在餐桌上、卫生间内都能体现花香田园主题。花露农场的卫生间目前已成为游客拍照打卡点，这就是文化的无处不在，当游客目光所及之处、脚步所到之处都能深刻体验到园区文化，那园区的文化就真的深入人心了。

（4）**文化要经得起时间的考验**。从以上案例可以看出，这些文化创意型园区都经得起时间的考验，且时间越长，文化的韵味越足。比如意大利农场、花露休闲农场、清境农场、马清运酒庄、薰衣草森林的经营时间已超过 10 年，10 年的文化深酿，无形中也形成园区独特的韵味，建立属于自己的竞争门槛，这是其他新园区很难超越的，因此超过 10 年的文化创意园区运营和盈利也会保持稳定。

所以，虽然文化创意型园区建立之初投入成本高于同类园区，且需要经营者细节打磨，耗费心力，但这类园区在时光岁月中会逐渐散发出其文化魅力，真正成为经营者一辈子的事业。

第四节　田园综合类

当前，我国的城镇化水平近 60%，在以人为本的城镇化转型发展阶段，增速减缓，质量提升，城乡统筹互动要求愈发明显。2017 年中央 1 号文件首次提出"田园综合体"概念，原文如下：支持有条件的乡村建设以农民合作社为主要载体、让农民充分参与和受益，集循环农业、创意农业、农事体验于一体的田园综合体，通过农业综合开发、农村综合改革转移支付等渠道开展试点示范。

田园综合体作为新型城镇化战略和乡村振兴战略的实践抓手，在面对城乡发展不平衡、农村发展不充分的背景下，探索以乡村产业融合为突破口，以"综合"的理念和特征，寻求乡村各方面的平衡发展。

现阶段，田园综合体发展存在产业建设用地指标紧缺、高端人才引不来留不下、产业带动力弱、乡土文化复兴浮于表面、生态问题日益凸显、市场化程度低等问题，文中案例传承在地传统文化，因地制宜发展产业，不断复合新业态，联结农民利益取得了可观效益。水稻国家公园以"区域生态化、景区科普化、农田景观化、景观产品化、产品体验化"为理念发展农旅融合；大梁酒庄融"酿酒高粱种植、原酒加工酿造、邛酒文化体验、田园花海休闲、民俗文化体验、稻草艺术观光"于一体不断丰富酒文化内涵；田园东方以现代农业、文化旅游、田园社区为一体的发展模式，强调农业与旅游相结合，推动城乡统筹发展。复合功能下的"田园"不仅凸显了其综合价值，同时也为乡村发展提供了更多美好的可能性。

一、田园东方——新田园主义开创者

田园东方作为国内田园综合体的首个落地项目，以"新田园主义"为指导，涵盖现代农业、休闲旅游、田园社区三大格局，激发了阳山镇产业潜力，三产融合，层级推进，不断链接新业态，助推乡村振兴落地生根。

1. 基本情况　田园东方位于江苏省无锡市惠山区阳山镇北部，东南部与西南部分别与阳山镇老镇区和新镇区相接，南侧有大阳山、小阳山、长腰山。阳山镇地处长三角地区，东临上海、苏州，西接南京，南临太湖，北靠长江。

距苏州、常州 15 分钟高铁，距上海 45 分钟高铁；距上海虹桥机场及南京禄口机场约 1.5 小时车程；锡宜高速、新长铁路、陆马快通、342 省道穿镇而过，西环线对接市区高架，靠近京沪、沪宁高速。

阳山镇素有"水蜜桃之乡""绿色大氧吧"美称，桃林约 20 000 亩，生态林 7 000 多亩，山地约 10 平方公里。阳山镇域内有火山、桃园、寺庙、书院等旅游资源。

田园东方占地面积 6 246 亩，涵盖拾房村、住基村、安阳山村、鸿桥村 4 个村。规划一期已建成田园示范区，二期总规划用地面积 370.6 公顷。

农业种植面积 3 000 余亩（以水蜜桃种植为主），水产养殖 1 000 余亩。

2. **园区特色**　田园东方以农业为核心，以文旅为引擎，同时打造居住、学校等配套产品，规划形成包含现代农业、文化旅游、田园社区三大板块。

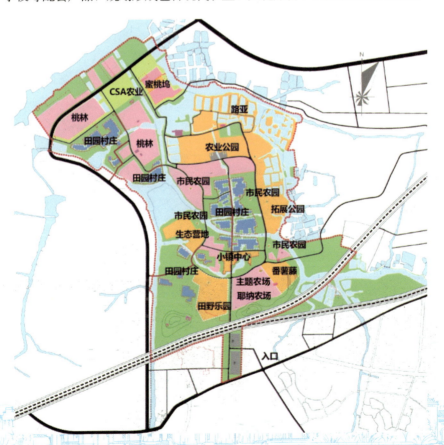

（1）**现代农业板块**。规划有 4 个农业产业园及休闲观光示范区，整合东方园林产业集团的优势，导入现代农业产业链上的特色、优势资源，开拓阳山镇特色农业发展新方向。农业产业园区包含有机农场示范园、水蜜桃生产示范园、果品设施栽培示范园、蔬果水产种养示范园。

（2）**文化旅游板块**。构建现代浪漫乡村生活情景，已建成运营并植入了多样新业态，包括保留了 10 栋拾房村老房子，以及八大文旅业态，主要是田园生活馆、有机蔬菜餐厅、学校、咖啡厅、市集、书院、民宿度假村及田野乐园。

（3）**田园社区板块**。以田园综合体居住物业为主，当地居民通过双置换并生活在新建社区后，运用新田园主义设计理念，在尊重原有的乡村风貌和聚落肌理的基础上，将农耕、生态、健康、阳光与居住亲密相融，打造了田园度假居住区和田园亲子度假酒店区。

通过深入研究在地村落历史文脉及遗留特色，植入新业态，搭建起田园运营内容主体，包装不同风格业态载体空间，将田园、生活、工作有机融合，实现三产融合、乡村复合化发展。

一是田园番薯藤·TINA 咖啡 & TINA 餐厅。2016 年，引入台湾地区知名的有机品牌番薯藤，合资打造了田园番薯藤 TINA 厨房及咖啡等田园有机品牌。以健康饮食为出发点，主要提供各类健康当季新鲜美味。

二是拾房咖啡。乡村咖啡厅，紧扣拾房村古朴自然的文化、质朴的风情和清风散发出的土壤气息，创造了更多田园乡村带给人的安静滋养空间。

老屋餐厅，作为民宿的餐饮空间，为游客提供餐食。周五狂欢日，提供乐队表演、自助烧烤等互动项目。

三是拾房市集。拾房市集开敞的活动空间，主要有乡村市集、交流平台的功能，聚集文创、小吃、蔬果等系列产品，定期举办民间手艺展示、村头艺人表演等活动。

四是稼圃集民宿。民宿采用修旧如旧手法，同时融入乡村美学元素，将拾房村最为悠久的房舍，营造成为乡土田园风情度假体验空间，共建有24间民宿。

　　五是亲子度假村。亲子度假村以水蜜桃故乡为主题，整个居住环境轻装修，重装饰，以田园明快、简约装饰为主要风格。现提供丰谷、桃李、耕织、静流四大主题，共70余套由返租改造而成的度假屋，周边配套有温泉、拾房书院、面包坊、拾房咖啡、田野乐园等体验项目。

　　六是拾房书院。拾房书院在原拾房村的旧私塾的基础上，通过复古的朴素装饰、沉静浓郁的书香氛围营造，融入"师法自然，复兴田园"主题，形成了280平方米的浓厚书香气质的拾房书院。

　　七是田园大讲堂。田园大讲堂建筑占地面积 1 618 平方米，由室内会场、室外休闲区和延伸绿化景观三部分组成，以毛竹为主要元素。主要功能有活动空间、室内课程、讲座会议等，是整个园区对外交流的平台。

　　八是蜜桃猪 DE 田野乐园。田野乐园占地面积 30 亩，基于阳山水蜜桃之乡，以蜜桃猪为主题原创 IP，选用泥土、木头、树桩、树枝等原生材料和循环材料营造出完全不同于城市钢筋水泥环境的儿童非动力乐园。乐园内有儿童手作体验区和动植物体验区等乡村儿童俱乐部，丰富了儿童自然教育、游玩体验。

　　九是田园生活馆。生活馆主要由乡村文创基地和生活展示馆构成，追求日用美学设计感，平常生活艺术化目标，精选了健康食品、文创艺术品入驻；同时提供田园村趣手作教室空间，可进行手工体验。

十是拾房手作教室。手作教室利用老房子改建为手工教室，开设了植物草木染、瓷刻、皮具制作、木艺等非遗文化体验课程，游客既可亲自体验制作，又可购买手工工艺品。

十一是花泥里陶瓷手工体验坊。在陶瓷手工体验坊，可亲手体验"泥塑—拉坯—涂色—烧制—上釉"的陶艺的制作过程。

十二是北区项目。该项目在北区小镇中心"蜜桃街"已建成，同时，作为北区主力业态的两个自然乐园"植物大战僵尸农场""疯狂拖拉机农场"也相继开园迎客。

3. 经营情况

（1）现代农业板块。田园东方自2013年起与阳山镇、桃农小农户合作打造了3 000亩水蜜桃生产基地，成为阳山地区最大的水蜜桃生产基地。经过多年规划及科学管理，基地生产的水蜜桃广受市场好评，并获得2017年全国赛桃会金奖。桃农也因高品质的水蜜桃获得丰厚收益。

（2）文化旅游板块。田园东方在对传统乡村空间改造基础上，植入了文旅休闲业态，针对亲子家庭、商务团体、学生、情侣、艺术家、农产品经销商等群体，构建了文化休闲八大业态，包括田园生活馆、有机蔬菜餐厅、学校、咖啡厅、市集、书院、民宿度假村、田野乐园。

（3）田园社区板块。田园东方的社区板块开发建设主要针对当地居民、新住民、游客共融生活。当地居民通过双置换并生活在新建社区；新住民开发的物业主要针对城市人的康养度假屋，作为"逆城市化"的乡村居所，满足城市人回归田园生活的愿望；由于新住房屋的用途多为度假需求，非节假日空房率高，因此田园东方将闲置的度假物业以受托运营和分时度假运营模式，返租托管运营，用于游客夜宿需求。

目前，田园东方分为现代农业、田园社区及文化旅游三大板块，盈利模式主要是通过自营、联营和销售等业态，保持田园综合体综合盈利能力见下表。

田园东方盈利项目

业态	盈利项目	内容
自营	田园度假	亲子度假村
	田园游乐	蜜桃猪DE田野乐园
	田园商业	拾房市集、TINA餐厅
	田园活动	田园生活馆、拾房咖啡
联营	田园民宿	稼圃集民宿
	文创活动	拾房书院、拾房手作、花泥里陶瓷手工体验坊
	教育学校	华德福学校
	节庆演艺	田园大讲堂

（续）

业态	盈利项目	内容
销售	农产品	水蜜桃、果蔬
	文创产品	拾房书院、拾房手作、花泥里陶瓷手工体验坊
	分时分权度假产品	稼圃集民宿、亲子度假村
	物业租赁	田园社区

4. 案例点评　伴随我国城镇化发展进入新时期，面对城市与乡村皆出现的不同程度发展问题，如何破解城乡二元体制，解决"城市病"与"乡村病"成为当下热点。田园东方正是在城镇化加速推进与乡村振兴战略实施背景下新田园主义理论的实践。田园综合体作为新田园主义理论指导下的社会实践和商业模式，在一定程度上能同时推进城镇化发展和乡村振兴战略实施，是乡村开发建设中创新性思维模式之一。

可借鉴学习之处：田园东方的建设充分发挥了土地、资金、科技、人才、文化等多方资源利用最大化，以市场化的商业模式解决了困扰农民生存发展的"人、钱、地"问题，既激活了乡村传统资源要素，又融合了外部资源的有机导入，实现了乡村资源输入输出的双向流动。

产业兴旺是乡村振兴的基础和前提，田园东方以阳山水蜜桃特色优势产业为切入点，链接多方资源通过建设水蜜桃生产基地、仓储物流、科技支撑、品牌建设、质量控制等，实现了水蜜桃小农户与现代农业发展有机衔接、农民收入增加、地域品牌推广。

新产业新业态的植入打破了传统农村依靠单一种植业为主要收入来源。特别是文旅业态的植入，在传承传统文化基础上，让乡村变得有说头、有看头也有赚头。

田园东方在经营中采取"政府＋企业＋村集体＋农民"的组织形式，农民以农村土地入股村集体公司和乡村运营平台，定期分红，同时成为企业员工的劳动报酬。园区通过创业平台搭建，多业态的植入，吸引了年轻人返乡创业、科技服务，激发了农村创新创业活力。

二、水稻国家公园——国际水稻科普教育基地

水稻国家公园以"区域生态化、景区科普化、农田景观化、景观产品化、产品体验化"为理念，在原生态湿地、白鹭栖息地等方面进行严守生态保护底线；不占用一分农耕地；在田埂上引入古生物学会科学家们1：

1复原的恐龙群像，打造了全国科普教育基地；以农田农耕文化创意千亩稻田、千亩花海景观；农业水稻蔬果所呈现的景观，形成了高附加值的农业观光农产品；其中园区的千亩水稻，成了研学科普的天然课堂，也具备水稻插秧、水稻收割等极具特色的活动体验。

1. 基本情况 三亚海棠湾水稻国家公园位于海南省三亚市海棠区海棠湾湾坡路湾坡村，一期规划面积 2 800 亩，其中种植面积 2 100 亩，计划总投资 23 亿元，截至 2019 年 5 月，已经投入 14 亿元，由三亚市海棠湾水稻国家公园开发有限公司投资运营。

水稻国家公园规划建设了水稻区、花卉区、共享农场农耕体验区、果蔬采摘区、神农文化区、动感体验区、婚庆摄影区、演艺中心区、稻田盛宴餐饮区、房车营地体验区、研学旅游讲学区、温泉戏水区、亲子乐园区等。

2018 年 1 月 24 日，水稻国家公园正式开园，自开园以来先后获得了"中国古生物科普工作十大进展奖"和"2018 第八届中国旅游投资艾蒂亚奖——中国最佳新型旅游项目奖"，及海南省旅游协会授予的"生态魅力奖"，并且获评国家 AAAA 级旅游景区，成为海南省首家农旅融合国家 AAAA 级旅游景区。

2019 年 4 月 11 日，第三届中国（三亚）国际水稻论坛暨首届国际稻米博览会在三亚市开幕，论坛期间确立了水稻国家公园作为论坛永久会址，象征着水稻国家公园在水稻种植技术中的地位得到充分认可。

    2. **园区特色** 园区最大的特色是水稻种植，位于水稻国家公园内的国家南繁科研育种基地的水稻新品种展示基地中，近千亩的水稻田里种满了来自 18 个省、70 家单位的 500 个水稻品种，集中展示了我国前沿的农业科研成果，产量、外观、抗性、耐性等各有千秋，让到访者可以一目了然，也让中小学生在此全面学习水稻科普知识。

在水稻种植的基础上，园区又进行项目的规划布局，业态延展，打造了多款爆点项目。

（1）浪漫花海。景区内鲜花盛开，形成壮观的花海美景。

（2）明星恐龙。水稻国家公园恐龙科普教育基地由中国古生物学会和水稻国家公园共同打造，汇集了中国迄今发现的277种、323只恐龙，是中国恐龙最强阵容，是全球首次以1∶1复原大景观模型的形式集中展现中国恐龙，也是地质文旅项目与农业观光旅游项目的首次结合，更是中国古生物学科普的创新。

长达1.5公里的百龙步道横亘在千亩花海、稻田之上，陈列了来自侏罗纪、白垩纪两个世纪的227只仿真动感恐龙，它们不但能灵活转动身躯还能模拟发声，小的不到20厘米，大的巨无霸高达38米。夜幕降临、繁星闪烁，苍穹之下，这些来自远古的生命身披绚烂璀璨的灯光，或昂然长啸，或慨然低鸣，给游客带来视觉、听觉的绝对震撼。

（3）共享农庄体验区。水稻国家公园共享农庄是海南省第一批61家试点共享农庄之一，村人易物是共享农庄的线上平台。以"耕读大地，寻道自然"为理念，将水稻国家公园农业特色产品进行包装、推广、销售，通过O2O模式搭建电子商务平台，形成水稻公园线上线下购销体验一体化。

村人易物禅意苑以禅宗文化为园林景观设计理念，是海南省首次出现的具有日式山水庭院风格的地方。

（4）亲子乐园。水稻国家公园亲子乐园内有恐龙小火车、恐龙拉稻草车、时空邮局、恐龙电瓶车等，可以充分满足孩子们的奇思妙想，让孩子在游玩中获得知识和体验乐趣。

（5）天然温泉。水稻国家公园内现已发现多处温泉资源，水中矿物质

均达到医疗价值浓度标准，出水温度分别约 40.3 ℃和 76 ℃。景区将利用特有的温泉资源，开发打造稻田温泉康疗、稻田温泉 SPA、稻田温泉足浴等特色体验产品。

（6）稻田房车。稻田房车营地位于千亩稻田花海旁，占地 10 000 平方米。其中拥有房车 20 辆，配备五星级基础设施，涵盖 KTV、酒吧、儿童泳池等娱乐设施。

（7）稻田盛宴。"稻田盛宴"是水稻国家公园稻田边上的原生态餐饮品牌，由第三方投资运营，将中国五千年的"稻文化""米文化"与当地"黎家文化"完美融合，打造特色田园风情大型乡村主题餐厅，总占地面积约 23 000 平方米，拥有独具特色的大型海鲜广场，超大型的中央可视加工厨房等，特邀国内顶级烹饪大师入驻。

3. 经营情况　2018 年，水稻国家公园游客接待量达 30 万人次；建设

了研学旅游基地，接待了中小学生研学旅游团队 80 多批近 3 万人次，约占总游客接待量的 10％。同时，景区依据自身资源，打造了一系列特色体验及研学产品。

目前，水稻国家公园主要以门票和电瓶观光游览车收入为主，门票费用是 98 元/人，电瓶车的费用是 20 元/人，景区内部其他收费项目较少，也有一些通过招商引资吸引的第三方在景区内售卖产品，采取利润提成的方式入驻。

4. 案例点评　随着中国城乡居民收入水平的不断提高，人们对生态环境、休闲娱乐、养生养老、宜居宜业等方面的需求也更加旺盛，迫切需要更多适宜的休闲场所。

农旅融合是这个时代大势所归的发展之路，在尊重农业产业功能的基础上，合理开发农业旅游资源，将农业农村的发展与旅游业融合，形成了"以农促旅、以旅兴农"的格局，非常符合当下国民向往的美好生活需求。同时，农旅融合在对催生农村新产业新业态，实现生态宜居，增加农民收入方面也同样具有十分重要的现实意义。

一个企业的发展一定是顺势而为，无论是时代发展造成的市场变化，还是国家政策的大力扶持，无不说明了农旅融合发展是眼下非常正确的方向。

水稻国家公园顺应了我国"乡村振兴"战略的发展规划，统筹农业、农村、农民，大力发展水稻产业事业的同时，通过融合旅游业，积极打造农业生态体验园，符合国家"产业兴旺、生态宜居"的战略方针。通过水稻产业作为一产基础，开发建设了十分丰富的项目产品，创意融入了恐龙聚集区，成为爆品产品，吸引了消费者的注意力，构建了独具特色的农旅融合景区。

但是不足之处也非常明显，作为一个企业运营的景区，可盈利项目实在是十分匮乏，仅仅通过门票经济在未来将会成为景区的瓶颈。水稻国家公园还需要开发值得体验的有趣活动，研究丰富的文创农产品，将一二三产业融合发展，才是一条可持续发展的运营之路。

三、大梁酒庄——酒道田园综合体

大梁酒庄，以中国原酒文化为主题，是一处融酿酒高粱种植、原酒加工酿造、邛酒文化体验、观光旅游休闲于一体的活化的"原酒原乡文化博物馆"。通过一系列的"种酒粮、醅酒窖、事酒艺、兴酒礼"的酒人酒事让游客深度感知中国酒文化的博大与精深。

1. 基本情况　大梁酒庄位于四川省成都市邛崃市临邛街道文笔山村，酿酒文化深厚，古有卓文君与司马相如当垆卖酒、相濡以沫，今走出了水井坊、金六福等知名白酒品牌，原有的老村落形态保存完好。

中国酒村整个项目总规划面积 9 229 亩，以大梁酒庄、田园乐翻天、凤求凰、天府悠然谷、司马国学院、太阳神鸟、丝路花语、三国牧马营、村民新 PARK 九大项目为支撑，打造国际化的乡村旅游文化博览小镇。目前一期项目以邛酒文化为主题的"大梁酒庄——天府酒博园"、二期项目传承中华农耕文化与民俗文化的"田园乐翻天——亲子农博园"以及体验"白首不离"文化的"凤求凰——创意爱博园"已建成，万亩高粱地也已开园，已成为四川省独一无二的乡村旅游景点，成为"无中生有、创新发展"的乡村旅游典范。

大梁酒庄由大梁文旅集团独资投资，于2011年开发建设。总体规划面积约3 500亩，总投资4.95亿元，其中项目占地面积360亩，农业生产用地3 140亩，其中有2 000多亩地种植红高粱，用于酿酒，并利用高粱地做乐园。大梁酒庄已成功创建国家AAAA级旅游景区，还有五星级乡村酒店，2017年，该项目还入选"成都50佳休闲农业乡村旅游目的地"。

2. 酒庄特色 大梁酒庄依托当地独特的邛酒文化，丰富资源类型，逐步打造成一个融"酿酒高粱种植、原酒加工酿造、邛酒文化体验、田园花海休闲、民俗文化体验、稻草艺术观光"于一体的旅游景区，也形成一座集耕作、酿酒、藏酒、酒疗、养生、餐饮、宴会、酒店、会务于一处的白酒文化博览园。

（1）**深挖传统文化，重构饮酒仪式感**。由川西民居风格老院落布局改建而成，形成了传统的三进院落结构，对中华五千年各朝代风格主题院落的演绎。根据不同朝代的风格来打造主题文化包间，从文化氛围的营造到局部细节的打造，甚至是墙壁的装饰图案、用餐的桌子、餐具都透露着深厚的文化气息。一梁一栋、一席一垫，处处彰显着古代文化的气质。九朝会沿袭了中国最传统的分餐制度习俗，每个包间都可以接待客人在此用餐，着上汉服，让客人在此感受古人用餐，饮酒与酒礼、酒仪的习惯。春秋清圣、秦宫欢伯、汉庭壶觞、唐府仙醴……每个主题文化包间的名字都是一种与酒融洽结合的艺术。

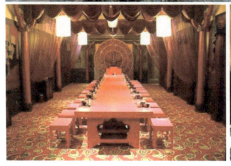

　　（2）场景化打造，重现传统酿酒工艺。以百年邛酒工艺为蓝本进行装修设计的邛酒工艺馆，分6个场景全面展示邛酒从酒粮种植到酒入酒席的全过程，其中详解了邛酒从制曲、摊凉、蒸馏、蒸煮、储存、勾兑的百年工艺和酿酒场景。为提高酿酒工艺的观赏性，邛酒工艺馆采取与大梁酒坊现场酿酒虚实结合的形式，以固态的工艺形态与活化的现场酿酒场景相融合，虚中有实给游客呈现一个不一样的酒艺馆。同时游客还可在邛酒工艺馆品尝调酒师现场调制各种口感的美酒。展馆与美酒美食主题包间相融合，设置6个邛酒代表主题包间，分别为川池原味、有缘陈浆、大梁积玉、大梁庶酒、坛陈国喜、春源品悟。

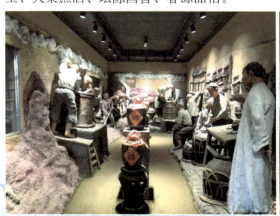

　　同时依山就势建设有天下第一宫——酒宫，深挖入地 5 米，可藏酒3 000 多吨。酒宫空气湿度自然保持在 85％ 左右，常年恒温在 13℃ 左右，藏酒采用优质红色黏土培土，藏酒环境极佳，为国内不可多得的地藏酒宫。

　　（3）重修泥垆草舍，深度还原乡居生活。以蒙古包为骨架、以阻燃防腐的仿真稻草编织形似草垛的外观，内部配置卫生间、空调、电视等，既满足寄居乡村，享受田园生活的愿望，也符合现代人的居住需求。

　　（4）稻田主题艺术化，营造田园游乐氛围。以"嬉戏田园一天，穿越时空千年"为定位，结合酒庄古文化背景，挖掘中华上下五千年的传统老游戏，以灯会的制作手法、以稻草艺术为主题、以万亩高粱田为载体，借鉴香港迪士尼的游乐形式，打造中国唯一的稻草艺术主题乐园。"我们都是稻草人"的草艺主题乐园，将非遗文化、民俗文化、农耕文化等传统老游戏融汇互动，寓教于乐。童话田园、历史典故、成语故事、民俗风情、十二生肖、天工开物等各类造型和卡通人物分布于田间地头，绘成了一幅天真烂漫的"天府童戏图"，并将互动参与的游乐活动融于其中，如草船借箭、滚铁环、扯陀螺、抬花轿、爆米花以及酿酒、造纸、火药等。

　　"当一回农夫、做一次酒人"的一系列亲子磨坊、亲子厨房等农事体验和民俗文化活动,让游客感知"汗滴禾下土"和"回归田园"的辛勤与快乐。每逢周末,小朋友们还可参与"狮灯、牛灯、船灯、龙灯、马灯、幺妹灯及踩高跷、耍花杆、走旱船等"民俗花灯大巡游,让孩子在嬉戏玩耍中感知中华文明、体验民俗风情,让濒临消失的传统游乐项目重回孩童的记忆。

3. 经营情况

（1）营收情况。目前项目多为大梁公司统一经营，仅有一家通过招商进入的小吃商户。园区收入主要依托门票和各类自主消费；项目内商铺多为自主经营，招商商户及租金收入占比不大。

2016年游客量突破100万，门票收入突破2000万元，其中田园迪士尼乐园每月接待游客8万～10万人次。

田园迪士尼乐园消费项目

免费项目	实现收益项目
草艺主题区观光 陆地配套玩乐区 节假日巡游活动 大梁酒庄参观 停车（暂不收费）	门票 美食广场 亲子厨房 商铺出租 儿童水上气球 电玩娱乐区 松林茶座 外包商户水费（自建抽水塔）

田园迪士尼乐园项目费用

项目名称	费用
门票	成人45元/人，儿童30元/人 成人套票69元，儿童套票79元 亲子票［1大1小］139元；家庭票［2大1小］199元

（2）农民利益点。以文笔山村村民委员会为主体，通过群众大会同意、群众代表参与的集体决策程序，向国土部门备案立项，实施文笔山村零星建设用地的自主整治和集中开发的改革试点，以"中国酒村"项目为突破口，实施零星建设用地的占补平衡，并集中打捆包装，到成都市农交所挂牌转让，引入社会资金对自主整治后集中连片的集体建设用地进行投资开发。

"大梁酒庄"拥有从事旅游接待员工80多人、酿酒生产员工20多人、农业生产员工100余人，全部为当地农民。同时，项目带动周边农户种植猕猴桃、无公害蔬菜13户，养殖跑山鸡、土山羊等20余户。解决周边群众务工600人以上，促进全村户均年增收3万余元。

4. 案例点评

大梁酒庄在发展的过程中，积累了一些成功经验可供其他庄园借鉴：大梁酒庄明确以酒文化为主题，定位清晰，整个园区的功能布局、结构区划都紧紧围绕原酒文化，盘活主题资源，激活生产要素，发展产业为抓手，打破传统思维，通过老旧民居改造，完好地保留了一个百年村落的形态。

田园迪士尼乐园将传统民俗与稻草艺术相结合，让田间变乐园，让农业园区变成旅游景区，同时把很多非遗文化的工艺在地转化，通过项目错位竞争，打中国传统文化牌，把非物质文化遗产、传统民俗、老祖宗们小时候玩的游戏活化展示在田间地头，不破坏土地，充分利用原来的民居民房和山林。

目前，邛酒品牌还未能在酒业丛林中占据核心一角，大梁酒庄作为邛崃市邛酒集群的组成部分，未来，可以与集群内其他酒庄相联合，推动农业、酿酒、旅游三大产业的交融互动，注重在地建设的同时，扩大邛酒的宣传力度，以优质的产品塑造邛酒品牌。

四、心　得

在田园综合体开发、建设和运营过程中贵在"综合"，统筹考虑，达成共识，理清各个板块的发力点时序及相互间联系，提高各方参与的积极性，构建一个多方利益共享的联结模型。在生产领域以产业融合为发展方向，从小农经济向现代农业过渡，延伸上下游产业链，走品牌化、差异化道路，提高附加值；在生活、生态领域以人居环境整治为契机，着力改善居民环境，有条件的地区可将其与乡村旅游等生态产业有机结合，实现产业发展与环境改善互促互进，提升当地环境对生产和生活的承载能力，让乡村宜居宜业宜游。同时，推进乡村治理与新型生产关系的构建，以市场化的力量更好地带动乡村可持续发展。

基于案例的分析，田园综合体的发展仍须关注以下四点。

（1）立足产业，规划先行，促进生产、生活、生态协调发展。农业生产是田园综合体的基础，建设用地是现代农业拓展多功能的关键，同时也全面支撑与渗透开发建设的全过程。因此，科学合理地规划建设用地，统筹田园综合体空间结构，优化农业生产布局，推动形成与资源环境承载力相匹配、与村镇居住相适宜、与生态环境相协调的发展格局。

（2）吸引人才，引进企业，培育内生动力。建立人才库和招商库，吸引新农人、新农企、新农业、乡村创客的入驻，为乡村持续输入发展动力；同时激发市场活力，加强产业融资，构建多方共赢的发展局面。以培育小农户的内生动力为基础，提升小农户自我发展能力，包括加强培训，特别是职业农民的培训，提升自我发展的动力和能力。

（3）以文为魂，记住乡愁。乡村文化凝聚着乡土之美、人文之美，是田园综合体的"根"和"魂"。在引入市场化、娱乐化的项目前必须重新认识和发现乡村文化的现实价值，充分挖掘在地农耕文化底蕴，将乡土气息融入每个开发环节，传承与发扬一个"本来"乡村的样子。

（4）利益共享，联结小农户。田园综合体在开发运营过程中应以发挥新型农业经营主体的带动作用，提升小农户的生产经营组织化程度、拓展小农户的生产经营空间，尝试多种形式的体制机制模式，以共享为核心，建立小农户和新型经营主体的利益联结机制。

主 要 参 考 文 献

崔祖明，刘兴良，2018.农村助推成都市建设西部文创中心的路径选择——以蒲江县明月村为例 [J].中共成都市委党校学报（2）：93-96.

杜雅文，陈志钢，刘丹，2017.乡村旅游中饮食文化原真性感知、品牌形象与满意度研究——以陕西省"袁家村"为例 [J].资源开发与市场（1）：90-94.

冯凯，2017.藏匿山间的世外桃源返璞归真的砖瓦建筑 [J].砖瓦（5）：14-15.

郭王骁潇，田淑敏，邓蓉，2017.发达国家农村区域规划的经验与启示 [J].经济师（2）：107-108.

柯凤华，杨强，2019.产业兴旺推进乡村振兴战略实现的路径研究——以鲁家村为例 [J].农村金融研究（1）：56-60.

刘晴晴，2015.民宿业态发展研究——台湾经验及其借鉴 [D].青岛：青岛大学.

吕彦，张慧，等，2014.休闲农业实战营销 [M].北京：中国农业出版社.

沈妧，2013.城乡一体化进程中乡村文化的困境与重构 [J].理论与改革（4）：156-159.

吴吟颢，陶玉国，2016.台湾民宿产业的发展及其对大陆乡村旅游业的启示 [J].江苏师范大学学报（哲学社会科学版）（2）：154-158.

薛武林，2017.探索农村新型社区和新农村的"乡愁"——以池上镇中郝峪村为例 [J].建筑工程技术与设计（34）：62，64.

颜文华，2018.休闲农业与乡村旅游驱动乡村振兴的海外经验借鉴 [J].中国农业资源与区划（11）：200-204，224.

张诚，2018.新田园主义概论与田园综合体实践 [M].北京：北京大学出版社.

张广海，孟禺，2017.国内外民宿旅游研究进展 [J].资源开发与市场（4）：503-507.

张辉，方家，杨礼宪，2017.我国休闲农业和乡村旅游发展现状与趋势展望 [J].中国农业资源与区划（9）：205-208.

周琼，2014.台湾民宿发展态势及其借鉴 [J].台湾农业探索（1）：13-18.

赵夏，余建立，2015.从日本白川荻町看传统村落保护与发展 [J].中国文物科学研究（2）：38-43.